Über den Begriff der Korporation des öffentlichen Rechts nach preußischem Recht

Ein Beitrag

zur

Feststellung der Grenze zwischen der Korporation des öffentlichen und des Privatrechts überhaupt

von

Dr. Ludwig Waldecker
Privatdozent

Berlin 1913.
J. Guttentag, Verlagsbuchhandlung,
G. m. b. H.

ROSSBERG'SCHE BUCHDRUCKEREI, LEIPZIG.

Otto von Gierke
in ehrfurchtsvoller Verehrung
gewidmet

Vorbemerkung.

Die vorliegende Arbeit, auf Grund deren ich von der Berliner juristischen Fakultät zur Habilitation zugelassen wurde, will in dem Streit um die Grenzen zwischen der Korporation des öffentlichen und des privaten Rechts die herkömmlichen Bahnen verlassen. Sie will — unter ausdrücklicher Anlehnung an die von Gierke aufgestellte Theorie — einmal die praktische Probe machen, inwieweit diese theoretischen Sätze gegenüber der geschichtlichen Untersuchung in Ansehung eines ganz bestimmten Staatsrechts standhalten. Hierbei wird aber nicht der bequeme Weg verfolgt werden, die theoretisch gewonnenen Begriffe auf die vorgefundenen Erscheinungen anzuwenden, wenn auch mitunter zur Lösung der einen oder der anderen Frage auf die Theorie zurückzugreifen ist. Es soll vielmehr an Hand der geschichtlichen Entwicklung zu zeigen versucht werden, was man in Preußen als Korporation des öffentlichen Rechts zu bezeichnen hat, nicht etwa, weil ein theoretischer Begriff einmal gerade paßt oder auch nicht paßt, sondern weil das preußische Recht hier eine Korporation dem öffentlichen und dort dem Privatrecht unterstellt. Das Ergebnis dieser geschichtlichen Untersuchung wird sich entweder mit dem theoretischen Satz decken, alsdann liegt eine gewisse Wahrscheinlichkeit dafür vor, daß der theoretische Satz richtig ist — dann gibt vielleicht mein Versuch Veranlassung, ähnliche Untersuchungen auch hinsichtlich anderer Einzelstaaten des Reichs anzustellen. Oder die geschichtliche Untersuchung wird sich nicht mit dem theoretischen Satze decken, dessen Allgemeingültigkeit alsdann in Zweifel zu ziehen wäre. Von diesem Gesichtspunkte aus glaube ich auch der Zustimmung der Gegner Gierkes zu meinem Versuch sicher zu sein. Allerdings glaube ich ziemlich ebenso bestimmt annehmen zu dürfen, daß mein Versuch vielseitigen Widerspruch hervorrufen wird. Sei es drum. Ich bekenne mich unbedenklich zu den „Gierkisten", und ich glaube mit Bestimmtheit, daß der von Gierke gewiesene Weg zur Feststellung des Unterschieds zwischen der öffentlich- und der privatrechtlichen Korporation der einzig richtige ist. Ich darf wohl hier vorweg bemerken, daß mich das Ergebnis der vorliegenden Arbeit in dieser Ansicht nur bestärkt hat. Um aber Mißverständnisse zu vermeiden, sei nochmals darauf hingewiesen, daß meine Arbeit nicht von bestimmten, von vornherein als richtig erkannten Sätzen ausging, daß mich vielmehr die Absicht leitete, die Probe auf die Richtigkeit dieser Sätze zu machen, ähnlich wie man ein Rechenexempel durch Aufmachung der Gegenrechnung auf seine Richtigkeit hin nachprüft. Hätte meine Arbeit, deren Ergebnis sich absolut nicht vorhersehen ließ, andere Endergebnisse gezeitigt, so wäre mir die weitere Aufgabe geblieben, festzustellen, weshalb dieses Ergebnis von dem theoretisch als richtig erkannten Satz abwich. Die Arbeit will also nicht mehr als ein Versuch sein und erhebt keinen Anspruch darauf, die Frage der öffentlichrechtlichen Korporation endgültig gelöst zu haben. Sollten ihre Ergebnisse widerlegt werden, so will ich mich gern eines Besseren belehren lassen.

Charlottenburg, Ende Juli 1913.

Der Verfasser.

Inhaltsverzeichnis.

Literaturverzeichnis.

Achenbach, Heinrich, Die Haubergsgenossenschaften des Siegerlandes. Bonn 1863.

Anschütz, Gerhard, Verfassungsurkunde für den preußischen Staat. Kommentar. Bd. 1. Berlin 1912.

Arndt, Adolf, Die Verfassungsurkunde für den preußischen Staat. 7. Aufl. Berlin 1911.

Arnold, Wilhelm, Kultur und Rechtsleben. Berlin 1865.

BGB, Kommentar der Reichsgerichtsräte. Leipzig 1910.

v. Bitter, Handwörterbuch der preußischen Verwaltung. 2. Aufl. Leipzig 1911.

Bornemann, Wilhelm, Systematische Darstellung des preußischen Zivilrechts. 6 Bände. Berlin 1842/45.

Bornhak, Conrad, Die rechtliche Natur der Arbeiterversicherung, GoldschmidtsZ. **39** 217.

— Grundriß des preußischen Verwaltungsrechts. Leipzig 1906.

— Allgemeine Staatslehre. 2. Aufl. Berlin 1909.

— Preußisches Staatsrecht. 2. Aufl. Breslau 1911/12.

Brassert, Bergordnung für die preußischen Lande. Breslau 1846.

v. Brauchitsch, Verwaltungsgesetze. 1891. (ErgBd. für Hannover, besorgt von Gostkowsky).

v. Brünneck, Beiträge zur Geschichte und Dogmatik der Pfandbriefsysteme nach preußischem Recht, GruchotsBeitr. **28** u. **29**.

Cosack, Konrad, Lehrbuch des bürgerlichen Rechts. 3. Aufl. Freiburg 1900/01.

Cretzschmar, C., Das bürgerliche Recht unter besonderer Berücksichtigung der preußischen Landesgesetzgebung. 1902.

Crome, System des deutschen bürgerlichen Rechts. Tübingen und Leipzig 1901/02.

Delius, Hauberge und Haubergsgenossenschaften des Siegerlandes. Breslau 1910.

Dernburg, Heinrich, Lehrbuch des preußischen Privatrechts. 1. Aufl. Halle 1875 (zit. Dernburg, Preußisches Privatrecht).

— Das bürgerliche Recht des deutschen Reichs und Preußens. 2. Aufl. 1902.

Ebhardt, Die Verfassung des Königreichs Hannover. 1860.

Endemann, F., Lehrbuch des bürgerlichen Rechts. 9. Aufl. Berlin 1903.

Fischer, Lehrbuch des preußischen Privatrechts. Berlin 1887.

Foerster, Franz, Lehrbuch des preußischen Privatrechts. Seit der 4. Aufl. 1883 besorgt von M. E. Eccius. 8. Aufl. Berlin 1896/97 (zit. Foerster-Eccius).

Franz, Die landschaftlichen Kreditinstitute in Preußen. Berlin 1902.

v. Gerber, System des deutschen Privatrechts. 17. Aufl., besorgt von Cosack. 1895.

Gierke, Otto, Das deutsche Genossenschaftsrecht. 3 Bände. Berlin 1868—1873—1891 (zit. Gierke, Genossenschaftsrecht).

— Artikel: „Juristische Personen", Holtzendorffs Rechtslexikon. Leipzig 1881.

— Deutsches Privatrecht. 1895/1905 (zit. Gierke, Deutsches Privatrecht).

— Vereine ohne Rechtsfähigkeit. 2. Aufl. 1902.

— Die Genossenschaftstheorie und die deutsche Rechtsprechung. Berlin 1887 (zit. Gierke, Theorie).

— Johannes Althusius. 1890. 2. Aufl.

— Grundbegriffe des Staatsrechts und die neuesten Staatsrechtstheorien. 1874.

Hanssen, Agrarhistorische Abhandlungen. 1884.

Heinitz, Kommentar zum preußischen Stempelsteuergesetz. 3. Aufl. Berlin 1909.

Hinschius, Staat und Kirche. 1887 (in Marquardsens Handbuch).

Hölder, Kommentar zum Allgemeinen Teil des BGB. München 1900.

— Natürliche und juristische Personen. 1905.

Hubrich, Über die Entstehung öffentlichrechtlicher Korporationen in Preußen, ArchBürgR. **33**.

— Preußisches Staatsrecht. Hannover 1909.

Jellinek, System der subjektiv-öffentlichen Rechte. 2. Aufl. Tübingen 1905.

v. Kamptz, Ann. **41**.

Klein, E. F., System des preußischen Zivilrechts. 2. Aufl. (v. Rönne). Halle 1836.

Kohler, Josef, Das Recht als Kulturerscheinung. Würzburg 1885.

Koch, C. F., Kommentar zum ALR. 4. Aufl. 1870. 8. Aufl. 1884/86.

Kuhlenbeck, Kommentar zum Einführungsgesetz zum BGB. 3. und 4. Aufl. München 1909 (Bd. 6 des Staudingerschen Kommentars).

Lade, Karl, Staatsverfassung, Fürstenrecht und Hausvermögen. Marburg 1910.

Landé und Hermes, Das ALR in dem seit 1. 1. 1900 gültigen Umfang. Berlin 1905.

Lehmann, Recht der Aktiengesellschaften 1.

— Lehrbuch des Handelsrechts. 2. Aufl. Leipzig 1912.

Leske, Vergleichende Darstellung des BGB und des ALR. Berlin 1900.

Lusensky, Kommentar zum Handelskammergesetz.

Maurer, Das landschaftliche Kreditwesen Preußens. Straßburg 1907.

Mayer, Otto, Deutsches Verwaltungsrecht. 1895/96.
— Die juristische Person und ihre Verwertbarkeit im öffentlichen Recht. Heft 1 der „Staatsrechtlichen Abhandlungen", Festgabe für Laband. Tübingen 1908.
Meurer, Christian, Bayrisches Kirchenvermögensrecht. Stuttg. 1899—1900.
— Die juristischen Personen nach deutschem Reichsrecht. Stuttgart 1901.
Meyer, E., Artikel: „Juristische Personen" in v. Stengels Wörterbuch des deutschen Verwaltungsrechts. Freiburg 1890.
Meyer-Anschütz, Lehrbuch des deutschen Staatsrechts. 1905.
Meyer, Georg, Grundzüge des norddeutschen Bundesrechts. 1868.
— Staatsrechtliche Erörterungen über die deutsche Reichsverfassung. 1872.
— Lehrbuch des Deutschen Verwaltungsrechts. 2. Aufl. 1893. 3. Aufl. 1910, besorgt von Dochow, zit. Meyer-Dochow.
Müller-Crusen, Kommentar zum preußischen AGBGB. Berlin 1901.
Nettelbladt, Systema elementare universae jurisprudentiae naturalis. Ed. quinta. Halae 1785.
Oertmann, P., Kommentar zum Allgemeinen Teil des BGB. 2. Aufl. 1908.
Planck, Kommentar zum BGB. 1. Aufl. 1897.
Preuß, Hugo, Gemeinde, Staat, Reich als Gebietskörperschaften. Berlin 1889.
— Über Organpersönlichkeit. Eine begriffskritische Studie. (Schmollers Jahrbuch 1902 S. 557 ff.)
Primker, Artikel: „Aktiengesellschaften", Endemanns Handbuch des deutschen Handelsrechts. Leipzig 1884.
Rabe, Darstellung des Wesens der Pfandbriefe. Halle und Berlin 1818.
Rauer, Die Ständische Gesetzgebung der preußischen Staaten. 1845.
Regelsberger, Ferdinand, Pandekten. Leipzig 1893.
Renaud, Das Recht der Aktiengesellschaften. 2. Aufl. 1875.
Ring, Viktor, Asiatische Handelskompagnien Friedrichs d. Gr. 1890.
Rocholl, C., Rechtsfälle aus der Praxis des Reichsgerichts. 1. Bd. Breslau 1883.
v. Rönne, Ergänzungen des ALR durch Gesetzgebung und Wissenschaft. 7. Ausgabe. Berlin 1885/88.
— Das Staatsrecht der preußischen Monarchie. 3. Aufl. 1870.
— — 5. Aufl. besorgt von Zorn 1905/06.
Rosin, Heinrich, Der Begriff der Polizei und der Umfang des polizeilichen Verfügungs- und Verordnungsrechts in Preußen. Berlin 1895.
— Das Recht der öffentlichen Genossenschaft. Freiburg 1886.
— Zur Lehre von der Korporation und Gesellschaft, insbesondere der erlaubten Privatgesellschaft nach ALR und heutigem preußischen Recht, GruchotsBeitr. **27** 108 ff.; **31** 753 ff.
Schepp, E., Das öffentliche Recht des BGB. Freiburg 1899.
Schoen, Paul, Das Recht der Kommunalverbände in Preußen. Leipzig 1897.

Schuler, Die öffentlichrechtliche Körperschaft. Erlanger Diss. 1908.
Schulze, Herrmann, Das preußische Staatsrecht. 2. Aufl. Leipzig 1888.
Schwartz, E., Die Verfassungsurkunde für den preußischen Staat. Kommentar. 2. Aufl. Breslau 1898.
Sehling, Die preußischen Wassergenossenschaften. Breslau 1912.
Sohm, R., Institutionen. 8. Aufl.; 13. Aufl. 1908.
Staudinger, Kommentar zum BGB. 5. u. 6. Aufl. München 1910.
v. Stengel, Preußisches Staatsrecht. Marquardsens Handbuch 1894.
Stier-Somlo, Preußisches Staatsrecht. Leipzig 1906.
Stölzel, Adolf, C. G. Svarez. Ein Zeitbild aus der zweiten Hälfte des 18. Jahrhunderts. Berlin 1885.
Stobbe, Otto, Handbuch des deutschen Privatrechts. 3. Aufl. Berlin 1893.
Systematische Rechtswissenschaft, herausgegeben von Stammler, Sohm, Anschütz und anderen. Leipzig 1906.
Thayssen, Die Generalgarantie der ostpreußischen Landschaft, Gruchots-Beitr. **53** 807 ff.
Thöl, Heinrich, Das Handelsrecht. Leipzig 1879.
v. Tuhr, Allgemeiner Teil des deutschen bürgerlichen Rechts **1**. Leipzig 1911.
Wolzendorff, Kurt, Die Grenzen der Polizeigewalt. Marburg 1905/06.
Zorn, Philipp, Die Grundlagen des preußischen Verwaltungsrechts. Düsseldorf 1904.

Zeitschriften und Entscheidungssammlungen sind wie üblich zitiert.

§ 1.

Begriffliches.

Wo immer Menschen beisammen wohnen, bestehen gegenseitige Beziehungen. Diese Beziehungen werden zum Recht, sobald sich das rein räumliche Nahesein zu einem sozialen Gebilde verdichtet, sobald die Beteiligten eine „Gesellschaft" bilden, die ohne eine gewisse Ordnung nicht existieren kann — ubi societas, ibi jus. Die Tatsache des Vorhandenseins dieses Rechts im weitesten Sinne kennzeichnet die Menschen als Glieder einer Gemeinschaft, einer Familie, eines Volks. Seien es auch noch so rudimentäre Spuren: die Glieder einer Gesellschaft haben sich auf eine höhere Kulturstufe erhoben. Das Recht ist gleichermaßen wie Sprache, Religion und Wirtschaft ein Ausdruck und Gradmesser der Kulturstufe eines Volks.[1] — Aus der Doppelstellung jedes Mitglieds der Gesellschaft als solches und als einzelner folgt, daß mit dem Auftreten des Rechts dessen innere Spaltung gegeben ist, je nachdem es die Beziehungen der Gesellschaft als solcher und ihrer Mitglieder als Gesellschaftswesen, oder aber die Beziehungen der Mitglieder als Individuen zueinander ordnet. Im Grunde bilden ja auch diese Beziehungen der Mitglieder zueinander einen Teil des Begriffs der „Gesellschaft", die eben keine solche wäre, wenn diese Beziehungen der Mitglieder unter sich nicht geordnet wären. Indessen ist der Inhalt dieses Teils der „Rechtsordnung" grundverschieden von dem Teil, der das gesellschaftliche Gebilde selbst ordnet und organisiert. Hier haben wir es mit ausgesprochen sozialen, das Gesamtleben der Gesellschaft regelnden Ordnungen, dort mit ausgesprochen antisozialen Regeln zu tun, die die Individual-

---

[1] Arnold, Kultur und Rechtsleben S. 85, 91 usw.; Kohler, Das Recht als Kulturerscheinung S. 5; Endemann, Lehrbuch des bürgerlichen Rechts, 9. Aufl. 1 22.

rechtssphäre der einzelnen Mitglieder der Gesellschaft unter sich abgrenzen, wobei selbstverständlich diese beiden Beziehungen einander gegenseitig bedingen und beeinflussen. Man bezeichnet den Teil der Rechtsregeln, der die Beziehungen der einzelnen als Gesellschaftswesen ordnet, als Sozialrecht, dem das Individualrecht gegenübersteht, das die Menschen als Individuen untereinander in Beziehungen setzt.

Jedes Kulturleben hat sein besonderes Recht: es gibt kein allgemein gültiges, ewiges oder Naturrecht.[2] Die Rechtsanschauungen, die im „Recht" ihren Ausdruck finden, wechseln mit den Anschauungen der Zeiten und der Völker. Die Völker erscheinen im Rechtssinne aber als Staaten, so daß staatliches Recht und Recht eines Volkes, Recht und Staat korrelate, einander ergänzende Begriffe sind. So grenzen staatliche Bedürfnisse die Rechte der einzelnen als solcher und als Mitglieder der den Staat bildenden Gesellschaft ab. Bei der Verschiedenheit der Staatsgebilde wird so die Grenze zwischen Sozial- und Individualrecht verschieden gezogen. Entscheidend ist stets die Auffassung des jeweils zum Staat zusammengefaßten Volks vom Wesen des Staats.[3] In den Staaten des Altertums tritt die Individualrechts-

[2] Arnold a. a. O. S. 417.

[3] Arnold a. a. O. S. 171. — Wie bereits diese knappen Worte andeuten, ist der Begriff des Staates nichts an sich Gegebenes. Er wird bestimmt durch den jeweiligen Kulturzustand des betr. Volkes. Streit herrscht über die Frage, was Wesen und Rechtsnatur des modernen Staates ausmache. Die herrschende Meinung steht noch immer auf dem Boden der von Jean Bodin begründeten Souveränitätslehre und fordert als begriffswesentlich Einheit und Unabhängigkeit, die aus der summa potestas der Souveränität des Staats folgten. Demgegenüber weist bereits Gg. Meyer (Grundzüge des norddeutschen Bundesrechts 1868 und Staatsrechtliche Erörterungen über die deutsche Reichsverfassung 1872) darauf hin, daß die Souveränität als Charakteristikum des Staatsbegriffs keine allgemeine Gültigkeit beanspruchen könne. Dieser Bodinsche Staatsbegriff bezeichne nur eine Phase politischer Entwickelung. Auszugehen sei vielmehr von den politischen Gemeinwesen. Deren Charakteristikum bestehe darin, „daß sie die auf einem Gebiet befindlichen Menschen nicht bloß nach einer Seite ihres Lebens hin, sondern in ihrer Totalität erfasse". Sie organisieren sich durch Über- und Unterordnung zu verschiedenartigen Gebilden. Und nur konkrete Untersuchung der einzelnen Organisation vermag von Fall zu Fall eine Beantwortung der Frage nach Souveränitäts- und Staatsbegriff an die Hand zu geben. Diesen Gedanken führt Gierke (Grundbegriffe

sphäre des einzelnen in den Hintergrund. Der Staat ist die Quelle allen Rechts, der Einzelne geht ganz im Staat auf, er ist nur ein Teil des Staatskörpers. Die politische Gesetzgebung schließt die private mit ein. Das Individualrecht ist nur ein Teil des Sozialrechts, von diesem nicht zu trennen. Der Staatsgedanke erhob sich zu einer unbeschränkten Allmacht, die Zwecke des Staats herrschten über das Privatvermögen und die Individuen. So namentlich in den griechischen Stadtrepubliken und vermutlich auch in Rom in der uns nicht bekannten Zeit vor

des Staatsrechts und die neuesten Staatsrechtstheorien 1874) fort: Im Mittelpunkt des Staatsrechts stehe nicht der Staat in seinem überkommenen Begriff, sondern der des politischen Gemeinwesens, der Staat ist selbst nichts anderes als ein solches. Aber sie alle, politische Körperschaften wie Gemeinden, sind staatlicher Natur. „Wie aber der Staat nur das höchste unter den menschlichen Gemeinwesen und in bezug auf die allgemeinen Merkmale des gesellschaftlichen Organismus ihnen gleichwertig bleibt, so hat auch das Staatsrecht seine Stelle zwar an der Spitze, aber innerhalb des Gesamtbaues des öffentlichen Verbandsrechts. Deshalb lassen sich alle staatsrechtlichen Grundbegriffe als die Steigerung entsprechender korporativer Begriffe betrachten, und der innere Aufbau des Staats ist dem eines jeden Körperschaftsrechts analog“ (S. 319). — Der Streit ist noch nicht ausgetragen und wird auch so bald nicht zur Ruhe kommen. Als Gegenpole aus jüngster Zeit seien genannt O. Mayer als Vertreter der älteren (in der Festgabe für Laband 1 1 ff.) und Preuß als Vertreter der jüngeren Auffassung (Über Organpersönlichkeit, Schmollers Jahrbuch 1902 S. 557 ff.). Festzuhalten ist jedenfalls, daß der absolut souveräne Staat heute von dem „Rechtsstaat“ abgelöst ist, ohne daß es bisher gelungen wäre, gewisse Reste jener absoluten Auffassung abzustreifen. So erklärt sich wohl auch die „anerkannte Totalität der Staatszwecke“, die selbst die klaren Ausführungen bei Rosin, Das Recht der öff. Genossenschaft S. 14 beeinflußt und hier einen „Mangel der Feststellung des Umfanges der staatlichen Aufgaben“ erscheinen läßt. Dazu kommen die vielen Schiefheiten, die in unser Recht und damit in unseren Staatsbegriff durch die wirtschaftliche und die soziale Gesetzgebung geraten sind. Gegenwärtig wird ein Gesetz gegen den Gebrauch gewisser Kindersaugflaschen beraten! So erklären sich die zahlreichen Halbheiten und Widersprüche, an denen unser öffentliches Leben und Recht kranken. — Beiläufig sei in Anknüpfung an obiges Zitat aus Rosin bemerkt, daß Rosin später den Gedanken der „Totalität der Staatszwecke“ aufgegeben hat, vgl. seinen „Begriff der Polizei usw.“ S. 8: „Eine Untersuchung, die die Auffassung der Polizei nach dem ALR in vollem Umfang ergründen will, muß von der Bestimmung des Staatszwecks nach diesem Gesetz ihren Ausgang nehmen.“ Hierzu vgl. Wolzendorff, Die Grenzen der Polizeigewalt 2 4 ff.

der ersten Rechtsaufzeichnung,[4] der Zeit, die man etwa das Mittelalter des römischen Rechts nennen könnte, in der sich das eigentlich nationale römische Recht aus unbestimmten, stets fließenden Gebilden entwickeln konnte. Bereits in der ersten Rechtsaufzeichnung tritt uns aber in Rom eine scharfe Unterscheidung entgegen, wenn auch zunächst nur in vermögensrechtlicher Beziehung. Begründung, Wirkung und Geltendmachung der Vermögensrechte sind verschieden, je nachdem der Staat oder einzelne Bürger Subjekt dieses Rechts sind. Das individuelle Vermögensrecht ist als jus privatum, als individuelle Sphäre freier Willensmacht dem Recht des absoluten Staats gegenübergestellt, das als jus publicum die Verhältnisse des Staats als solchen, aber zugleich die an sich zur Individualrechtssphäre gehörenden Gebiete umfaßt, die wegen eines bei der Ordnung mitwirkenden öffentlichen Interesses mit zwingender Kraft geordnet sind.[5] Publicum jus est, quod ad statum rei Romanae spectat, privatum, quod ad singulorum utilitatem (§ 2 dig. I,1 de justitia et de jure). Öffentlich ist alles Recht, bei dem der Staat beteiligt ist, sei es, daß es sich um die öffentliche Befehlsgewalt oder um Eigentum des Staats oder um Verträge handelt, die der Staat geschlossen hat. Der römische Staat lebt ausnahmslos nach jus publicum und unterwirft hieraus resultierende Streitigkeiten ausschließlich der eigenen Entscheidung im Ver-

[4] Die decemviri sollen in Griechenland Recht und Gesetz studiert haben. Das Ergebnis ihrer Arbeit war ein Gesetzgebungswerk, das gerade in den grundlegenden Gesichtspunkten das Gegenteil des angeblichen griechischen Vorbildes darstellt. Liegt da nicht die Vermutung nahe, dieses „Studium des griechischen Vorbilds" sei eine Umschreibung der Vorstellung, daß in alter Zeit in Rom ähnliche Grundsätze gegolten haben, wie zu jener Zeit noch in Griechenland, die sich aber unter dem Zwang der nationalen Notwendigkeit zu der Rechtsauffassung geläutert hatten, als deren Niederschlag die Zwölftafelgesetzgebung erscheint? Auch die noch zu erwähnenden Eingriffe des Staats in die Privatrechtssphäre sprechen für diese Annahme. — Im PrVerwBl 1911/12 S. 845 finde ich eine Notiz von Moll, „daß sich im älteren römischen Recht Spuren einer ähnlichen genossenschaftlichen Entwickelung wie bei den germanischen Völkern nachweisen lassen". An den angegebenen Belegstellen finde ich nichts, was sich in diesem Sinne deuten ließe. Die Vermutung hat auch wenig Wahrscheinscheinlichkeit für sich.

[5] Regelsberger, Pandekten 1893 S. 114.

waltungswege. Demgegenüber erscheint als jus privatum nur ein Inbegriff von dispositiven Vermögensrechten, die Entscheidung der sich daraus ergebenden Streitigkeiten ist Sache des Richters.[6] Aber auch das jus privatum behält seine abhängige Stellung gegenüber dem Staate bei, die staatliche jurisdictio dient seiner Verwirklichung und Fortbildung (prätorisches Edikt). Erst mit Verfall der nationalen Kraft, in der späteren Zeit der Republik und der Kaiserzeit, bildet die Gesetzgebung auch das Privatrecht unmittelbar weiter, wenn auch schon vorher der Staat seine Übermacht in Gestalt von rücksichtslosen Eingriffen in das Privateigentum, Staatsmonopolen, Agrargesetzen, Preisbestimmungen u. dgl. oft genug betont hatte. Man wird mit Gierke[7] sagen können, die römische Unterscheidung zwischen jus publicum und privatum decke sich etwa mit dem oben umschriebenen Gegensatz von Sozial- und Individualrecht. Staat und Gesellschaft sind in Rom identische Begriffe. Der Römer kam über reale Vorstellungen nicht hinaus, der Gedanke, daß außer dem von realen menschlichen Persönlichkeiten gebildeten Staat noch sonstige Gemeinschaften mit eigenem Lebenszweck in oder neben dem Staat die „Gesellschaft" darstellen können, war ihm unfaßbar. Der durch den princeps repräsentierte Staat, der populus Romanus, war ihm der Inbegriff aller gesellschaftlichen Möglichkeit. Berechtigtes Mitglied der Gesellschaft war nur der freie Bürger, das Bürgerrecht ist Gesellschaftsrecht, Staatsrecht. In seinen Vermögensbeziehungen, im Verhältnis zu seinen Mitbürgern ließ der Staat dem Bürger freie Hand, stellte er ihn sich gleichberechtigt zur Seite. Alle als jus gefaßte Willensmacht ging so vom populus Romanus oder vom einzelnen pater familias aus; jus publicum ist jus populi, jus privatum das jus singulorum.

Dieser römische Unterschied zwischen jus publicum und privatum beherrschte lange Zeit die juristische Denkweise. Die Terminologie ist uns so in Fleisch und Blut übergegangen, daß

---

[6] Anschütz, Systematische Rechtswissenschaft S. 340.

[7] Deutsches Privatrecht. S. 26. — Gegen Gierkes Auffassung des populus Romanus wendet sich Hölder, Nat. und jur. Personen S. 173. Ich verstehe nicht recht, weshalb. Sagt doch Hölder selbst S. 169: „Nach römischem Recht ist das Gemeinwesen κατ' ἐξοχήν der Staat."

wir sie noch heute anwenden, obwohl ihr Inhalt ein ganz anderer geworden ist. Bleibt man bei ihr, so besteht die Gefahr, daß wir uns zu sehr von der römischen Vorstellungsweise beherrschen lassen, daß wir heute noch abwägen, wenn wir die Grenzen zwischen öffentlichem und privatem Recht bestimmen wollen, ob das zu bestimmende Recht öffentlichen oder privaten Interessen dient, ob es öffentliche oder private Zwecke fördert. Besser wäre die Scheidung nach Sozial- und Individualrecht, denn nur dieser Dualismus ist überall und stets von Anfang an vorhanden, originär.[8] Indessen, die römische Einteilung hat nun einmal die Herrschaft, sie ist ein Begriff des Lebens und der Gesetzgebung geworden. Es ist aber festzuhalten, daß sie das Erzeugnis eines erloschenen, uns wesensfremden Volks mit einer von der unseren grundverschiedenen Kultur ist. Sie ist ein Erzeugnis juristischer Reflexion und nicht für alle Zeiten gültig, sondern in ihrer vollen und ursprünglichen Bedeutung nur auf römisches Recht anzuwenden. In übertragenem Sinne mag die römische Terminologie angewandt werden, aber ausschließlich nach Maßgabe der Anschauungen und Einrichtungen des betreffenden Volks. Deshalb muß jede Theorie scheitern, die es unternimmt, die römische Einteilung auf unsere heutigen Rechtsverhältnisse an Hand bestimmter und nie versagender Kriterien anwenden zu wollen. Für Rom mit seiner einfachen Konstruktion der „Gesellschaft" und seinem gegen heute einfachen Rechtsleben mochte diese allgemein gehaltene Definition und Grenzziehung ausreichen. Heute kommen wir bestenfalls zu einer Abwägung, ob das zu untersuchende Recht vorwiegend der Verfolgung eines Gesamtinteresses oder der eines Privatinteresses zu dienen bestimmt ist. Eine solche, in letzter Linie auf Glaubensfragen hinauslaufende Abwägung ist aber, wie Dernburg[9] zutreffend sagt, kein Kriterium, sondern höchstens ein allgemeiner Gesichtspunkt.[10]

---

[8] Preuß, Gemeinde, Staat, Reich als Gebietskörperschaften, 1889 S. 211.

[9] Bürgerl. Recht 1 35.

[10] Ähnlich Lade, Staatsverfassung, Fürstenrecht und Hausvermögen 1910 S. 8—10, ohne indessen von dem „überwiegenden Interesse" als unterscheidendem Kriterium abzugehen, sowie Preuß, Über Organ-

Gleichzeitig mit dem Zusammenschluß der Menschen zu einer Gemeinschaft treten neben und in der Gemeinschaft körperschaftliche Gebilde auf, ja die Gemeinschaft selbst stellt ein solches dar. Sobald diese sozialen Verbände eine von der Einzelwirtschaft getrennte Sonderwirtschaft hervorbrachten, ergab sich die Notwendigkeit der Bildung eines Sondereigentums der Gesellschaft, wenn auch die Rechtsformen, in denen diese sozialen Verbände auftreten, zunächst noch höchst mangelhaft sein mögen.[11] Die Denkformen, in denen die Verbände als Rechtssubjekte neben den Individuen auftreten, haben mit der jeweiligen Rechtsanschauung gewechselt. Insbesondere ist ihre Anerkennung als selbständiger, von ihren Mitgliedern verschiedener Rechtsträger erst ein Produkt verhältnismäßig jüngerer Zeit. Sie sind überall ein Erzeugnis des „öffentlichen Rechts"; erst später erscheinen sie auch im Privatrechtsverkehr, in dem auch Wort und Begriff der heute üblichen Bezeichnung als Juristische Person[12] ausgebildet wurden.[13] Wenn auch zugegeben werden mag, daß die Betätigung auf „privatrechtlichem" Gebiete das wirtschaftliche Agens für ihre Entstehung geworden sein mag, so handelt es sich damit doch nicht, wie Meurer a. a. O. S. 9

---

persönlichkeit S. 103. — Daselbst wird bei Gelegenheit der Bekämpfung der teleologischen Schule das bestimmende Moment genannt „die Willkür des Autors, der in den Begriff erst die ihm genehmen Elemente hineinsteckt, um sie dann als Resultat seiner scharfsinnigen Forschungen daraus wieder hervorzuholen". Das wird man auch gegenüber denen sagen können, die den Unterschied zwischen öffentlichem und privatem Recht auf die Verschiedenheit der geschützten Interessen abstellen.

[11] Sohm, Institutionen, 8. Aufl., S. 191. — Über die Streitfrage, ob tatsächlich von Anbeginn an soziale Gebilde als Rechtsträger anerkannt waren, vgl. Gierke, Deutsches Privatrecht 1 456 ff. und Meurer, Die jur. Personen nach deutschem Reichsrecht 1901, S. 8 ff.

[12] Der Name ist von Heise 1807 eingeführt. Im 17. und 18. Jahrhundert nannte man sie „moralische Personen", womit die über das Natürliche hinausgehende, transzendentale, oder durch die Idee vermittelte Zusammenfassung mehrerer Personen zu einer rechtlichen Einheit zum Ausdruck gebracht werden sollte. Im folgenden wird als gleichbedeutend gebraucht die Bezeichnung als Korporation (i. w. S.), sowie die von Gierke eingeführte als Verbandsperson.

[13] Gierke, Genossenschaftsrecht 3 36 ff., Theorie S. 10; Meurer a. a. O. S. 9; vgl. unten nach Note 19.

behauptet, „bei allen Korporationen übereinstimmend um die Betätigung auf dem Privatrechtsgebiet", und das vollendet auch nicht „die begriffliche Bestimmtheit der juristischen Person".[14] Denn das Wesen der Verbandspersönlichkeit ist weiter nichts, als die von der Rechtsordnung anerkannte Fähigkeit eines menschlichen Verbandes, als ein von der Summe der verbundenen Personen unterschiedenes einheitliches Ganze Subjekt von Rechten und Pflichten zu sein.[15] Die Vielheit der verbundenen Personen tritt unter dieser rechtlichen Behandlung oder Organisation als eine von eben dieser Vielheit verschiedene reale Einheit auf. Die Einheit ist eine von der Summe der Teile verschiedene Gesamtpersönlichkeit, die sich durch die Körperschaftsorgane betätigt, mit eigenen Interessen, eigenem Leben und Willen. Die Rechtsordnung findet diese realen Gesamtpersonen vor, nimmt Stellung zu ihnen, nicht schafft sie sie erst.[16] Diese Rechtssubjektivität der Verbandsperson ist be-

---

[14] Mit Meurer stimmt überein Otto Mayer in der Festgabe für Laband S. 11; ähnlich Dochow-Meyer, Verwaltungsrecht S. 111: „Die Theorie der Korporation gehört dem Privatrecht an", und Anschütz-Meyer, Staatsrecht S. 230: „Korporationen heißen die Vereine, die den Charakter von privatrechtlichen Vermögensobjekten haben." Demgegenüber erklärt Dernburg, Bürgerliches Recht 1 205 die älteste jur. Person für öffentlichrechtlich, „nur eine Seite ihres Wesens ist privatrechtlich", und Preußisches Privatrecht 1. Aufl. S. 85: „So bildeten sich dereinst autonom die wichtigsten jur. Personen vor aller Gesetzgebung, teilweise vor dem Staat selbst."

[15] Gierke, Deutsches Privatrecht Bd. 1 S. 469.

[16] Ich verwerfe also

1. die neuerdings von Meurer a. a. O. S. 42 ff. verteidigte Fiktionstheorie: „Durch die Zusammenfassung der materiellen und geistigen Kräfte zu einer Zusammenwirkung entsteht noch kein eigenes Wesen mit eigenem Willen usw. Auch der Staat ist real, weil seine Substrate real sind. Aber seine ‚Einheit' ist nur das Ergebnis der Herrschaftsordnung, ist nicht Voraussetzung, sondern Wirkung des Rechts. Eine solche rechtliche Ordnung, in der die Vielheit als eine Einheit erscheint, ist aber eine Fiktion; sie zeigt an, daß das Recht den Weg zur einheitlichen Behandlung einer Vielheit gefunden hat. Für das Recht erscheint die Vielheit als Einheit". — Meurer sieht also die Vielheit nach wie vor als das tatsächlich Vorhandene an. Er hält sich an die greifbare Tatsache. Lediglich ein Akt der Rechtsordnung schafft dieser Vielheit die Möglichkeit, als Einheit aufzutreten. Eigenartig mutet hierzu die Selbstironie S. 49 an: „Fitting hat bereits 1859 gemeint, daß es sich in unserer Kontroverse mehr um

grifflich mit der jeder natürlichen Person identisch. Wie diese eine Doppelstellung als Individuum und als Glied der Gesellschaft im öffentlichen und im Privatrecht einnimmt, so hat auch die juristische Person eine Doppelstellung.[17] Wie bei den Individuen diese Stellung jeweils verschieden beurteilt wurde, so auch bei den juristischen Personen, so daß es Zeiten gegeben hat, in denen sie nur auf dem Gebiet des öffentlichen Rechts (so in Rom in der ältesten Zeit), und zu anderen Zeiten nur auf dem Gebiet des Privatrechts oder doch aus Rücksichten des privatrechtlichen Verkehrs vorkamen (so in der Zeit des absoluten Polizeistaats). Wenn sie heute auf beiden Rechtsgebieten vorkommt, und demgemäß eine öffentlich- und eine privatrechtliche

---

einen Krieg gegen Worte als gegen die Sache handle." Diesen Satz sollte Meurer vor die Zitate stellen, mit denen er neben anderen selbst Gierke als insgeheimen Anhänger der Fiktionstheorie überführen will. Zuzustimmen ist Meurer, daß zum Verständnis des BGB die Kontroverse belanglos ist. Das geltende positive Recht behandelt die Vielheit als Einheit, das genügt.

2. Die Brinz-Bekkersche Theorie des Zweckvermögens, auf die O. Mayer in der Festgabe für Laband hinauswill. Mir scheint es indessen, als komme auch seine Beweisführung (S. 24) auf die Fiktionstheorie hinaus, wenn die Realität der jur. Person auf einem Akt der Rechtsordnung beruhen soll. „Wenn diese sagt, es soll so behandelt werden, als wäre es ein Rechtssubjekt," so hat das gleichen Wert, als wenn sie sagt „das ist eines." Mayer stimmt ausdrücklich Meurer zu, der „solche Behandlung durch das Recht und die Fiktion, soweit es auf das Ergebnis ankommt, völlig gleichstellt". Der feine Unterschied zwischen „dem, was das Recht hier macht", und den „Wirkungen der Rechtsordnung" ist mir nicht aufgegangen. Im einen wie im andern Falle kann es sich doch höchstens um Stellungnahme der „Rechtsordnung" zu vorhandenen realen Gebilden handeln. Das, „was das Recht macht", tritt stets nur als Wirkung in die Erscheinung. Wie mir scheint, sträubt sich Mayer auch nur dagegen, zu den Anhängern der Fiktionstheorie gerechnet zu werden, die er als „übertrieben und Mißgriff im Ausdruck" bezeichnet. Meurer bekennt sich dagegen offen zu diesem „Mißgriff".

[17] So auch Crome, System des deutschen bürgerl. Rechts 1900 1 232: „Der Gegensatz zwischen der jur. Person des öffentlichen und des privaten Rechts bedeutet nicht, daß die erstere im Privatrecht nicht vorkäme. Im Gegenteil, sie tritt darin ganz so als Rechtssubjekt auf (sie hat neben ihrer öffentlichrechtlichen auch eine privatrechtliche Seite)". Ähnlich Dernburg, oben Note 14. — Zu Cromes Auffassung vgl. im übrigen unten S. 107 Note 3.

Korporation unterschieden wird, so besagt diese Unterscheidung nicht, daß sie nunmehr nur Subjekt von öffentlichen oder privaten Rechten sein könnten. Eins schließt das andere nicht aus. Alle privatrechtlichen Körperschaften haben gewisse öffentliche Rechte, die sogar politischer Natur sein können, während umgekehrt alle öffentlichrechtlichen Korporationen die Fähigkeit besitzen, in mehr oder minder entwickeltem Maße Subjekt von privaten Rechten und Pflichten zu sein. Es ist denkbar und möglich, daß das positive Recht die eine oder die andere Seite dieser Rechtssubjektivität mehr oder minder stark, ja fast ganz verkümmern läßt, ohne daß damit indessen begrifflich die Gegenseitigkeit aufgegeben würde. Es ist nach heutiger Auffassung undenkbar, daß diese Verkümmerung der einen Rechtssphäre zu deren gänzlicher Aufgabe führte, daß das positive Recht eine juristische Person nur auf dem einen oder dem andern Rechtsgebiet anerkennen könnte.[18] Das positive Recht sieht davon ab,

[18] Das scheint Anschütz, Kommentar zur preußischen Verfassungsurkunde 1912 1 538 zu meinen, wenn er sagt, das öffentliche Recht könne eine öffentlichrechtliche jur. Person als solche ohne Rücksicht auf ihre etwaige Rechtsfähigkeit im Sinne des Privatrechts ins Leben rufen, deren private Rechtsfähigkeit vom öffentlichen Recht noch besonders gewollt sein müsse. „Die jur. Person des öffentlichen Rechts ist nicht von selbst auch jur. Person des Privatrechts, sie ist es aber, wenn das Landesrecht es bestimmt.“ Im Zweifel soll aber letzteres angenommen werden. — Gegen diese Auffassung vgl. Endemann, Lehrbuch des Bürgerl. Rechts 1 219 und Oertmann, Kommentar Note 2 zu § 89 BGB. — Tatsächlich ist noch aus jüngerer Zeit ein Versuch zu verzeichnen, eine solche rein öffentlichrechtliche Verbandspersönlichkeit ins Leben zu rufen, die auf dem Gebiete des Privatrechts unselbständig, ein Verein oder Sozietät sein sollte. Die preußische Regierung wollte den Waldgenossenschaften jur. Persönlichkeit (im Sinne von privater Rechts- und Handlungsfähigkeit) nur auf Antrag durch spezielle ministerielle Verleihung zubilligen. Mit Recht wies der Abg. Parisius darauf hin, daß die Genossenschaft dann einfach zur Erfüllung ihrer öffentlichen Aufgaben außerstande sei, solange nicht diese Korporationsrechte verliehen seien, da kein Mensch einen Anstellungs- oder sonstigen Vertrag mit ihr eingehen würde. Denn er müßte gewärtigen, nachher die Gesamtheit der Genossen oder jeden einzelnen von ihnen verklagen zu müssen. Diese Erwägung, daß eine öffentlichrechtliche Organisation notwendig auch privatrechtlich handlungsfähig sein müsse, führte denn auch dazu, daß die Regierung ihr „Unannehmbar“, das auf der Erwägung beruhte, Waldgenossenschaften könnten andernfalls leicht Er-

solche einseitigen Gebilde zu schaffen: Das öffentliche Recht nimmt heute von privatrechtlichen Korporationen durch einfache Anerkennung ihres Vorhandenseins oder einen konstitutiven Akt bei ihrer Begründung als Rechtssubjekte Notiz, und billigt ihnen im übrigen keinerlei andere öffentliche Rechte und Pflichten zu, als sie eben aus dieser Anerkennung fließen, wie Staatsangehörigkeit, Gerichtsstandschaft, Gewerbefreiheit, Staatsaufsicht u. dgl., während es umgekehrt mit der Anerkennung als öffentlichrechtliche Korporation stets die Fähigkeit verbindet, Subjekt von Privatrechten zu sein in dem Maße, als nach dem Recht des konkreten Staats überhaupt juristische Personen Subjekt von Privatrechten sein können. Im Einzelfall ist diese private Rechtsfähigkeit ganz bestimmt umschrieben, wobei es vorkommen kann, daß das öffentliche Recht einer juristischen Person nur eine solche private Rechtsfähigkeit zuschreibt, die, besäße sie nicht vermöge des öffentlichen Rechts bereits Rechtspersönlichkeit, nicht ausreichen würde, sie vom privatrechtlichen Standpunkte aus als juristische Person zu konstruieren.[19] Mit dieser Maßgabe mag der oben bei Anm. 14 verworfene Satz gelten: Zur begrifflichen Bestimmtheit einer juristischen Person ist heute eine gewisse private Rechtsfähigkeit erforderlich, nach heutiger Auffassung ist eine juristische Person mit nur öffentlichen oder nur privaten Rechten undenkbar.[20]

Die juristischen Personen werden herkömmlich eingeteilt in

1. Körperschaften oder Korporationen im engeren Sinne, worunter man solche Verbandspersonen versteht, deren Zweck

---

werbsgesellschaften werden, fallen ließ, und nach platonischem Protest das Gesetz in der vom Abgeordnetenhause nach den Anträgen Parisius beschlossenen Fassung annahm, vgl. StenB. des AbgH. 1875 **3** S. 1712, 1715, 1857, 1866.

[19] Ein Beispiel bieten die unten zu besprechenden Haubergsgenossenschaften. Sie sind eigenartige Korporationen des öffentlichen Rechts und besitzen die private Rechtsfähigkeit in demselben Maße wie offene Handelsgesellschaften. Während für diese heute die jur. Persönlichkeit allgemein verneint wird, muß sie für die Haubergsgenossenschaft anerkannt werden, und damit auch für das Gebiet des Privatrechts. Die Praxis leugnet indessen seit 1901 auch auf dem Gebiet des öffentlichen Rechts die jur. Persönlichkeit, weil sie die privatrechtliche Begriffsbestimmtheit vermißt.

[20] So auch E. Meyer, Artikel: Juristische Personen in v. Stengels Wörterbuch des deutschen Verwaltungsrechts **1** 692.

auf vereintes Wollen und Selbstverwaltung gerichtet ist, die Organisation und Leitung durch sich selbst empfangen.[21]

2. Anstalten, d. h. Verbandspersonen, die Vermögen, Organisation und Leitung von außen empfangen,[22] die lediglich einen fremden Willen, den des „Stifters", auszuführen bestimmt sind. — Der Unterschied von der Körperschaft besteht in der verschiedenen Herkunft des konstitutionellen Willens: dort setzt sich die verbundene Gesamtheit selbst durch eigene Willensaktion als Einheit, hier wird sie durch eine von außen kommende Willensaktion gesetzt. Die Körperschaft will handeln, die Anstalt (richtiger die Destinatäre) soll genießen (Meurer).

Lediglich eine besondere Form der Anstalt ist die Stiftung; das BGB hat mit den früheren Versuchen,[23] Stiftung und Anstalt als getrennte Rechtsgebilde zu behandeln, aufgeräumt.[24]

§ 2.
Öffentliche und Privatkorporation. Begrenzung des Stoffs.

Beide Formen der juristischen Person treten sowohl auf dem Gebiet des öffentlichen wie des Privatrechts auf; die juristische Theorie der letzten hundert Jahre hat demgemäß eine Scheidung in Korporationen des öffentlichen und des privaten Rechts vorgenommen. Diese Unterscheidung durchzuführen bereitet dieselben Schwierigkeiten wie die Feststellung der Grenzen zwischen dem öffentlichen und dem privaten Recht überhaupt. Dieser Unterschied ist heute nicht der römische: dort war die Trennung klar. Den Ausgangspunkt bildet dort die Gleichung: Staat = Gesellschaft. Das Recht schied sich danach ganz von selbst in jus publicum als das Recht der Gesellschaft, und jus privatum als das Recht der Individuen. Dieser römischen Einteilung,

---

[21] Meurer a. a. O. S. 12. — [22] Gierke, Theorie S. 140.

[23] Gierke, Theorie S. 12 Note 2.

[24] Meurer S. 14 Note 1 und die dortigen Zitate. — Der Grund dafür, daß in § 45 und § 89 BGB die „Stiftungen des öffentlichen Rechts" stehen geblieben sind, ist, daß auf dem Gebiet des öffentlichen Rechts nicht selten Zweifel darüber bestehen, ob eine „Stiftung" den Körperschaften oder Anstalten zuzuzählen ist, vgl. Mugdans Materialien 1 673.

die für viele Zwecke der Theorie und Praxis herkömmlich, heute aber ungenügend ist,[1] steht die deutsche Auffassung gegenüber:[2] die Gesellschaft erschöpft sich nicht im Staat; in und neben diesem stehen eine große Anzahl von anders gearteten Gemeinschaften mit eigenem Lebenszweck, so die Familie, Kirche, Gemeinden, Genossenschaften. Der Staat als herrschender Verband weist diesen sozialen Verbänden, sozialen Rechtsgebilden, je nach dem Wert, den sie für sein eigenes Leben haben, eine ungleiche Stellung zu in Form eines Sozialrechts, das teils dem Privat-, teils dem öffentlichen Recht angehört. Sie sind zum Teil mit gleichen oder ähnlichen Machtmitteln ausgerüstet wie der Staat selbst, zum Teil haben sie keine höhere Autorität wie das Individualrecht, auch wenn letztere gewisse Machtrechte gegenüber ihren Mitgliedern in Gestalt einer Autonomie besitzen. Stets beruht indessen hier die Unterwerfung auf freiem Willensentschluß, wenn auch diese gewollte Mitgliedschaft keineswegs als „Vertrag" zu konstruieren ist.[3] Auf diesem Gebiete des

---

[1] Preuß, Gemeinde, Staat, Reich S. 209.

[2] Gierke, Theorie S. 155 ff.; Deutsches Privatrecht Bd. 1 S. 26 ff.

[3] Die Streitfrage geht dahin: Ist die privatrechtliche Verbandsperson ein vertragliches Gebilde, beruht sie auf einem „Gesellschaftsvertrag", der jederzeit durch neue Vereinbarung geändert werden könnte, der zur Aufnahme neuer Mitglieder einen neuen Vertrag zwischen dem Verein und dem Anwärter erforderte usw., oder ist die Vereinsbildung ein schöpferischer Gesamtakt, so daß die Aufnahme neuer Mitglieder oder die Statutenänderung als einseitige Lebensbetätigung des Vereins erscheint, die nur äußerlich in die Form eines personenrechtlichen Vertrags gekleidet ist? Für letztere Auffassung vgl. namentlich Gierke, Theorie S. 133—135, 716, 722, 723; Genossenschaftsrecht 1 1106 usw. — Die neuere Praxis scheint ganz unter der vertraglichen Auffassung zu stehen; so hat das HGB jetzt durchgehends das Wort „Gesellschaftsvertrag" eingeführt, ebenso BGB § 705. Hinsichtlich der Auffassung der preußischen Regierung ist im Laufe dieser Arbeit darauf hinzuweisen, daß sie die jur. Person des Privatrechts sogar an ihrer „vertraglichen Natur" erkennt; vgl. unten S. 133. Das Reichsgericht schwankt. Ganz auf dem Standpunkt der Vertragstheorie steht z. B. die Entscheidung **76** 173: „Ist aber ein Erfordernis dieses Inhalts gesetzlich zulässig, und wie hier in das Statut aufgenommen, so stellt sich diese Bestimmung als vertragliche Grundlage der genossenschaftlichen Vereinigung dar, die für alle Genossen gleich verbindlich ist..." Dagegen sagt das RG in **68** 350: „...Die Beitrittserklärung des Genossen zu einer bestehenden Genossenschaft enthält eine auf die Mitgliedschaft mit ihren

Sozialrechts liegt nach heutiger Auffassung die Grenze zwischen dem öffentlichen und dem Privatrecht: Als Privatrecht erscheint alles Individualrecht und das Sozialrecht, das nicht durch staatsrechtlichen Satz dem öffentlichen Recht einverleibt ist, also auch Familien- und Gesellschaftsrecht, sowie das Körperschaftsrecht der privaten Verbände. Als öffentliches Recht erscheint alles Staatsrecht, d. h. alles Recht, das den Staat als Ganzes und die einzelnen Menschen sowie die übrigen Verbände als Staatsglieder betrifft, und das Sozialrecht, das wegen der Be-

---

Rechten und Pflichten gerichtete Beteiligungserklärung. Wegen der weiteren Bedingung eines solchen Erwerbes der Mitgliedschaft — Einreichung der Erklärung durch den Vorstand an das Registergericht — richtet sich die Beitrittserklärung auch an den Vorstand; an diesen indessen nicht als Vertragsantrag, sondern als Aufforderung zu der ihm vorbehaltenen organschaftlichen Mitwirkung durch Einreichung an das Registergericht. Aus dem dargelegten Inhalt und Zweck der Beitritts- und Einreichungserklärung folgt unmittelbar: die Einreichung des Vorstands an das Registergericht ist nicht etwa lediglich Vollzugsakt eines Aufnahmevertrags oder Annahme eines in der Beitrittserklärung enthaltenen Vertragsantrags; die Wirksamkeit der Beitrittserklärung und ihrer Einreichung durch den Vorstand ist nicht abhängig von dem Zustandekommen oder von dem Fortbestehen eines Aufnahmevertrags zwischen der Genossenschaft und dem Genossen." — Die Bedeutung der Vertragstheorie liegt auf der Hand. Die Satzung kann ganz unsinnige Bestimmungen treffen, die aber als „vertragliche" Grundlage des Vereins zwingendes Recht schaffen. In dem vom RG **76** 173 entschiedenen Falle war bestimmt, daß über gewisse Angelegenheiten nur bei Anwesenheit aller Genossen beschlossen werden könne; als ob eine derartige Bestimmung mit dem korporativen Wesen einer Genossenschaft verträglich wäre! Folgerecht wird man sagen können, das Statut könne in die Verhältnisse der Genossen einschneidende Bestimmungen enthalten, z. B. Fragen, in denen das Gesetz schweigt, stets zugunsten der Genossenschaft entscheiden. So hatte ich unlängst den Fall zu begutachten, daß eine Genossenschaft in Zukunft Teile der Einzahlungen auf Geschäftsanteil dem Reservefond zuschreiben wollte. Wenn „Verträge" zwischen der Genossenschaft und ihren Mitgliedern vorliegen, wird man das für zulässig halten müssen, obwohl der Reservefond dem Vermögen der Mitglieder dauernd, auch beim Ausscheiden aus der Genossenschaft, entzogen ist. Denn die „Art der Bildung des Reservefonds" ist der freien Beschlußfassung der Genossenschaft überlassen. Wem ein solcher Eingriff in sein Vermögen nicht paßt, braucht ja nicht Mitglied zu werden, in welchem Falle er der Unterwerfung unter solchen lästigen Vertrag für immer entgeht. Ob das gerade der Sinn des Gesetzes ist, kann hier dahingestellt bleiben.

schaffenheit der von ihm geordneten Gemeinschaft als öffentlich anerkannt ist, somit auch Kirchenrecht, Gemeinderecht, Recht der öffentlichen Genossenschaft und Völkerrecht.[4] Bleibt es aber dabei, daß das öffentliche Recht ein Teil des Sozialrechts ist, so lassen sich seine Grenzen nur rückwärts, deduktiv, nicht induktiv feststellen.[5] Auszugehen ist stets vom Staat, ein Aufbau von unten nach oben führt nicht zum Ziel. Der Begriff der öffentlichen Körperschaft beruht demgemäß nicht auf logischer Konstruktion, sondern auf positiver und konkreter Satzung.[6] Als öffentlichrechtlich erscheint somit diejenige Körperschaft, welche durch staatsrechtlichen Satz als solche anerkannt ist, die zu einem Gliede des Staatsganzen, des Staatsorganismus erklärt ist.[7] Nicht kommt es hierbei an auf den speziellen Zweck, den die Körperschaft verfolgt, sondern darauf, ob der Staat — etwa mit Rücksicht auf diesen Zweck — das Gemeinleben der Korporation für wichtig genug erachtet, sie gleichartigen Normen zu unterstellen, wie sie sein eigenes Gemeinleben beherrschen.[8] Entscheidend ist stets das jeweilige Recht des

---

[4] Gierke, Deutsches Privatrecht 1 26. — Ähnlich Dernburg, Preußisches Privatrecht 1 53: „Privatrecht kommt dem Individuum um seiner selbst willen zu; öffentliches Recht als einem Gliede der Gesamtheit infolge der Ordnungen desselben." Förster-Eccius, Preußisches Privatrecht, 8. Aufl. 4 § 280 läßt „hier, auf dem Gebiete des Gesellschaftsrechts, das öffentliche und das Privatrecht sich berühren, und ineinander übergehen", ohne indessen die Folgerung zu ziehen und die Grenze festzustellen.

[5] Preuß, Gemeinde, Staat, Reich S. 210.

[6] Preuß a. a. O. S. 259; Gierke, Theorie S. 158.

[7] Gierke in Holtzendorffs Rechtslexikon 2 563: Entscheidend sei, ob die Korporation als ein Glied im staatlichen Organismus betrachtet werde oder nicht.

[8] Gierke, Deutsches Privatrecht 1 619; Preuß a. a. O. S. 258 ff. — Es ist hierbei zu beachten, daß die sog. privatrechtliche Korporation ihren Gliedern gegenüber gewisse Rechte besitzt, die als Analoga der Staatsgewalt für ihren wenn auch engen Kreis einen publizistischen Charakter tragen. Es sind das die sog. inneren Körperschaftsrechte, wie Autonomie, Selbstverwaltung, Selbstbesteuerung usw. Diese Rechte können im Einzelfall derart ausgebildet sein, daß sie der Korporation den Anschein geben, als sei sie öffentlichen Rechts. Dies wird sie durch eine solche Nachbildung des oder durch die Anlehnung an das staatliche Vorbild noch nicht, ebensowenig wie allein durch die Unterstellung unter das staatliche Aufsichtsrecht. — Stobbe, Deutsches Privatrecht, 3. Aufl. 1 451, schließt sich

jeweiligen Volks oder Staats. Das Staatsrecht des konkreten Staats entscheidet also, ob eine Korporation dem öffentlichen oder dem Privatrecht angehört. Innerhalb desselben Staats sind zu verschiedenen Zeiten verschiedene Auffassungen möglich, je nach der herrschenden Staatsauffassung, die ja in erster Linie für die Feststellung der Grenze maßgeblich ist. Die Grenze ist also nur relativ bestimmt, was heute als öffentlichrechtlich aufgefaßt wird, braucht es morgen nicht mehr zu sein, kann also als privatrechtlich angesprochen werden und umgekehrt. Die Schwierigkeit der Feststellung wächst damit hinsichtlich der Gebilde, die einen Wechsel der staatsrechtlichen Auffassung überdauert haben. Man wird indessen, ohne daß damit „wohlerworbene Rechte" verletzt würden, unbedenklich auch auf solche Gebilde den jeweils maßgebenden Gesichtspunkt anwenden dürfen. Denn die Entwicklung des Rechts kann vor solchen Gebilden keinen Halt machen; ihre besonderen Rechte können ihnen im Einzelfall trotzdem belassen sein, sofern sie nicht durch besonderen Rechtsakt genommen sind. Noch schwieriger gestaltet sich die Grenzziehung, wenn eine ausgesprochene staatliche Auffassung nicht festzustellen ist, sondern mit gegebenen — im Gesetz oder durch eine gewisse Praxis begründeten — Begriffen systemlos gearbeitet wird. Wir werden im Lauf dieser Arbeit gerade dieser Schwierigkeit begegnen.

An dieser Tatsache, daß das jeweilige Recht des jeweiligen Staats entscheidet, ändert auch nichts der Umstand, daß jetzt gewisse Rechtsgebiete einheitlich durch Reichsgesetz für das ganze Deutsche Reich geregelt worden sind. Denn auch die Reichsgesetzgebung hat gewordene feste Verhältnisse vorgefunden, die sie, soweit sie sie nicht selbst ausdrücklich geordnet hat, der Regelung durch die Einzelstaaten ausdrücklich oder stillschweigend überlassen hat. Es ist zwar richtig, was Meurer[9] ausführt, daß

---

zwar der theoretischen Definition Rosins (Pflicht gegenüber dem Staat zur Erfüllung des Korporationszwecks) an, stellt aber „bei dem Mangel einer präzisen Terminologie und bei der so mannigfaltigen Stellung der verschiedenen Korporationen die Frage, welche dem öffentlichen Recht angehören, den Disziplinen desselben, insbesondere dem Verwaltungsrecht" anheim.

[9] Meurer a. a. O. S. 330 ff. und Bayr. Kirchenvermögensrecht 1899/1901 2 81 ff.

den Faktoren der Reichsgesetzgebung bekannt war, wo sie hier die Grenzen ziehen wollten, daß sie das wissen mußten. Aber das ändert nichts an der Tatsache, daß die Gebiete, die das Reichsrecht nicht regeln wollte, der Ordnung durch die Einzelstaaten verblieben sind. So ist es das Landesrecht, das auf dem Gebiet der „vorbehaltenen Materien“ die Grenze gegen das Reichsrecht zieht. Es erscheint fast als ein Spiel mit Worten, wenn Meurer einesteils leugnet, die Landesgesetze bestimmten die Grenze zwischen der Korporation des öffentlichen und des Privatrechts (Bayr. Kirchenvermögensrecht **2** 85), und wenn er schließlich (S. 88) doch wieder das Landesrecht entscheiden läßt, „was in den öffentlichen Verwaltungsorganismus eingegliedert ist“, in welchem Kriterium er letzten Endes unseren Unterschied findet. Die Materialien zum BGB haben schon recht, wenn sie stets und immer wieder, wo von öffentlichem Recht die Rede ist, ausschließlich das Landesrecht im Auge haben. Mir ist nicht ganz klar, was gegenüber dieser klaren und absolut nicht mißzuverstehenden Feststellung[10] (vgl. z. B. Mot. **1** 82; Prot. **1** S. 607, 608 ff.; **2** 1168; Denkschr. S. 17 usw.) noch die Aufstellung des

[10] Auch an andern Stellen überläßt das Reichsrecht dem Landesrecht die Feststellung, was unter „öffentlich“ zu verstehen ist, z. B. hinsichtlich der öffentlichen Abgaben; vgl. hier RG **21** 49; **42** 359 und **40** 40, 78 unter Berufung auf die Motive zu § 70 GVG: „In gewissen das öffentliche Recht berührenden Rechtssachen erschien es als ein Bedürfnis, ohne Rücksicht auf den Streitwert usw. die Revision zu begründen, daß aber von dem Reichsgesetz auf diesem Gebiet, das von den einzelnen Staaten nach der Verschiedenheit ihres Staatsrechts und des dem Rechtsweg gegebenen Umfang es notwendig selbständig zu regeln sei, eine durchgreifende Vorschrift nicht erlassen werden könne, und daher die nähere Regelung innerhalb eines reichsgesetzlich aufzustellenden Rahmens der Landesgesetzgebung überlassen werden müsse. Dieser Erwägung entspricht es, wenn in § 70 GVG. der Ausdruck ‚öffentliche Abgaben‘ als in einem weiten, die Verschiedenheit der deutschen Bundesstaaten berücksichtigenden Umfange gebraucht anzusehen ist...“ — Ähnlich Rosin, Recht der öffentlichen Genossenschaft 1886 S. 2 Note 4 auf Grund des KommB. zu Art. 207a der Aktiennovelle von 1884: „Auf die Frage, welche Korporationen als öffentlich im Sinne dieses Artikels zu gelten hätten, wurde seitens der Regierungsvertreter geantwortet, daß diese Frage sich nach dem Staatsrecht der einzelnen Bundesstaaten richte, und hierbei meistens maßgebend sei, daß jene Korporationen in einer organischen Verbindung zum Staatsganzen stehen.“

Begriffs einer „öffentlichen Korporation im Sinne des BGB“ soll, den Meurer ausdrücklich mit dem „öffentlichen Recht im Sinne des bundesstaatlichen Staatsrechts“ in Gegensatz stellt; zumal ja Meurer selbst letzten Endes bei der Folgeziehung im Einzelfall das bundesstaatliche Staatsrecht anwenden will.[11] Es muß dabei bleiben, daß bei der Verschiedenheit der öffentlichen Rechte in den einzelnen Bundesstaaten die Möglichkeit besteht, daß dieselbe Kategorie von Verbandspersonen hier dem öffentlichen, dort dem Privatrecht zugezählt wird.[12] Im Einzelfall muß die Entscheidung nach geschichtlichen Tatsachen mit Rücksicht auf die Entwickelung der Staaten und ihrer Verfassungen geschehen,[13] mit dem Vorbehalt, daß, wo das BGB oder ein sonstiges Reichsgesetz zwingende Bestimmungen für alle Fälle erlassen haben, z. B. in § 89 BGB, stets diese reichsrechtlichen Anordnungen denen des Landesrechts gemäß Art. 2 RV vorgehen.[14] Damit gebe ich keineswegs zu, daß, wie Endemann a. a. O. will, bei der Prüfung, „inwieweit dies (die Ordnung durch das BGB) geschehen ist, von dem Inhalt des BGB auszugehen ist“, auch nicht, wie Cosack[15] sagt, daß „das Landesrecht bei der Zuweisung einer Materie an das öffentliche Recht sich im Rahmen der allgemeinen Begriffsbestimmung halten“ müsse,

---

[11] Es erinnert fast an Mentalreservation, wenn Meurer bei diesem Zugeständnis (Bayr. Kirchenvermögensrecht **2** 88) seine genau das Gegenteil der voraufgegangenen langatmigen Ausführungen aussprechende knappe Bemerkung in **1** 177: „In der Bestimmung über die Herstellung eines solchen (organischen) Zusammenhangs (mit dem Staat usw.) hat allerdings die Landesgesetzgebung freie Hand, und insofern bestimmt sich der Begriff der Stiftung des öffentlichen Rechts nach Landesrecht“ dahin abschwächen will: „Insoweit habe ich das bereits anerkannt.“

[12] Staudinger, Kommentar 5./6. Aufl., Note A I 2 zu § 89 BGB; vgl. hierzu auch Meurer Bayr. Kirchenvermögensrecht **2** 84 oben.

[13] Dernburg, Bürgerl. Recht, 2. Aufl., 1902 **1** 35 in Anlehnung an die Motive zum EGBGB 1. Lesung S. 147 und die Denkschrift zum EGBGB Art. 53. Ebenso Kuhlenbeck in Staudingers Kommentar, 3./4. Aufl., 1909 Note I zu Art. 55 EGBGB, sowie Hubrich im ArchBürgR. **33** 22 ff. gegen Rönne-Zorn, Staatsrecht 1906 S. 295 u. 298; vgl. auch unten § 12.

[14] Endemann, Lehrbuch des Bürgerl. Rechts, 9. Aufl., 1903 **1** 75.

[15] Lehrbuch des Bürgerl. Rechts, 3. Aufl., 1900 **1** 36.

welche „allgemeine Begriffsbestimmung" Cosack aber selbst S. 3 als „etwas äußerlicher Natur und aus Zweckmäßigkeits- oder Verlegenheitsgründen herkömmlich" bezeichnet. Dieser Cosackschen Logik vermag ich nicht zu folgen. Entweder ist seine Definition juristisch und wissenschaftlich, und kann dann zur „Begriffsbestimmung" herangezogen werden; oder sie ist eben nur eine Verlegenheitsphrase und kann dann als solche keinen Anspruch darauf erheben, bei der Feststellung von Grundbegriffen herangezogen zu werden. Endemann ist auf dem richtigen Wege, der aber in einer Sackgasse endet; gewiß ist öffentlichrechtlich die juristische Person, die nicht privatrechtlich ist, und die Begriffsbestimmung, was Privatrecht im Sinne des BGB ist, beurteilt sich zunächst nach dem BGB. Aber das BGB bestimmt eben den Begriff der privatrechtlichen Korporation nicht autoritativ, so daß damit auch der der öffentlichrechtlichen Korporation gegeben wäre. Der Fall liegt gerade umgekehrt, das BGB spricht von öffentlichen Korporationen, die es als gegebenes Faktum voraussetzt. Und die Faktoren, deren Zusammenwirken das BGB zu verdanken ist, wollten und haben aufs peinlichste vermieden, diesen Begriff, wie den des öffentlichen Rechts überhaupt irgendwie einheitlich festzulegen. Wie kann man da von einer Beurteilung nach dem Inhalt des BGB sprechen? [16]

[16] Wie ist es mit den jur. Personen des öffentlichen Rechts, die kraft Landesgesetzes nur eine beschränkte private Rechtsfähigkeit haben? Soweit es sich um das Gebiet der im Gesetz ausdrücklich vorbehaltenen Materien handelt, dürfte es zweifellos sein, daß insoweit der „einheitliche Begriff der Rechtsfähigkeit nach dem BGB" (Meurer, Jur. Personen S. 347/48; Anschütz, Preuß. Verfassungsurkunde S. 243) durchbrochen ist. Wenn aber insoweit der oben S. 24 aufgestellte Satz gilt, daß die private Rechtsfähigkeit einer öffentlichrechtlichen Korporation verkümmert erscheinen könne, so stehe ich nicht an, diesen Satz dahin zu verallgemeinern, daß schlechthin das öffentliche Recht entscheidet, ob und inwieweit eine öffentlichrechtliche Korporation private Rechtsfähigkeit besitzen soll. Denn es handelt sich hier nicht, wie etwa in Art. 84 EGBGB, nur um ein dem Landesrecht vorbehaltenes „Erlangen der Rechtsfähigkeit", sondern § 89 BGB nimmt die öffentlichrechtliche Korporation in jeder Hinsicht, also auch inhaltlich, von den Vorschriften der §§ 21—88 aus (mit zwei Ausnahmen). Das ergibt sich, trotz des Wortlauts der §§ 21 u. 22, aus der Fassung des § 89, der nicht besagt: die Vorschriften der §§ 21—30, 32—41 Abs. 1, 43—88 finden keine Anwendung, vielmehr davon aus-

Es gibt kein absolutes Prinzip der Scheidung.[17] Die Grenzlinie zwischen der Verbandsperson des öffentlichen und des privaten Rechts läßt sich nicht einheitlich feststellen;[18] entscheidend ist nur die in der Rechtsordnung ausgeprägte Gesamt-

---

gehend, daß das öffentliche Recht im BGB nicht geregelt wird, positiv ausspricht, daß § 31 BGB, die einzige auf den Inhalt der privaten Rechtsfähigkeit bezügliche Vorschrift der §§ 21—88, auf die öffentlichrechtliche Körperschaft anzuwenden sei. Diese Bestimmung wäre unnötig gewesen, wenn der Gesetzgeber hätte sagen wollen, ich überlasse dem öffentlichen Recht, eine jur. Person in seiner Weise entstehen und endigen zu lassen, aber abgesehen davon bestimmt sich der status privatus, die private Rechts- und Handlungsfähigkeit der Körperschaft mit den sich daraus ergebenden Folgerungen nach BGB. — Im Ergebnis stimmen mit dieser Auffassung überein, daß auch die beschränkte private Rechtssubjektivität gewisser öffentlichrechtlicher Korporationen vom BGB anerkannt werde, Staudinger, Note 2 zu § 89 BGB, und Anschütz a. a. O. S. 540, wenn auch gegenüber Anschütz daran festzuhalten ist, daß eine nochmalige ausdrückliche Anerkennung als privates Rechtssubjekt nicht nötig ist, wenn das öffentliche Recht eine jur. Person schafft. Entweder besitzt sie den vollen status privatus des BGB, wenn ihr nämlich die Rechte einer öffentlichen Körperschaft usw. schlechthin beigelegt sind, oder sie besitzt einen beschränkten privatrechtlichen status, wenn die ihr zustehenden Rechte und Pflichten einzeln aufgezählt werden, wie das ja auch für gewisse privatrechtliche Körperschaften vorkommt. Insoweit hiernach allerdings die öffentlichrechtliche Körperschaft Subjekt von privaten Rechten und Pflichten ist, ist auf deren Inhalt das BGB anzuwenden, und stimme ich demgemäß insoweit Meurer, Jur. Personen S. 328 zu. — Das Zitat bei Anschütz aus v. Thur, Allgemeiner Teil des Bürgerl. Rechts 1 626: „Soweit die jur. Person des öffentlichen Rechts in den rechtsgeschäftlichen Verkehr tritt, gilt das Recht des BGB." scheint mir im Sinne meiner Darlegungen zu sprechen. — Bemerkt sei, daß die Anschützsche Beweisführung an einem inneren Widerspruche zu kranken scheint. Wenn die „außerhalb des BGB durch den Willen der Landesgesetzgebung erzeugte private Rechtsfähigkeit" unter den einheitlichen Begriff der Rechtsfähigkeit im Sinne des BGB fällt, der allein für die Feststellung ihres Inhalts bestimmend sein soll, so müßte auch ausgeführt werden, kraft welcher Bestimmung das Landesrecht durch Normen des öffentlichen Rechts die bürgerliche Rechtsfähigkeit einengen kann. Eine solche Einengung ist eben nur möglich, wenn der schließlich von Anschütz als Zitat aus Staudinger und nicht als Belegstelle angeführte § 89 BGB auch den Inhalt der privaten Rechtsfähigkeit der öffentlichrechtlichen Korporation umfaßt.

[17] Dernburg, Bürgerl. Recht 1 47.

[18] Gierke, Deutsches Privatrecht 1 620; Theorie S. 158 ff.

auffassung.[19] Alle Theorien, die es versuchen, den Begriff der Korporation des öffentlichen Rechts einheitlich zu bestimmen, ohne auf das Landesrecht gebührend Rücksicht zu nehmen, gehen fehl.[20] Verfehlt ist es auch, sich resignierend darauf zu beschränken, die einzelnen Rechte und Pflichten der Körperschaften je nach ihrem Inhalt in öffentlich- und privatrechtliche zu scheiden.[21] Die Grenze besteht,[22] darüber ist nach dem BGB kein Zweifel; etwas anderes ist es, ob das BGB gut daran tat, diesen § 89 zu bringen.[23] Wir haben es nur mit dem positiven Recht zu tun, und dieses kennt die Trennung der Begriffe. Nach den Materialien zu dem maßgebenden Gesetze, dem BGB, wollten die Faktoren der Reichsgesetzgebung die Feststellung der einen Komponente der Landesgesetzgebung, überlassen, nämlich was unter „öffentliches Recht" im Sinne des jeweiligen Landesstaatsrechts zu verstehen sei. Und das war gut so. Denn das BGB traf hier feststehende, gewordene Verhältnisse an. In dieses

---

[19] Regelsberger, Pandekten § 80; Jellinek, System der subjektiv-öffentlichen Rechte S. 251 ff.; Gierke, Deutsches Privatrecht 1 621.

[20] Die Aufzählung dieser Theorien und deren Kritik im einzelnen kann ich wohl füglich Berufeneren überlassen; ziemlich erschöpfende Darstellungen finden sich bei Rosin, Recht der öffentlichen Genossenschaft 1886, sowie bei Schuler, Die öffentlichrechtliche Körperschaft (Erlanger Diss.) 1908. Letztere Arbeit enthält eine etwa 50 Seiten umfassende knapp gehaltene Zusammenstellung und kritische Würdigung der bis dahin vertretenen Theorien. Etwas Neues hierzu zu bringen dürfte nicht ganz leicht sein.

[21] Dies versucht Bornhak in GoldschmidtsZ. **39** 217 ff.; vgl. hierzu die Kritik bei O. Mayer, Deutsches Verwaltungsrecht 2 373 Note 10. — Wie Bornhak jetzt Schuler a. a. O., entgegen seiner Ankündigung S. 14/15, daß „der Begriff der öffentlichen Körperschaft einheitlich für alle Landesrechte und Reichsrecht, einheitlich für Wissenschaft und Rechtsordnung sei. Wenn die tatsächliche Rechtsordnung sich mit dem wissenschaftlichen Begriff nicht decke, so beurteile eben das Gesetz das Verhältnis falsch."

[22] Unrichtig ist es, wenn Hölder, Kommentar, Bem. 1 zu § 89 BGB, sagt, die Feststellung der Grenze sei überflüssig, da hier jur. Personen des öffentlichen und des Privatrechts gleichgestellt seien. Mit Recht bemerkt hiergegen Staudinger, Kommentar 1 128: „Soweit nicht § 89 eine Ausnahme macht, ist das BGB ja nicht anwendbar und deshalb die Feststellung der Grenze nötig."

[23] Meurer, Bayr. Kirchenvermögensrecht 2 85.

öffentliche Recht der Einzelstaaten wollte man grundsätzlich nicht eingreifen, soweit nicht im Einzelfall das BGB ausdrücklich dahingehende Bestimmungen enthielt. In vielen Zweifelsfällen zog man es sogar vor, ausdrücklich die Anwendbarkeit des BGB auszuschließen, weil eben unter allen Umständen das öffentliche Recht der Gliedstaaten nicht berührt werden sollte. Wenn der eine oder der andere Bundesstaat darauf Verzicht leisten sollte, eine Materie als öffentliches Recht zu regeln, wenn er sie als Privatrecht behandeln will, so sollte, von den Ausnahmen des Einführungsgesetzes abgesehen, diese Materie eben in Zukunft dem BGB unterstehen. Wo aber einzelstaatliche Notwendigkeit die öffentlichrechtliche Regelung einer Materie gezeitigt hatte, wollte das BGB dieser gewordenen Notwendigkeit Rechnung tragen, indem es gemäß der bundesstaatlichen Struktur des Reichs sie anerkannte. Auch Art. 4 RV dürfte bei dieser Ordnung mitbestimmend gewesen sein, der grundsätzlich das öffentliche Recht der Einzelstaaten mit den in der RV aufgezählten Ausnahmen dem Zugriff der Reichsgesetzgebung entzieht. So kann also recht wohl das BGB in einem Bundesstaate eine Verbandsperson als öffentlichrechtlich angetroffen und anerkannt haben, die ohne die Besonderheit des betreffenden Einzelstaatsrechts zweifellos dem BGB unterstanden hätte. Daß diese — von den zwingenden Vorschriften des BGB abgesehen — ausschließlich dem Recht des betreffenden Bundesstaats untersteht, dürfte hiernach nicht zweifelhaft sein.

Aufgabe dieser Arbeit soll es nun sein, für Preußen zu untersuchen, ob und inwieweit die gegebene Unterscheidung zutrifft, und zwar an Hand der geschichtlichen Entwickelung sowie einzelner Beispiele. Hierbei mache ich nach dem Vorbilde Gierkes[24] keinen Unterschied zwischen Körperschaften und Anstalten. Hierzu liegt um so weniger Anlaß vor, als die öffentliche Korporation in Preußen — wie überall — stets einen gewissen staatsanstaltlichen Charakter bewahrt hat.[25] Diejenigen Gebilde,

---

[24] Theorie S. 169: „Eine Analyse der Rechtssphäre der Anstalten auf den Umfang ihrer Rechtsfähigkeit, die Kategorien ihrer möglichen Rechte und Pflichten und den Unterschied der öffentlichen Anstalten und der Privatanstalten oder Stiftungen würde zu analogen Ergebnissen führen."

[25] Rosin, Recht der öffentlichen Genossenschaft S. 49; Gierke,

deren öffentlicher Charakter von vornherein feststeht, sollen nicht besonders berücksichtigt werden, wie z. B. die Gemeinden. Ebenso soll das Gebiet des kirchlichen Korporationsrechts nicht behandelt werden, für das auf die Untersuchung von Hinschius[26] verwiesen sei. Schließlich soll die Frage beantwortet werden, ob das preußische Staatsrecht auch nach Inkrafttreten des BGB in der Lage war oder ist, eine Verbandsperson, die ohne diese Sonderbestimmung dem BGB unterstehen würde, als öffentlichrechtlich für das Landesrecht zu reklamieren, mithin den reichsrechtlichen Vorschriften zu entziehen, und auf welchem Wege dies zu geschehen hätte.

§ 3.
Die geschichtliche Entwickelung des Korporationsbegriffs bis zum ALR.

Öffentliches und Privatrecht sind künstliche Definitionen, die dem besonderen Recht eines einzelnen Volks entstammen. Sie treten uns in dessen Geschichte als fertige, geschlossene Erscheinungen entgegen und geben so seinem Aussehen von vornherein ein greisenhaftes Gesicht.[1] Demgegenüber baut das germanische Recht, das sich seine jugendlichen Züge[1] teilweise bis heute bewahrt hat, grundsätzlich auf den ursprünglichen und natürlichen Begriffen von Sozial- und Individualrecht auf, ohne daß indessen dieser Gegensatz auch äußerlich in die Erscheinung trat. Über ein Jahrtausend umfaßte bei den Germanen das Recht gleichzeitig die Beziehungen der einzelnen zueinander und zur Allgemeinheit. Es gab so nur ein einziges, einartiges Recht. Was dem Römer als öffentliches und als Privatrecht erschien, war unentwirrbar ineinander verschlungen: Selbst der Kaiser findet seinen Richter, wenn er angeklagt wird (Sachsenspiegel 3 52, 53, 54). Er konnte also in aller Form Rechtens abgesetzt werden.[2] Das Privatrecht entfaltete sich nirgends zu einem

---

Artikel: „Jur. Person" in Holtzendorffs Rechtslexikon; Sehling, Wassergenossenschaften, 1912 S. 88.

[26] Staat und Kirche, Marquardsens Handbuch 1887.

[1] Arnold, Kultur und Rechtsleben S. 165 ff.

[2] Arnold a. a. O. S. 168.

freien Individualrecht. Ebensowenig konnte sich eine gesellschaftliche Ordnung entwickeln, die von den Formen des Individual-, insbesondere des Vermögensrechts frei gewesen wäre. Eine Staatsidee in heutigem Sinne entwickelte sich nicht; der Staat stand unter dem Recht. Die heute als subjektives (= Rechtsverhältnisse) und objektives (= Rechtssätze) Recht geschiedenen Begriffe durchdringen sich gegenseitig. Ganze Komplexe von Rechtssätzen erscheinen als Befugnissphären (Freiheiten, Privilegien usw.) von Herren und Gesamtheiten, und als entsprechende Pflichtsphären, während umgekehrt Rechtsverhältnisse in Satzungsform gekleidet wurden. Rechtssetzung und Rechtsgeschäft, Gewohnheit und Unvordenklichkeit, Gesetz und Willkür, Vertrag und Verfügung flossen ineinander.[3] Dieser umfassenden Rechtsidee entsprach ein umfassender Personenbegriff, der von einem einheitlichen Willensbegriff ausgehend die Merkmale der Freiheit und der Beschränkung, des Fürsichseins und des Füreinanderseins, des Individuellen und des Gemeinheitlichen gleichmäßig umschloß. So gab es keine grundsätzliche Scheidung individueller und gemeinheitlicher Willensmacht.[4] Ein Aufgehen der Rechtssubjektivität im Individuum war begrifflich unmöglich: Im Wesen des Rechts lag die organische Verbindung von Sonderwillen zu der höheren Willenssphäre der Gemeinschaft; die deutsche Persönlichkeit war zugleich Glied und Trägerin höherer Gemeinschaften.[5] Diese Verbände treten nicht nur anderen Verbänden, sondern auch ihren Gliedern als verkörperte Willensmächte mit Befugnissen und Pflichten gegenüber. Doch gab es keine begriffliche Grenze zwischen gemeinheitlicher und individualistischer Verbindung.[6]

Verband und Verbundene standen gleich. Und der Verband trat nach außen auf in der Form der Genossenschaft. Diese stellt sich dar als Rechtsgemeinschaft, als Berechtigung und Verpflichtung aller Genossen. Subjekt der in ihr vereinigten Rechte und Pflichten ist die Gesamtheit der Genossen in der wirklichen

---

[3] Gierke, Deutsches Privatrecht 1 112.

[4] Gierke, Genossenschaftsrecht 2 33. — Die Darstellung folgt im wesentlichen derjenigen Gierkes in genannten beiden Werken.

[5] Gierke, Genossenschaftsrecht 2 37.

[6] Gierke, Genossenschaftsrecht 2 38.

oder gedachten Versammlung. Neben diesen genossenschaftlichen Verbänden (Sippen, Gaugemeinschaften, Gemeinden, Gilden) stehen die herrschaftlichen Verbände (Gefolgschaften, Lehns-, Dienst- und Hofverbände, Territorien und Reiche), als deren Subjekt der Herr in seiner sinnlichen Erscheinung, als Haupt eines Ganzen und als Individuum, Träger einer Verbandseinheit und einzelner zugleich erscheint. Schließlich treten gemischte Verbände auf, in denen Herr und Gesamtheit neben- und gegeneinander berechtigt und verpflichtet sind, ohne daß die von ihnen dargestellte Einheit als besonderes Subjekt losgelöst würde. Neben der Personengesamtheit steht die Sachgesamtheit, bei der mehrere oder sämtliche Herrschaftsbefugnisse an verschiedenen Objekten zu einem Gesamtobjekt vereinigt sind, ohne daß die Einzelsachen Teile des Ganzen sind. Mit ihrem Besitz war ein Komplex von Rechten und Pflichten verbunden, der dem jeweiligen Besitzer in dieser Eigenschaft Stand, Freiheit, Gerichtsstand und Schöppenbarkeit, Teilnahme an Recht und Verwaltung u. dgl. verlieh. So bildeten das Land, der Gau, die Mark, das Dorf die Grundlage für Rechte und Pflichten der Mark-, Dorf- usw. Genossen. Ebenso aber konnte auch erst die Einheit des Besitzes, bei sonst fehlendem persönlichen Verband, die Personenmehrheit zu einer Einheit zusammenschließen (was für das Lehnsrecht von Wichtigkeit war).

Etwa seit der Hohenstaufenzeit beginnt eine Wandlung des deutschen Geisteslebens. Mit der Umbildung des Lebens und des Rechts in den Städten, den ersten Regungen einer neuen Wirtschaftsordnung, der Geld- und Kreditwirtschaft, erhob sich das Rechtsbewußtsein zur Schaffung abstrakter Begriffe, zur Emporhebung des Ein und Allgemeinen über das Individuelle und Konkrete. Ein Staatsbegriff entwickelte sich, zunächst in den Städten, dann in den Territorien. Staatsgewalt, Gesetzgebung, Verwaltung, Verfassungen, Ämter und Bürgerrechte traten aus den Banden des Individualrechts. Freiheit der Person und des Eigentums wurden Angelpunkte eines reinen Privatrechts,[7] die politische Seite des Bürgerverbands und des Bürgerrechts von der privatrechtlichen Seite schieden sich. Herrschaftsverbände

---

[7] Gierke, Genossenschaftsrecht 2 20.

bilden sich um zu Anstalten, Genossenschaften zu Körperschaften, die als Gesamteinheit der Gesamtvielheit als eine im Wechsel beständige Person gegenübertreten, als das zum Rechtssubjekt erhobene gemeine Wesen. Allein der Verband verfügt durch seine verfassungsmäßigen Organe über das genossenschaftliche Vermögen, ohne sich indessen von seinen Mitgliedern als ein fremdes Drittes zu scheiden; noch immer erscheint das Vermögen als gemeinschaftliches Vermögen aller Genossen, wenn auch der Verband als solcher (durch seine Organe) als willens- und handlungsfähig erscheint, nach innen und außen selbständig auftritt, insbesondere mit seinen Mitgliedern Verträge schließt usw. Denn nur die Einzelperson ist vermögens- und rechtsfähig, es gibt keine „juristische" (im römischen Sinne) neben der natürlichen Person. Durch die körperschaftliche Verwaltung wird so der Verband zwar von den gegenwärtig Verbundenen befreit, nur im Verbandsinteresse kann über das Vermögen verfügt werden. Aber der Verbundene ist nicht von dem Verband befreit, er haftet nach wie vor für alle Schulden, wie umgekehrt Sonderrechte der einzelnen mit den gemeinheitlichen Rechten des Ganzen ververfassungsmäßig verknüpft sein konnten.

So stand das deutsche Recht inmitten einer Umbildung, die uns ein getreues Spiegelbild der wirtschaftlichen Entwickelung gibt. Die ursprüngliche Naturalwirtschaft bedarf keines festgefügten Staatsbegriffs, ihr genügt es, wenn Verband und Verbundene als eines erscheinen unter gemeinsamer Haftung für etwaige Schulden, die aber verhältnismäßig selten sind. Die Zeit des Übergangs zur Geld- und Kreditwirtschaft zeitigt eine Weiterbildung des Rechts, um die Bedrohung der einzelwirtschaftlichen Existenz durch die Verbandszugehörigkeit, durch die Haftung für fremde Schuld zu verhindern. Sie fordert die Ausbildung der von der Individualrechtssphäre, von der Einzelpersönlichkeit losgelösten juristischen Person und damit deren Voraussetzung, einen von seinen Substraten abstrahierten Staat.

Beides vermochte das deutsche Recht nicht aus eigener Kraft zu schaffen, wenn ja auch nicht daran zu zweifeln ist, daß beides im Laufe der Zeit entwickelt worden wäre, wofür die Ansätze dieser Entwickelung in den Städten der beste Beweis ist. Dem Eindringen des römischen Rechts, das beide Begriffe längst in starrer Formulierung kannte, war so der Weg geebnet. Der Sieg der Geld- und Kreditwirtschaft fällt zeitlich mit der Rezeption des römischen Rechts zusammen, sowie mit der Ausbildung wirklicher Staaten. Dieser Sieg wäre ohne moderne Staatsgebilde nicht möglich gewesen, wie umgekehrt die Rezeption die Ausbildung der Territorialstaaten erst ermöglichte.

Im Gegensatz zum germanischen Recht, das auch das begrifflich nicht vom Privatrecht geschiedene öffentliche Recht als wahres Recht anerkannte, baut das römische Recht zwar auf der äußeren Trennung von öffentlichem und Privatrecht auf; indessen das jus publicum erscheint durchaus als Ausfluß der einen und unteilbaren Staatsidee, als eine Verwaltungsorganisation. Als wirkliches Recht erscheint so nur das jus privatum.[8] Dem entspricht es, daß das öffentliche Recht den Begriff der Rechtspersönlichkeit nicht kennt, der sich hier in dem vom princeps dargestellten Staat erschöpft. Jeder engere Verband kann nur als Staatsteil ein öffentliches Recht ausüben. Der Begriff der Person blieb so ausschließlich dem Privatrecht vorbehalten, wenn es auch gerade das öffentliche Recht war, die Staatsverfassung, das den Begriff der Körperschaft in den Gliederungen der Bürgerschaft, Behörden, den Gemeinden und geistlichen Verbänden entwickelte. Und hier, auf dem Gebiet des Privatrechts, erscheint die Einzelperson als der ausschließliche Träger von Rechten und Pflichten. So war begrifflich die Auffassung des einer Gemeinschaft zustehenden Rechts, einer realen Gesamtpersönlichkeit, ausgeschlossen. Folgerecht negierte man jedes Gemeinschaftsverhältnis und führte eine über der Gemeinschaft stehende künstliche Person als Rechtssubjekt ein. Sie blieb den verbundenen Individuen wesensfremd, war gleich diesen nur auf sich selbst gestellt, und kannte nur die gleichen Beziehungen zu den Mitgliedern, wie sie zwischen unverbundenen Personen möglich sind. Selbst der Staat tritt als fiscus im Vermögensrecht dergestalt als Individuum auf. Auf die Staatsgewalt geht aber zuletzt die Rechtspersönlichkeit aller dieser künstlichen Personen zurück.

Diese römische Auffassung traf in Italien die Verbandsper-

---

[8] Gierke, Genossenschaftsrecht 2 27; vgl. auch oben S. 19.

sonen des germanischen Rechts an, denen sie sich durchaus anpaßte. Das in Italien lebende germanische Gemeinschafts- und Gesellschaftsrecht, vor allem das Recht der aufblühenden Handelsgesellschaften, erzwang sich die Anerkennung der Theorie.[9] Man gelangte so zu einer ausgesprochenen eigenen Rechtspersönlichkeit der Korporation, und zwar auf dem Gebiet des Privat- wie des öffentlichen Rechts,[10] ohne sich indessen von der Auffassung befreien zu können, daß diese Persönlichkeit nur fingiert sei. Hand in Hand mit dieser Umbildung geht in der Theorie die Ausbildung des souveränen Staatsbegriffs. War schon durch die mittelalterlich-römische Korporationstheorie der Begriff des autonomen genossenschaftlichen Gemeinwesens verwandelt und zersetzt, so ging jetzt die Richtung der Theorie auf die ausschließliche Darstellung alles Gemeinlebens durch den Staat. Der Staat erscheint als alleinige Quelle und alleiniges Subjekt des öffentlichen Rechts, die Korporation als staatlich delegierte Instanz empfängt nur für das Privatrecht durch eine ihr vom Staat verliehene fiktive Persönlichkeit die Geltung eines eigenen Rechtssubjekts nach dem Maße der Individuen.[11]

Diese umgebildeten Begriffe fanden in Deutschland Eingang. Gleichzeitig aber auch die in ihren Anfängen bis tief in das Mittelalter zurückreichende individualistische Naturrechtslehre. Auf der einen Seite entwickelte sich die Obrigkeit als die Repräsentation eines abstrakten, vom Volke verschiedenen Staats, als welchen man die Summe aller öffentlichen Gewalt in einem territorial und persönlich abgeschlossenen Kreise verstand, als konzentrierte Einheit gegenüber den das Ganze bildenden Individuen. Der einzelne sinkt zum Untertan, ist Subjekt nur noch im Privatrecht, im öffentlichen Recht dagegen Objekt. Seine aktive und passive Beteiligung am Gemeinwesen entfällt, ebenso seine Teilnahme an Gesetzgebung, Verwaltung und Rechtspflege. Der Staat tritt als absoluter Polizeistaat auf, tritt außer und über das Recht, er hat das Monopol der Obrigkeit, die ausschließlich das dem gemeinen Besten Erforderliche kennt, durchführt und

[9] Wegen der Einzelheiten vgl. Gierke, Genossenschaftsrecht 3 186 ff.

[10] Gierke, Genossenschaftsrecht 3 440 u. 451.

[11] Gierke, Johannes Althusius S. 233; vgl. auch Genossenschaftsrecht 3 451 ff.

schützt. Ein solches Staatswesen kann keine freien Gemeinwesen in seinem Baue dulden, wenn es auch wirtschaftlich der Assoziation nicht entbehren kann. So mußte es notwendig den Körperschaften den Krieg erklären, sie entweder zu Staatsteilen degradieren, seien dies nun Verwaltungsbezirke oder Staatsanstalten, oder sie erschienen als Privatvereine, die vermöge einer besonderen staatlichen Konzession[12] das Recht besaßen, in gewissem Umfange als einheitliche Subjekte von Privatrechten zu gelten.[13] Autonomie, Selbstverwaltung und Selbstgerichtsbarkeit der Genossenverbände entfielen damit. Norm und Existenz auf verwaltungsrechtlichem Gebiete empfing die Korporation durch die Obrigkeit.

Dieser durch die Anwendung der umgewandelten römischen Begriffe bedingte Sieg des Staatsgedankens über die Gemeinwesen des deutschen Rechts wäre andrerseits nicht denkbar gewesen, wenn nicht gleichzeitig jene philosophische Richtung auf eine Souveränität des Individuums hingearbeitet hätte, jene Richtung, die als letztes Ziel einen Zustand erstrebt, in dem es nur Staat und Individuum gibt, die in letzter Linie auf individuelle Freiheit und rechtliche Gleichheit aller hinarbeitet und in der französischen Revolution ihr Ideal annähernd verwirklichte, die folgerecht zwischen der höchsten Allgemeinheit des allsorgenden Staats und den Individuen keine Zwischenglieder anerkannte, und so wie der obrigkeitliche Staat auf eine Vernichtung und Unterdrückung der alten im Staat enthaltenen Herrschaftsverbände hinarbeitete: das bereits erwähnte Naturrecht. In dem

[12] Es ist streitig, ob das gemeine Recht eine solche Konzession verlangte. Die Frage dürfte zu verneinen sein. Nicht das gemeine Recht, wohl aber die meisten der auf ihm beruhenden Partikularrechte stellten dieses Erfordernis auf; vgl. Gierke, Theorie S. 54 u. 80 Note 4, sowie Artikel „Korporation" in Holtzendorffs Rechtslexikon 1881 **2** 562; Dernburg, Preußisches Privatrecht, 1. Aufl., 1875 **1** 85 Note 4; Koch, Kommentar, 8. Aufl., Note 18 zu § 25 II 6 ALR. — Das Preuß. Obertribunal hat für die vorlandrechtliche Gesellschaft vom Standpunkt des gemeinen Rechts aus angenommen, daß die tatsächliche, wenn auch nur stillschweigende Genehmigung einer dauernden gemeinnützigen Gesellschaft sie zur Korporation gemacht hat; vgl. Striethorst **41** 191.

[13] Gierke, Genossenschaftsrecht **3** 643 ff.; vgl. aber auch **3** 798. — Die hier angerufenen Stellen möchte ich durch den Hinweis auf mein „Ortsbürgerrecht im Großherzogtum Hessen" S. 7 ff. ergänzen.

Jahrhunderte umfassenden Kampfe des souveränen Staats und des souveränen Individuums mußten so notwendig die Zwischenverbände zu mehr oder weniger willkürlichen Gebilden degradiert oder ganz zerrieben werden.[14]

Bis in das frühe Mittelalter, etwa die Wende des 13. zum 14. Jahrhundert, reichen die unter der Bezeichnung als „Naturrecht" zusammengefaßten philosophischen Erwägungen, die sich namentlich unter dem Einfluß der aristotelischen „staatlichen Natur des Menschen" mit der Gesellschaftskonstruktion beschäftigen. Ausgangspunkt ist die Auffassung, daß ursprünglich ein staatenloser Naturzustand geherrscht habe. Aber während Marsilius von Padua[15] eine natürliche Entwickelung annimmt, läßt Thomas von Aquino (gest. 1277) den staatlichen oder bürgerlichen Zustand durch Vertragsbildung, also vernünftige menschliche Willenstat, sich entwickeln. Damit ist einerseits die ursprüngliche Souveränität des Individuums gewonnen, andrerseits läßt sich jede staatsabsolutistische Konsequenz je nach dem Inhalt des angeblichen Vertrags ziehen. Auf die Einzelheiten dieser Lehren einzugehen, insbesondere die verschiedenen Verträge, die abgeschlossen worden sein sollen, und die sich hieraus ergebenden jeweiligen theoretischen und praktischen Folgerungen, würde hier zu weit führen. In dieser Beziehung sei auf Gierkes Johannes Althusius verwiesen. Hier ist nur festzustellen, daß in dem „natürlichen Gesellschaftsgebäude" lediglich die Familie als Zwischenglied zwischen Staat und Individuum Platz fand. Die Gemeinde wurde allenfalls als natürliche Vorstufe des Staats anerkannt. Für Zwischenglieder war kein Raum. Die Naturrechtslehre mußte also die engeren Verbände als Staatsanstalten konstruieren. Je entschiedener diese Theorien und politischen Anschauungen in die positive Staatsrechtslehre übergingen, um so ausgesprochener mußten diese die privilegierte Korporation als publizistische Staatsanstalten mit künstlicher Privatrechtssubjektivität auffassen.[16] Hier trat nun eine Spaltung ein: Die

---

[14] Gierke, Johannes Althusius S. 234.

[15] Gierke, Genossenschaftsrecht **3** 571, 628 ff.

[16] Etwaige im Leben vorkommende Abweichungen stellten sich dann als jederzeit um des öffentlichen Wohles willen widerrufliche Privilegien dar; vgl. Gierke, Genossenschaftsrecht **3** 643.

radikale, durch Rousseau, Kant und Fichte repräsentierte Richtung kennt nur noch Individuen und Staat, unter Verneinung aller selbständigen Zwischenglieder. Demgegenüber rang sich seit dem 18. Jahrhundert in Deutschland eine Auffassung durch, die eine Daseinssphäre der Verbände anerkannte, die auch in der Gesetzgebung, insbesondere im ALR Ausdruck fand.

Von besonderer Bedeutung waren hier die Schriften Nettelbladts, von denen man heute annimmt, daß sie in das ALR übergegangen seien,[17] so namentlich sein „Systema elementare universae jurisprudentiae naturalis". Nettelbladt behandelt im ersten Teil (Jurisprudentia naturalis generalis) „ veritates, quae sunt principia philosophiae practicae universalis, quae ob suam generalitatem ad unam alteramve partem specialem jurisprudentiae naturalis praecise non pertinent: hic tamen veritates prioris generis plane neglegi nequeunt. Haec veritates in eo differunt, quod aliae societates in genere concernant, aliae non" (§§ 36, 37). Hieraus ergibt sich die Disposition: Jurisprudentia naturalis generalis stricte sic dicta (de actionibus praesertim hominum, personis et rebus, legibus naturalibus et negotiis juridicis, obligatione, jure, possessione, remediis jus nostrum persequendi) und jurisprudentia naturalis generalis socialis, in qua generalia de societatibus principia sunt explicanda (§ 326). Im ersten Teil zählt Nettelbladt als personae in sensu juridico neben den personae physicae vel singulares auf die personae morales seu compositae seu mysticae, und definiert letztere: si quidem unum humanum individuum non est, ast tamen pro uno habetur. Ut itaque plura individua humana simul sumta moralem personam constituant. An plura individua humana personam moralem constituant, ex hoc principio est dijudicandum: Quoties plurium individuorum humanorum intellectus, voluntates et vires tendunt ad idem, toties quoad hoc idem, pro una persona sunt habenda, hicque sunt persona moralis (§§ 83, 84). Essentia personae moralis consistit in consociatione (§ 86). Im

[17] Vgl. für alle: Rocholl, Rechtsfälle, 1883 1 377 ff. — Die nachstehenden Zitate aus dem „Systeme elementare" sind entnommen der Editio quinta Halae 1785. — Ganz richtig ist die heutige Anschauung nicht, doch ist die Einwirkung der Lehren Nettelbladts vielfach nachweisbar.

zweiten Abschnitt dieses ersten Teils, dem Sozialrecht, wird als begriffswesentlich für jede societas gefordert: duos vel plures homines, quorum intellectus, voluntates et vires tendunt ad idem, und gleichzeitig wird in § 330 auf die gleichermaßen definierte moralische Person verwiesen: speciatim notandum eos, qui in societate sunt simul sumtos, personam moralem esse. Societas und persona moralis stehen sich also gleich. Nettelbladt ist schlechthin jede festorganisierte Zweckvereinigung von nicht vorübergehender Dauer moralische Person, jede societas hat einen status publicus, qui omne id sub se comprehendit, quod concernit societatem in iis, quae spectant ad totam societatem, isque in interna seu ejus politiam, et externum dividitur, prout societas, vel in se spectatur, vel in relatione ad tale, quod extra societatem est (§ 334). Diese Bestimmung schlägt die Brücke zu der Darstellung im zweiten Teil, dem jus naturale speciale, wo dieser status publicus der moralischen Person als membrum rei publicae besprochen wird. § 1226 knüpft an die Gleichstellung der societates und personae morales an, und zählt als membra rei publicae auf:

1. societates publicae in sensu eminenti tales, penes quas ipsa potestas civilis est (§ 1227);

2. societates, quae sunt magistratus, a superiore rei publicae constituta collegia, ut jus magistratus (= obrigkeitliche Gewalt) exerceant (§ 1231);

3. societates publicae stricte sic dictae, a superiore rei publicae constitutae salutis publicae promovendae causa, quae jus magistratus non habent (§ 1235). Sie sind lediglich einzelne Funktionen auszuüben berufen und haben keinerlei Zwangsgewalt. Nicht hierher gehören die societates a superiore rei publicae approbatae (§ 1236), die nach § 1242 zu den societates privatae in re publica gehören.

4. universitates personarum, sunt societates compositae majores ad finem specialem, ad promovendam salutem publicam tendentem, a superiore rei publicae constitutae, licet et dentur in iis quaedam membra quae sunt personae singulares (§§ 1238, 1239). Sunt vel ordinatae universitates personarum, si tales sunt, quarum politia speciali modo determinata est, vel inordinatae (gemeint sind Gemeinden, Gemeinheiten und Kom-

munen, zu denen in § 1240 auch die Kreise gerechnet werden).

5. societates privatae in re publica dicuntur, quae sibi ipsis originem debent, sicque publica auctoritate interveniente non sunt constitutae (§ 1241).

Als membra rei publicae gehören die moralischen Personen wie die physischen Personen zu dem status publicus rerum publicarum in se ipso, und helfen so den großen Staatszweck miterfüllen, der salus publica zu dienen, est plurium hominum simul sumtorum talis conditio, in qua fruuntur omnibus iis, quae faciunt ad eorum simul sumtorum perfectionem, securitas publica interna et externa, vitae sufficientia et bonorum, publica justitiae administratio (§§ 1114—1121).

Jede Personengesamtheit, die zu einem dauernden, nicht unerlaubten Zweck mit fester Ordnung verbunden ist, erscheint sonach als moralische oder juristische Person, deren Existenz im Staat an sich von keinerlei Erlaubnis abhängt, für die jedoch eine solche Erlaubnis begriffswesentlich wird, sobald sie einen status publicus einnehmen soll (§ 1248). Die potestas civilis rei publicae kann nur von der „superior rei publicae" hergeleitet werden, die potestas privata societatis steht der Vereinigung auch so zu, wenn auch die salus publica deren Unterordnung unter die potestas civilis im Einzelfall verlangen kann (§§ 1249, 1250).[18] Die Bildung von Vereinigungen, die Nettelbladt sämtlich — im Gegensatz zur Zeitauffassung — für moralische Personen anspricht, ist also schlechthin freigegeben. Durch einen staatlichen Akt erlangen sie den status publicus als anerkannte Glieder des Staats. Ein Muß ist der Erwerb dieses status publicus

[18] Insoweit ist also die Darstellung bei Rocholl S. 381 unrichtig. Die in § 1226 aufgezählten sind nicht „ausgezeichnete Arten der moralischen Personen", sondern sie sind die moralischen Personen, die einen status publicus haben. Der einleitende § 1115 stellt die Behandlung in Aussicht de membris rerum publicarum modisque quibus talia fiunt, § 1226 gibt die moralische Person mit status publicus und verweist auf § 326 ff., wo aber in § 334 ausdrücklich der status publicus als etwas besonderes bezeichnet wird. Die moralische Person ohne status publicus ist eben ein einfaches Vertragsverhältnis, wenn sie auch nach innen hin moralische Person ist. — Ich vermisse bei Rocholl übrigens auch die Aufzählung der höchst wichtigen societas privata in re publica.

nicht, die moralische Person entsteht gleichermaßen durch „Naturgesetz“, den konstitutiven Willen Dritter oder den freien Willen der Genossen (§ 332). Die von der Obrigkeit eingesetzten moralischen Personen sind durch den gleichzeitigen Erwerb des status publicus bedingt, ohne den sie ja nicht existieren können.

§ 4.
Das System des ALR.

Das ALR hat sich an das Nettelbladtsche System nicht gehalten, wenn ja auch die Einwirkung im einzelnen, namentlich im Gesellschaftsrecht, nicht zu verkennen ist. Es stellt ein ganz neues, eigenartiges System auf, ausgehend von der Einzelperson; diese tritt der Außenwelt gegenüber einmal als Individuum, dann als Glied sozialer und politischer Verbände. Im ersten Teil regelt das ALR die Rechte der Individuen im Sachenrecht; im zweiten Teile das Sozialrecht, und zwar vom einfachen zum komplizierteren fortschreitend in Titel 1—5 die Familiengesellschaft (im weitesten Sinne, einschließlich des auf dem Familienzusammenhang beruhenden Teil des Erbrechts, des Rechts der Familienfideikommisse und des Gesinderechts), in Titel 6 „die Gesellschaften überhaupt, und Korporationen und Gemeinen insonderheit“, in Titel 7—10 die ständischen Gesellschaften einschließlich der Stadt- und Landgemeinden, in Titel 11 die geistlichen Gesellschaften, in Titel 12 die Schulen und in Titel 13 ff. die mannigfachen Verhältnisse, in denen der Staat, teils als solcher, teils als Inhaber von eigenartigen Vermögensrechten in Betracht kommt, teils gewisse in seinem Wesen begründete Rechte und Pflichten gegen seine Untertanen ausübt, z. B. auf dem Gebiet des Vormundschafts- und Armenrechts, schließlich durch Ausübung der bürgerlichen, Kriminal- und Polizeigerichtsbarkeit, und Setzung der Normen des materiellen Strafrechts das Recht und die Pflicht, für die Sicherheit seiner Untertanen in Ansehung ihrer Person und ihrer Rechte, namentlich auch ihrer Ehre zu sorgen.

Da, wie wir sahen, bei der Bewertung des Sozialrechts von der Stellung auszugehen ist, die der Staat selbst einnimmt, ist hier kurz zu erwähnen, daß ALR II 13 §§ 1—4 als Staatszweck auffaßt „die äußere als die innere Ruhe und Sicherheit zu erhalten, und einen jeden bei dem Seinigen gegen Gewalt und Störungen zu schützen, für Anstalten zu sorgen, wodurch den Einwohnern Mittel und Gelegenheit verschafft werden, ihre Fähigkeiten und Kräfte auszubilden, und dieselben zur Beförderung ihres Wohlstandes anzuwenden". Die sich hieraus ergebenden Rechte und Pflichten vereinigen sich in der Person des Staatsoberhaupts, welchem demgemäß „alle Vorzüge und Rechte gebühren, die zur Erreichung dieser Endzwecke erforderlich sind". Das Staatsoberhaupt erscheint so als absoluter Monarch, der als „Landesherr" (II 13 § 13) nach Gutdünken Gesetze gibt und aufhebt, sowie „Erklärungen darüber mit gesetzlicher Kraft erteilt", ebenso „Privilegien als Ausnahmen von dergleichen Gesetzen", Staatsämter und Würden verleiht u. dgl. Das ALR hat also den Boden der zeitgenössischen Theorie nicht verlassen, die ihren klassischen Ausdruck findet bei Christian v. Wolff, Jus naturae Bd. 8 § 13: „fines civitatis sunt vitae sufficientia, tranquillitas et securitas", wie wir sie auch bei Nettelbladt vertreten fanden.

Wolzendorff[1] kommt zu dem Ergebnis, bereits durch das ALR habe der „Polizeistaat" sein Ende gefunden; „die Polizei dient nach ALR nicht mehr zur Erreichung des Staatszwecks seinem ganzen Umfange nach, sondern ihr Gebiet ist durch das Gesetz beschränkt. In der bürgerlichen Gesellschaft ist also nicht mehr die Frage, was für Befugnisse und Obliegenheiten nach dem Naturrecht stattfinden, sondern was die Gesetze des Staats über die Rechte und Pflichten der Bürger bestimmen (Stölzel, C. G. Svarez)". Demgegenüber hält Rosin[2] an der Auffassung des Staats nach ALR als absolutem Polizeistaat fest (S. 17), Polizei und innere Verwaltung seien nach ALR identisch (S. 29). Es will mir scheinen, als läge das Richtige in der Mitte; zweifellos ist, daß das ALR vom absoluten Staat ausgeht. Es kennt keine Bedingtheit der Gesetze durch den Zweck des allgemeinen Wohls, die sich als Beschränkung der souveränen Gewalt darstellt.[3] Andrerseits sieht das ALR einen staatlichen

[1] Grenzen der Polizeigewalt 1 69 ff. — [2] Begriff der Polizei usw.
[3] Stölzel, C. G. Svarez S. 386.

Zwang nur vor, soweit es sich um den heute als Sicherheitspolizei zusammengefaßten Teil des Staatszwecks handelt. Es ist niemand gezwungen, von den staatlich gebotenen Anstalten zur Förderung der Glückseligkeit Gebrauch zu machen.[4] Es ist lediglich historische Reminiszenz, wenn dem Staat das Recht zugebilligt wird, erforderlichenfalls auch hier einen Zwang auszuüben; im Gesetz steht das nicht, und insoweit hat also Wolzendorff sicher recht. Es schließen sich aber diese beiden Erwägungen gegenseitig nicht aus; der absolute Staat ist auf allen Gebieten allmächtig, und insofern gibt die Praxis Rosin recht. Das ALR enthält eben auch hier Gedanken, mit denen es der Zeitauffassung weit vorauseilte, und die erst durch das Oberverwaltungsgericht[5] nach fast 100 Jahren in voller Schärfe durchgeführt werden konnten, nachdem die Auffassung des Staats als reinen Polizeistaats tatsächlich aufgegeben war. Wie schwierig es war, die klaren und fast modern zu nennenden Bestimmungen des ALR, soweit es sich um die „Wohlfahrtspolizei" handelt, in absolutem Sinne zu deuten, ergibt sich aus der Darstellung bei Rosin S. 21 ff.[6] Interessant ist in diesem Zusammenhang auch, daß der grundlegende § 10 II 17 ALR über ein halbes Jahrhundert hindurch als nicht mehr vorhanden behandelt worden zu sein scheint (vgl. Wolzendorff 2 37 ff.).

Für die Zwecke der vorliegenden Arbeit ist daran festzuhalten, daß der Polizeibegriff des ALR sich auf das Gebiet der Sicherheitspolizei beschränkt. Daneben läuft die Wohlfahrtsordnung, die im absoluten Staat zu einer weitgehenden Einmischung in alle Verhältnisse führt, und da der Staat im Besitze aller nur denkbaren Machtmittel ist, gegebenenfalls auch zwangsweise durchgeführt werden kann. Eine gesetzliche Unterlage findet dieses Verfahren, abgesehen von der bereits im ALR enthaltenen weitgehenden Reglementierung, in der Zubilligung aller Rechte

---

[4] Rosin a. a. O. S. 21. — [5] Entsch. **6** 353; **9** 376.

[6] Ich vermisse hier das wichtige Zitat aus Stölzel, C. G. Svarez S. 185, das ALR sei von dem Grundgedanken ausgegangen, daß „eine allgemeine Gesetzgebung in einem Staat ohne Grundverfassung die letztere gewissermaßen zu ersetzen habe", womit „unausgesprochen der Satz princeps legibus solutus est für Preußen auf alle Zeiten zu einer Unwahrheit gemacht" wurde (Schwartz, Verfassungsurkunde, 2. Aufl., 1898 S. 3).

und Vorzüge, die zur Erreichung dieser Staatszwecke erforderlich sind, an die Person des Landesherrn, worauf ich bereits hingewiesen habe. Es ist im Laufe dieser Arbeit hierauf zurückzukommen.

§ 5.

Das Gesellschaftsrecht des ALR.

An zwei Stellen spricht das ALR von Gesellschaften: einmal in Titel I 17, wo unter der Überschrift „Von Gemeinschaften, die durch Vertrag entstehen" als 3. Abschnitt des Titels „Vom gemeinschaftlichen Eigentum" in den §§ 169 ff. von der „vertragsmäßigen Verbindung mehrerer Personen mit wirtschaftlichen Wert besitzenden Mitteln zur Erreichung eines gemeinschaftlichen Endzwecks" die Rede ist, und in Titel II 6, wo „als Gesellschaften hier (d. h. im Sinne der folgenden Vorschriften)[1] verstanden werden Verbindungen mehrerer Mitglieder des Staates zu einem gemeinsamen Endzweck".

Was bedeutet diese schon rein äußerliche Trennung? Besagt sie, daß an beiden Stellen dem Wesen nach verschiedene Arten von Personenvereinigungen behandelt werden? Oder kann auf dieselbe Vereinigung bald I 17, bald II 6 angewendet werden, so daß also etwa in I 17 das Vertragsverhältnis und in II 6 die korporative Seite behandelt wäre? Letztere Frage ist zu verneinen; auch I 17 regelt in gewisser Hinsicht die korporative Seite der hier behandelten Gesellschaften:[2] Begründung, Mitgliedschaftsrechte und -pflichten, Vertretung und Auflösung. Andererseits ist nicht zu leugnen, daß auf die in I 17 geordneten Gesellschaften ein Teil der Vorschriften aus II 6 anwendbar ist.[3] Gegen diese Auffassung wendet sich die neuere Theorie.[4] Hier wird die Auf-

---

[1] Koch, Kommentar, 8. Aufl., Note 2 zu § 1 II 6.

[2] Dernburg, Preußisches Privatrecht § 58: „Das Rechtsverhältnis des Miteigentums enthält stets ein korporatives Moment" usw.

[3] So Foerster-Eccius, 8. Aufl., § 281: II 6 enthalte die Regelvorschriften für alle Gesellschaften, die mit irgend einem fest bestimmten Zweck begründet sind, falls nicht der zunächst entscheidende Sozietätsvertrag ein anderes bestimmt. — Ebenso und in Anlehnung hieran RGZ **16** 190 ff.

[4] Seit der Schrift von Rosin, „Zur Lehre von der Korporation und Gesellschaft, insbesondere der erlaubten Privatgesellschaft nach ALR

fassung vertreten, daß die Gesellschaft in II 6 etwas stets und grundsätzlich von der des Titel I 17 Verschiedenes sei. Das gehe schon äußerlich aus der Stellung im Gesetz hervor. Der Inhalt der jeweiligen Vorschriften rechtfertige diese äußere Trennung. In I 17 dominiere die vermögensrechtliche Erwerbsgesellschaft, die Gesellschaft in II 6 werde durch ihre korporative Tendenz gekennzeichnet. Der Gegensatz sei also der, daß für I 17 das Moment des gemeinschaftlichen Vermögenszweckes in Verbindung mit dem Mangel korporativer Gestaltung der Gemeinschaft, und für II 6 der immaterielle Gemeinzweck in Verbindung mit korporativer Tendenz der Gesellschaft typisch sei. Die aus dieser Auffassung[5] fließende Schwierigkeit hat Rosin nicht verkannt, nämlich die Einreihung der korporativ organisierten Erwerbsgesellschaften, für die nicht, wie z. B. für die Aktiengesellschaften, besondere gesetzliche Vorschriften gegeben sind. Rosin nimmt an, daß das ALR bei „den damaligen, im Gesetzbuch selbst hervortretenden, sich noch in beschränkteren Formen bewegenden wirtschaftlichen Verhältnissen" mit solchen Gesellschaftsbildungen weder rechnen konnte noch mochte (S. 142). Das Sozietätsrecht in I 17 und die auf ihm ruhende Ordnung der handels-, see- und bergrechtlichen Gesellschaften habe in Ermangelung einer über die Individualsphäre hinausstrebenden Tendenz zur Gesellschaftsbildung ausgereicht. Diese Tendenz sei erst später hervorgetreten.[6] Rosin will deshalb ein von dem des ALR abweichendes „heutiges preußisches Recht" konstruieren. Und für dieses will er trotz des auf vermögensrechtliche Verhältnisse gerichteten Endzwecks für die korporativ geordnete Gesellschaft stets II 6 angewandt wissen (S. 146). Das Reichsgericht hält gegenüber dieser Theorie an der älteren Auffassung fest[7] und bestreitet, daß das heutige preußische Recht anders

---

und heutigem preußischen Recht", in GruchotsBeitr. **27** 108 ff. Die Theorie Rosins hat sich trotz des Widerspruchs des RG vielfach durchgesetzt; vgl. die Zitate in GruchotsBeitr. **31** 762.

[5] Die vielfach an Nettelbladt erinnert; vgl. auch Rosin, Note 8 S. 110.

[6] Das ist nicht richtig. Bereits die vorlandrechtlichen Aktiengesellschaften waren keine bloßen vertraglichen Erwerbsgesellschaften. Ihre Einreihung in das System des ALR begegnete daher erheblichen Schwierigkeiten; vgl. unten S. 93 Note 2.

[7] **16** 190 ff. — Ebenso Foerster-Eccius **4** 670 Note 13.

als nach ALR beurteilt werden dürfe. Nach der Entstehungsgeschichte, der Stellung im Gesetz und dessen Inhalt sei aber der Unterschied ausschließlich in dem den Charakter der Gesellschaft bestimmenden Hauptzweck der beiden Gesellschaftsarten zu finden: Eine Sozietät nach I 17 solle vorliegen, wenn mehrere Personen durch die Vereinigung von wirtschaftlichen Wert besitzenden Mitteln die Förderung privater Vermögensinteressen anstreben, eine „erlaubte Gesellschaft" nach II 6 dagegen, wenn nicht die Förderung des Vermögens, sondern „ein sog. objektiver oder immaterieller, d. h. ein mit dem gemeinen Wohl in Einklang stehender Endzweck andrer Art als ein privater Vermögenszweck" gefördert werden soll.

Ich möchte mich für die Rosinsche Auffassung entscheiden.[8] Den Zweck allein entscheiden zu lassen, kommt auf eine rein romanistische Auffassung hinaus; das ALR. setzte sich aber gerade auf dem Gebiet des Gesellschaftsrechts vielfach mit der herrschenden gemeinrechtlichen Auffassung in Gegensatz und kam nach dem Vorbilde Nettelbladts vielfach auf deutschrechtliche Anschauungen zurück.[9] Als solche ist aber auch die korporative Gestaltung anzuerkennen, die gemäß II 6 §§ 14, 42 ff. bei der erlaubten Privatgesellschaft vorausgesetzt wird.

Nach außen, Dritten gegenüber, genießt die erlaubte Privatgesellschaft eine Sonderstellung, auf die hier nicht weiter einzugehen ist.[10]

Die Gesellschaften des Titels II 6, worunter „im Sinne dieser Vorschriften verstanden werden die Verbindung mehrerer Mit-

---

[8] Es ist nicht zu verkennen, daß auch erhebliche Gründe für die Ansicht des RG sprechen, so vor allem die auch bei Rosin berücksichtigte Abstellung auf den besonderen Zweck, durch den die Unterscheidung mit durchgeführt werden soll. Nicht eingehen will ich hier auf die Frage, inwieweit etwa die Unterscheidung im Gesetz eine rein äußerliche ist, daß eine innere Unterscheidung gar nicht beabsichtigt war, und man lediglich nach dem Vorbilde des Nettelbladtschen Systems zu einer Behandlung des Gesellschaftsrechts an zwei Orten gelangte.

[9] Vgl. auch Gierke, Theorie S. 80 Note 4.

[10] Vgl. hierzu Gierke, Deutsches Privatrecht 1 633—634, und Rosin in GruchotsBeitr. 27 130, wo dargestellt ist, daß die Praxis diesen Verbänden eine gewisse äußere Handlungsfähigkeit beigelegt und sie als „halbe jur. Personen" zu konstruieren versucht hat.

glieder des Staats zu einem gemeinsamen Endzweck", sind „erlaubt", wenn „deren Zweck mit dem gemeinen Wohl bestehen kann", andernfalls sind sie „unerlaubt, und sollen im Staat nicht geduldet werden".[11] Die erlaubte Gesellschaft kann vom Staat[12] ausdrücklich genehmigt oder privilegiert sein (§ 22). Die Bedeutung dieser Genehmigung ist die:

1. Das nach § 4 jederzeit zulässige diskretionäre[13] polizeiliche Verbotsrecht wird dahin restringiert, daß die Gesellschaft nur unter der gleichen Voraussetzung wie das Privileg selbst aufgehoben werden kann (§ 24), d. h. nach ALR Einleitung §§ 67—72 bei Zeitablauf, oder bei „grobem Mißbrauch zum Schaden des Staats oder der Mitbürger", oder schließlich gegen volle Entschädigung.

2. Daß die „Rechte und Verhältnisse der Gesellschaft hauptsächlich nach dem Inhalte der ihr erteilten Privilegii zu beurteilen sind", und nur, soweit dieses nichts Besonderes festsetzt, die privilegierte Gesellschaft lediglich die gleichen Rechte hat, wie jede andere erlaubte Gesellschaft (§ 23).

Die Privilegierung oder staatliche Genehmigung bedeutet also ein Doppeltes: Einmal erlangt die bis dahin lediglich negativ nur geduldete Gesellschaft einen öffentlichen, gegenüber der polizeilichen Verbietungsmöglichkeit staatlich gewährleisteten Existenzanspruch,[14] sie wird staatlich anerkannt und nimmt so eine besondere öffentlichrechtliche Stellung ein. Vermöge

---

[11] Das ALR gibt also Nettelbladt folgend, entgegen der Zeitauffassung, die Vereinsbildung frei und behält dem Staat lediglich ein Verbotsrecht vor; so auch Gierke, Theorie S. 100. Insoweit enthält also Art. 30 der Verfassungsurkunde nichts Neues. Neu war nur die Beschränkung dieses Verbotsrechts auf den Fall der Zuwiderhandlung gegen die Strafgesetze usw.

[12] Diese Genehmigung erteilt ausschließlich der Landesherr, OVG 7 203 und die hier Zit., Rosin S. 117; Hubrich a. a. O. S. 33, 38 ff., und jetzt auch Rönne-Zorn 1 295. Dieses Recht des Landesherrn ist aber vielfach nachgeordneten Stellen delegiert.

[13] Rosin in GruchotsBeitr. 27 111 u. 112; Gierke, Theorie S. 100 Note 1.

[14] Vermöge der Allmacht des Staats und des Fehlens einer gerichtlichen Instanz, deren Hilfe angerufen werden könnte, steht aber diese Gewährleistung auf dem Papier. Tatsächlich ist es vorgekommen, daß im Verwaltungswege privilegierte Gesellschaften beseitigt wurden; vgl. unten S. 64 Note 7.

dieser öffentlichrechtlichen Anerkennung werden gleichzeitig ihre Verhältnisse nach innen und außen näher bestimmt, und zwar, wie nach dem Wortlaut des Gesetzes angenommen werden muß, sowohl in publizistischer wie in privatrechtlicher Hinsicht. Lediglich wenn das Privileg schweigt, kommt ihr die Stellung jeder andern Privatgesellschaft zu, d. h. ihre publizistische Sonderstellung beschränkt sich auf die staatliche Gewährleistung, privatrechtlich ist sie nicht selbständig verpflichtungsfähig.

Unter den privilegierten Gesellschaften nehmen wieder eine besondere Stellung ein die Korporationen und Gemeinen, deren Rechte nach § 25 „nur solchen vom Staat genehmigten Gesellschaften zukommen, die sich zu einem fortdauernden gemeinnützigen Zweck verbunden haben". Nur sie stellen nach §§ 81, 82 „in den Geschäften des bürgerlichen Lebens eine moralische Person vor, und werden daher in Rücksicht auf ihre Rechte und Verbindlichkeiten gegen andere außer ihnen nach eben den Gesetzen wie einzelne Mitglieder des Staats beurteilt".

Das ALR scheidet also zwischen bloß erlaubten und staatlich ausdrücklich genehmigten oder privilegierten Gesellschaften; letztere nehmen, sofern sie das weitere Erfordernis eines fortdauernden gemeinnützigen Zwecks erfüllen, die besondere Stellung ein, die das ALR unter Korporationen oder Gemeinen begreift. Das folgt zunächst ohne weiteres aus dem Wortlaut des Gesetzes, das in § 22 die staatlich genehmigte Gesellschaft ins System stellt und in § 25 „solchen[15] staatlich genehmigten Gesellschaften"

[15] Wenn in § 17 II 6 das Wort „solche" die Brücke nach dem voraufgehenden § 16 schlägt, vgl. Rosin a. a. O. S. 128 Note 65, wenn in den §§ 27, 35 u. 36 II 6 „solcher" ebenfalls rückbezüglich gebraucht wird, so vermag ich nicht einzusehen, weshalb gerade nur in § 25 II 6 „solcher" im Sinne von „der" gebraucht sein soll. Es ist ja richtig, daß auch diese Auslegung einen Sinn hat; aber selbst dann läge eine Rückbeziehung auf § 22 vor, der eben „die vom Staat genehmigten Gesellschaften" in das System stellt und damit einen ganz bestimmten Begriff verbindet. Es liegt nicht der mindeste Anlaß vor, die staatliche Genehmigung in § 25 anders als die in § 22 aufzufassen. Daß man das versucht hat, hängt meines Erachtens einzig damit zusammen, daß man eine besondere „Verleihung der Korporationsrechte" konstruiert hat, worüber unten Näheres. Aus Nettelbladt hätte man entnehmen können, daß die Korporation lediglich eine Art der Verbandspersönlichkeit überhaupt und demgemäß ihrem Wesen nach auf

die Rechte der Korporationen zubilligt. § 26 bestimmt die Rechte der Korporation u. a. „nach den vom Staate erhaltenen Privilegien und Konzessionen", die gemäß § 27 zur Verfassung der Korporation gehören oder sie ausmachen. Zu demselben Ergebnis wird man kommen, wenn man das ALR darauf prüft, inwieweit es die vielfach überarbeiteten[16] gemeinrechtlichen Begriffe übernommen hat,[17] die Rosin S. 119 Note 36 unter Berufung auf Gierke dahin angibt, daß „eine äußere Trennung der Gewährung der Korporationsrechte und der polizeilichen Genehmigung nicht bestanden habe, die staatliche Mitwirkung bei der Begründung der Korporation sei beides zugleich, polizeiliche Genehmigung und Verleihung der Korporationsrechte gewesen". Das ALR kennt keine besondere polizeiliche Genehmigung, insbesondere ist das Privileg des § 22 keine solche. Auszugehen ist davon, daß sich jede erlaubte Gesellschaft aus Zweckmäßigkeitsgründen polizeilich konzessionieren lassen kann. Das bedeutet nichts weiter, als daß ihr polizeilich bescheinigt wird, es liege kein Anlaß vor, von dem diskretionären polizeilichen Verbotsrecht ihr gegenüber Gebrauch zu machen. Irgend welche Rechte erwachsen der Gesellschaft dadurch nicht, sie kann trotzdem jederzeit verboten werden. Insbesondere hat diese polizeiliche „Konzession" nichts mit Privilegierung oder Verleihung der Korporationsrechte zu tun.[18] Es ist demnach unrichtig, wenn Leske[19] behauptet, die Privilegierung in § 22 II 6 trage lediglich polizeilichen Charakter. Etwas anderes ist es, wenn v. Rönne[20] und Foerster-Eccius[21] neben dem Privileg oder der staatlichen

die gleiche Grundlage zurückzuführen ist, wie jede Vereinigung mit status publicus. Damit deckt sich, daß ALR II 6 § 27 die Verfassung nach Maßgabe des erteilten Privilegii bestimmt.

[16] Vgl. Svarez, Schlußvorträge in v. Kamptz' Jahrbüchern **41** 149; Koch, Note 1 zu § 1 II 6.

[17] ROHG **18** 398 ff.

[18] Richtig Schwartz, Kommentar Note C zu Art. 31 der Verfassungsurkunde: „Mit der staatlichen Genehmigung ist nicht zu verwechseln die vom Regierungspräsidenten ausgehende polizeiliche Genehmigung, die lediglich erklärt, daß die Personenvereinigung dem Staat nicht nachteilig und daher erlaubt sei."

[19] Vergleichende Darstellung des BGB und des ALR **1** 40.

[20] Ergänzungen Bem. 5 zu § 25 II 6 ALR. — [21] **4** 677 Note 1.

Genehmigung die Einholung einer „etwa erforderlichen polizeilichen Genehmigung“ verlangen, was ROHG **17** 87 dahin ergänzt, daß hiermit gemeint sei die Einholung einer rein administrativen gegen die Folgen eines ungenehmigten Geschäftsbetriebs schützenden Konzession, wenn nämlich die zur Konzession befugte Behörde nicht mit der zur Verleihung oder Anerkennung der juristischen Persönlichkeit berechtigten identisch ist. Gedacht ist hier also an gewisse gewerbepolizeiliche Konzessionen sachlicher oder auch vielleicht persönlicher Natur und nicht an eine sicherheitspolizeiliche Genehmigung. Auch die Ausführungen Rosins (GruchotsBeitr. **27** 108 ff.) unterscheiden nicht scharf genug. Zwar betont er noch S. 112 den Gegensatz zwischen polizeilicher Genehmigung und Privileg nach § 22. Die Privilegierung verschwindet indessen im Laufe seiner Ausführungen vollständig, und es werden nur noch polizeiliche Genehmigung und Verleihung der Korporationsrechte in Gegensatz gestellt. Die Fassung S. 121 Ziff. 3 läßt der Vermutung Raum, als halte Rosin das Privileg des § 22 ausschließlich für eine polizeiliche Genehmigung:[22] „Genehmigte Gesellschaften ... stehen, soweit sich nicht noch besondere Privilegien mit der polizeilichen Genehmigung verbinden, der ungenehmigten erlaubten Gesellschaft lediglich gleich, §§ 22—24.“ Wenn dem so ist, so nimmt er hier den gleichen Standpunkt ein, wie in seinem „Begriff der Polizei usw.“, wo er S. 29 das ALR unter Polizei „im wesentlichen alles das, was wir heute innere Verwaltung nennen“ begreifen läßt. Demgegenüber kann gar nicht scharf genug betont werden, daß gerade das ALR die Begriffe der Polizei (im Sinne von Sicherheitspolizei) und Wohlfahrtspflege streng scheidet (vgl. oben S. 49 ff.). ALR II 17 § 10 bestimmt das Amt der Polizei dahin, „die nötigen Anstalten zur Erhaltung der öffentlichen Ruhe, Sicherheit und Ordnung, und zur Abwendung der dem publico oder einzelnen Mitgliedern desselben bevorstehenden Gefahren zu treffen“. II 13 § 2 umschreibt dieses Amt als staatliches Hoheits- oder Majestätsrecht gegenüber der Tatsache, daß damals die Sicherheitspolizei vielfach in den Händen von Privatpersonen oder

---

[22] Gierke, Theorie, folgt (vgl. S. 98 Note 1) der Rosinschen Auffassung und stellt S. 100, 101 ähnliche Sätze auf.

Korporationen lag,[23] dem in § 3 ausdrücklich die Wohlfahrtspflege gegenübergestellt wird. Diese „Polizei" hat mit der staatlichen Genehmigung von Gesellschaften und Korporationen nicht das mindeste zu tun. Deren Verhältnis zur Polizei ist in II 13 § 13 geregelt, und hiernach unterstehen sie kraft Hoheitsrechts „der Aufsicht des Landesherrn, nach dem Zwecke der allgemeinen Ruhe, Sicherheit und Ordnung". Neben dieser polizeilichen Beziehung zum Staat läuft die besondere Beziehung, daß eine weitgehende Mitwirkung des Staats im Leben der öffentlichen Korporation stattfindet, eine Aufsicht, die auf Erreichung des Korporationszwecks abzielt, also ein Stück staatlicher Verwaltung, das mit Polizei nichts mehr zu tun hat.[24] Die Praxis hat recht wohl diese beiden Beziehungen zu unterscheiden gewußt, wie die Gesetzesrevision Pensum XII S. 95 und die Entsch. des OVG vom 3. Jan. 1889 (**17** 415) beweisen.[25] Allerdings ist zuzugeben, daß die Verwaltungspraxis diese beiden Beziehungen später vielfach vermengt hat, und daß schließlich nur noch geprüft wurde, ob der Verleihung der Korporationsrechte keine polizeilichen Zweckmäßigkeitsgründe im Wege stünden.[26]

Es enthält also das Privileg des § 22 nicht schlechthin eine polizeiliche Genehmigung, sondern es stellt sich als formeller Staatsakt dar, der allerdings stets eine für die nachgeordneten Stellen maßgebende polizeiliche Genehmigung in sich schließt, und, wenn das Privileg sonstige Bestimmungen nicht enthält

---

[23] OVG **17** 415.

[24] Vgl. auch Rosin, Recht der öffentlichen Genossenschaften S. 103 und unten S. 65 Note 9.

[25] Rosin, Begriff der Polizei S. 23 Note 52, führt diese Stellen als Beleg dafür an, daß ALR II 13 § 13 die landesherrliche Aufsicht über das Gesellschaftswesen nicht erschöpfe, sondern nur nach ihrer Hauptrichtung zum Ausdruck bringe. Das soll mit ein Beweis dafür sein, daß das ALR einen Wohlfahrtszwang kenne; vgl. oben S. 49 ff. Diese Beweisführung geht meines Erachtens fehl. Der Fall liegt gerade umgekehrt. Die „besondere Aufsicht" besteht in der gesetzlich vorgeschriebenen Anteilnahme des Staats; hier ist positiv bestimmt, daß der Staat einen Wohlfahrtszwang ausübt. Arg. e contrario folgt daraus, daß ihm ein solcher Zwang sonst unbekannt ist. Und daß der Staat gerade gegenüber Korporationen diese Stellung einnimmt, ist aus der Korporationsauffassung des absoluten Staats zu erklären.

[26] Vgl. unten S. 104 Note 35.

(§ 23), sich auf die Gewährleistung gegenüber der polizeilichen Verbietungsmöglichkeit beschränkt, ohne daß er dadurch zur „polizeilichen" Genehmigung würde.[27] So ist nicht abzusehen, weshalb und wodurch sich das Privileg des § 22 von dem des § 25 unterscheiden soll.[28] Eine ausdrückliche Verleihung der Korporationsrechte ist sonach nicht erforderlich, sofern nur die staatlich genehmigte Gesellschaft einen fortdauernden gemeinnützigen Zweck verfolgt. Es führt, wie das JMBl 1848 S. 310 richtig ausführt, zu Schwierigkeiten,[29] soll das Vorhandensein dieses Zwecks im Einzelfall gerichtlich nachgeprüft werden können. Die Praxis hat deshalb einen Wortlaut gewählt, nach dem der fortdauernde gemeinnützige Zweck privilegiert wird, oder auch, daß die Rechte einer moralischen Person oder einer Korporation anerkannt oder verliehen werden. Die Tatsache, daß das JMBl hierauf aufmerksam macht, läßt den Schluß zu, daß auch die nicht ausdrückliche Bestätigung dieses Zwecks vorgekommen ist, und daß doch die Eigenschaft der Gesellschaft als Korporation nicht in Zweifel gezogen wurde, ähnlich wie dies

---

[27] Das übersehen Rosin (GruchotsBeitr. 27 121 Ziff. 3) und Gierke (Theorie S. 101 bei Note 3). Inhaltlich deckt sich hier die „staatliche" mit der „polizeilichen" Genehmigung; sie gehen aber regelmäßig von verschiedenen Stellen aus, worauf schon das ROHG 17 87 hingewiesen hat. Es gilt als ausgemacht, vgl. auch Rosin S. 117, daß bei der „Verleihung der Korporationsrechte" durch den Landesherrn die Befugnissphäre jeder unteren Instanz aufhöre, folglich auch keine besondere polizeiliche Konzession mehr erforderlich sei. Der Grund hierfür ist der, daß die „Verleihung der Korporationsrechte" weiter nichts ist, als eine staatliche Genehmigung oder Privilegierung.

[28] So auch Foerster-Eccius 4 677; vgl. auch dessen interessante Fußnote 15, die gegen Rosin und Gierke die von der Rechtsprechung eingeführte „halbe jur. Person" rechtfertigt, meines Erachtens zutreffend, denn das Privileg kann der Gesellschaft jeden beliebigen status geben, also auch ihr nur einzelne Rechte, „kleine Korporationsrechte", zubilligen. — Wie im Text ferner v. Rönne, Ergänzungen, Bem. 5 zu II 6 § 25; Leske a. a. O. S. 40; anscheinend auch JMBl 1848 S. 309, 310.

[29] Ohne daß aber deshalb die im Privileg erfolgende Feststellung des Zwecks unbedingt der einzig gangbare Weg wäre. Die Verwaltung arbeitete 50 Jahre vor diesem Erlaß noch mit weit einfacheren Mitteln, ohne sich groß mit solchen Zweckmäßigkeitserwägungen zu plagen. Damals war eben noch weit mehr als heute der Verwaltungsbeamte „sein eigenes Gesetz", wie sich mir gegenüber einmal ein hoher Verwaltungsbeamter zutreffend ausdrückte.

das ROHG in der Entsch. **17** 80 ff. ausgesprochen hat. Läßt sich dieser Zweck weder aus dem Privileg, noch sonst feststellen, so liegt nur eine privilegierte Gesellschaft vor, andernfalls eine Korporation. Ohne den besonderen Zweck oder die im Privileg schlechthin erfolgende Verleihung der Korporationsrechte (vgl. hierüber unten) ist die privilegierte Gesellschaft nur Rechtsverhältnis, sonst Rechtssubjekt.

Kraft des Privilegs kann der Gesellschaft jeder beliebige status verliehen werden (§§ 23, 26). Gleichermaßen wie durch die staatliche Genehmigung bei Vorliegen eines fortdauernden gemeinnützigen Zwecks der privilegierten Gesellschaft die von dem ALR unter den „Rechten der Korporationen oder Gemeinen" zusammengefaßten Rechte zustehen,[30] so wird man unbedenklich für zulässig halten dürfen, daß durch Privileg im Einzelfall diese Rechte zugebilligt werden, auch wenn dieser Zweck nicht vorliegt. So erklärt es sich, daß die Prüfung, ob ein fortdauernder gemeinnütziger Zweck vorliege, als rein instruktionelle Vorschrift aufgefaßt werden konnte,[31] daß aber dann, wenn die staatliche Genehmigung in der Form der Verleihung der Korporationsrechte erfolgte, oder der Rechte einer moralischen oder juristischen Person oder ähnlich, jede Untersuchung über den fortdauernden gemeinnützigen Zweck der Korporation ausgeschlossen sein sollte.[32] Liegt dieser zweite Fall nicht vor,[33] verfolgt also die staatlich genehmigte Gesellschaft einen fortdauernden gemeinnützigen Zweck, so bedarf es keiner besonderen Konzessionen,[34] insbesondere nicht einer ausdrücklichen Ver-

---

[30] Foerster-Eccius **4** 678 Note 5.

[31] Rosin S. 114 u. 116; Gierke, Theorie S. 98 Note 2 und die hier Zit.

[32] ROHG **17** 82; Foerster-Eccius **4** 679 Note 6.

[33] Den Dernburg, Preußisches Privatrecht **1** 88 Ziff. 6 als Regelfall für die Erlangung der Eigenschaft als Korporation ansieht, wofür er als Beispiel die Privilegien der Freimaurerlogen anzieht; vgl. auch Gierke, Theorie S. 80 Note 4.

[34] Ähnlich, wenn auch ohne Begründung, E. F. Klein, System des preußischen Zivilrechts, 2. Aufl., 1836 **2** 198 ff. Verwandt ist vielleicht auch die Auffassung Rocholls (Rechtsfälle **1** 382), der beim Fehlen der „erforderlichen Konzessionen" eine erlaubte oder privilegierte Gesellschaft da sein läßt. Allerdings deutet die Fassung stark darauf hin, daß außer dem Privileg noch eine besondere Konzession verlangt werde, denn andernfalls könnte keine privilegierte Gesellschaft übrigbleiben.

leihung der Korporationsrechte,[35] so wenig wie der Anerkennung oder Privilegierung des fortdauernden gemeinnützigen Zwecks u. dgl. Daß trotzdem die „Verleihung der Korporationsrechte" in der Praxis eine so große Rolle spielen konnte, beweist eine Verkennung des Korporationsbegriffs, der §§ 81 ff., und weiter, daß die Praxis aus dem Gesetz etwas anderes gemacht hat, als darin steht.[36]

§ 6.

Fortsetzung: Die Korporation nach ALR.

Als Ergebnis der seitherigen Darstellung ist die Korporation des ALR zu definieren als die vom Staat ausdrücklich genehmigte korporative Vereinigung mehrerer Mitglieder des Staats zu einem fortdauernden gemeinnützigen Zweck. Nur diese Vereinigung besitzt die Rechte, die das ALR den Korporationen und Gemeinen zubilligt, insbesondere diejenigen einer moralischen Person. Diese Rechte einer moralischen Person sind mit den Korporationsrechten nicht identisch, sie sind weniger, und bedeuten weiter nichts als die Rechtsfähigkeit auf dem Gebiete des Privatrechts (II 6 §§ 81, 82). Diese Rechte besitzt jede Korporation, so daß sie also zugleich moralische Person ist. Nicht aber ist jede moralische Person zugleich Korporation im Sinne des ALR, wenn auch in § 81 „nur" Korporationen die Rechte einer moralischen Person zugebilligt werden. An dieser Ausschließlichkeit hat das ALR nicht festgehalten: II 19 §§ 42, 43 billigt Versorgungsanstalten die Rechte einer moralischen Person zu, ja selbst dann, wenn sie nicht ausdrücklich, sondern nur stillschweigend genehmigt sind. Im Gegensatz hierzu werden „Korporationsrechte"

---

[35] ROHG 17 82. Will man das Privileg der Freimaurerlogen nicht in dem Sinne Dernburgs auffassen, so beweist es trotzdem nichts gegen die hier vorgetragene Ansicht, sondern höchstens einen recht weitschweifigen Wortlaut für die einfache Tatsache der staatlichen Genehmigung. Maßgebend ist allein die Anerkennung des fortdauernden gemeinnützigen Zwecks („zum Wohle und Besten der Gesellschaft arbeiten") und die staatliche Genehmigung („Wir deren Suchen nachgegeben").

[36] Ähnliches ist auch anderweit vorgekommen; vgl. z. B. Gierke, Genossenschaftsrecht 1 715 für die Stellung der Verwaltung gegenüber der Verselbständigung der Gemeinden gemäß StO. vom 19. Nov. 1808.

zugebilligt einer ganzen Reihe von Verbandspersonen, wie Stadt- und Dorfgemeinden, Zünften, Kirchengesellschaften, Gymnasien, Universitäten usw. Es scheint lediglich eine laxe Ausdrucksweise vorzuliegen, wenn ausgesprochenen Anstalten, wie Schulen und Universitäten, Korporationsrechte zustehen sollen. Es liegt hier keine gesellschaftliche Verbindung mehrerer Personen vor, worauf schon Bornemann 1 97 hingewiesen hat,[1] so daß es naheliegt, daran zu denken, diesen Anstaltspersonen hätten nicht Korporationsrechte zugebilligt werden sollen, sondern nur private Rechts- und Handlungsfähigkeit, also die Rechte einer moralischen Person. Es scheint mir jedoch, als sei diese die spätere Theorie und Praxis beherrschende Auffassung im ALR selbst nicht begründet, als lasse sich recht wohl ein innerer Unterschied finden, der diese verschiedene Ausdrucksweise rechtfertigt, ohne daß man deshalb zu dem Ergebnis zu kommen braucht, die korporative privilegierte Gesellschaft mit fortdauerndem gemeinnützigen Zweck sei lediglich eine Spielart eines höheren Begriffes der „Korporation“,[2] den eben das ALR nicht kennt.

Während Nettelbladt den Begriff der moralischen Person auf dem finis societatis und der korporativen Gestaltung aufbaute, und nur für deren status publicus eine gewisse Mitwirkung der Obrigkeit forderte, bleibt das ALR der Zeitauffassung treu und verbindet mit dem Begriff der Korporation einen ausgesprochen publizistischen Charakter, der schon äußerlich durch die Stellung des fraglichen Abschnitts nach dem Privatrecht zum Ausdruck kommt. Scharf wird in Anlehnung an Nettelbladt zwischen den Verbandspersonen mit status publicus und privatus geschieden. Die Privatgesellschaft — als solche erscheint auch

---

[1] Man braucht indessen nicht zu dem Notbehelf zu greifen, diesen Anstalten sei die jur. Persönlichkeit nur „beigelegt“. Sie sind gerade so echte jur. Personen wie die Korporation selbst („haben die Rechte“ einer Korporation bzw. moralischen Person), wenn sie auch keine echten Korporationen im Sinne des ALR sind.

[2] Das scheinen RG und ROHG anzunehmen, wenn sie sagen, „bereits das ALR kenne eine ganze Reihe von jur. Personen, hinsichtlich deren eine besondere Verleihung der Korporationsrechte nicht erforderlich ist, daß es somit gewisse Zwecke gesetzlich als dauernd und gemeinnützig anerkenne“ (ROHG **17** 82), oder wenn sie von der „unzweifelhaften konkludenten Anerkennung als Korporation“ sprechen (RGZ **16** 190).

die erlaubte Privatgesellschaft (II 6 § 14) — hat mit dem Sozialrecht an sich nichts zu tun, sie mag für sich existieren, der Staat nimmt an ihr weiter kein Interesse, als das er den in ihr verbundenen Privatpersonen als einzelnen zuwendet. So beläßt er es dabei, daß sie erlaubt sind, solange ihr Zweck und ihre Geschäfte nicht dem öffentlichen Interesse zuwiderlaufen, und behält sich nur ein Verbotsrecht vor für den Fall, daß sich herausstellt, sie könnten anderen gemeinnützigen Absichten oder Anstalten hinderlich oder nachteilig sein (II 17 § 10). Im übrigen unterstehen sie ausschließlich dem Privatrecht (II 6 § 12), auch wenn sie die sog. inneren Korporationsrechte besitzen, die aber bei der Beurteilung des status publicus der Vereinigung außer Betracht bleiben. Ebenso ist — sofern nicht aus dem Privileg ein anderes hervorgeht — die privilegierte Gesellschaft als rein privatrechtliches Gebilde unter diskretionärer Staatsaufsicht anzusprechen (II 6 § 23). Sie kann indessen durch das Privileg einen status publicus erhalten, und steht so als ein dem ALR eigentümliches Gebilde auf der Grenze zwischen der reinen Privatgesellschaft und der öffentlichen Korporation, welch letztere aus ihr heraus entwickelt wird. Als solche öffentliche juristische Person erscheint zunächst ausschließlich die Korporation nach §§ 25 ff.[3] Es tritt uns hier — auch in dem Abschnitt von den „inneren Korporationsrechten“[4] — eine weitgehende Einwirkung

[3] Unklar Moll im PrVerwBl. 1911/12 S. 845: „Bei den nach §§ 56 ff. PrivFlußG entstandenen Genossenschaften erfolgte die Bildung durch ein landesherrlich vollzogenes Statut; in ihm wurde teils die Verleihung der Korporationsrechte ausdrücklich ausgesprochen, teils unterblieb sie, so daß wohl kaum diese Korporationen sämtlich als jur. Personen angesprochen werden können. Übrigens gibt es auch sonst lebende Organismen, denen die Rechtsordnung die erwähnten Eigenschaften beilegt, z. B. den erlaubten Gesellschaften im Sinne des ALR II 6, ohne daß sie damit als jur. Personen im engeren Sinne gelten können.“ Diese Auffassung scheint davon auszugehen, daß der Begriff der Verleihung der Korporationsrechte, als der Rechtsfähigkeit auf dem Gebiete des Privatrechts, notwendig für die Entstehung einer jur. Person sei. Die Genossenschaft des PrivFlußG von 1843 ist aber eine öffentlichrechtliche jur. Person; vgl. unten S. 134. Wie sich deren privatrechtliche Beziehungen gestalten, ist eine Frage für sich und hat mit der Frage der jur. Persönlichkeit als solcher an sich nichts zu tun.

[4] Da diese inneren Korporationsrechte auch der erlaubten Privatgesell-

des Staats entgegen, die deutlich erkennen läßt, daß hier nicht mehr von rein polizeilichen Gesichtspunkten ausgegangen wird. Man will die enge Verbindung des durch Gesetz oder Statut geregelten Korporationszwecks mit den Zwecken des Staats zum Ausdruck bringen, und dessen oder doch des als gemeinnützig anerkannten Zweckes der Korporation Erreichung sicherstellen. So beschränkt das Gesetz die Mitglieder auf solche des Staats (§ 1). Der gemeinschaftliche Zweck bedarf der Anerkennung oder Privilegierung (§ 25), und da diese ohne Angabe von Gründen verweigert werden kann, so erscheint die ganze Verfassung als staatlich gesetzt,[5] wie auch jede Änderung des Statuts der staatlichen Genehmigung bedarf (§ 30). Ebenso die Aufnahme neuer Mitglieder (§ 48),[6] Einführung und Erhöhung der Mitgliederbeiträge (§§ 64—67), Ankauf, Veräußerung und Belastung von Grundstücken (§ 83), wie überhaupt die Kontrahierung erheblicher Schulden (§ 85), die Regelung der Schuldentilgung (§ 97). Der Staat bestätigt und ernennt ev. selbst die Beamten der Korporation, die er auch absetzt (§§ 160—176), ihm steht das Recht zu, die Aufhebung der Korporation durch Versagen seiner Einwilligung zu verhindern und so die Korporation zum Weiterleben zu zwingen (§ 180), er kann ihr zwangsweise neue Mitglieder zuführen (§§ 186, 187) und kann sie aufheben, wenn ihr Zweck nicht mehr erreicht werden kann oder wegen veränderter Umstände dem Gemeinwohl schädlich wird (§§ 189, 190),[7] und schließlich kann er zweckmäßige Mittel anwenden

---

schaft zustehen, II 6 § 14, ist scheinbar auch diese mit einem gewissen status publicus ausgestattet, und hat man hieraus — der Rechtszustand war auch ohne das schon verworren genug — eine Staatsaufsicht über Privatgesellschaften hergeleitet. Das OVG hat mit Recht hiergegen Stellung genommen, 17 415.

[5] Rocholl S. 382: „Obwohl die §§ 26, 115, 147 scheinbar die Regelung des inneren und äußeren Organismus der freien Entschließung der Korporation überlassen, ist es doch in Wahrheit nur die administrative Obrigkeit, die die ganze Grundverfassung setzt."

[6] Ich erwähne hier absichtlich nicht die in § 44 vorgesehene „Aufsicht" des Staats bei dem Ausschluß von Mitgliedern, da es zweifelhaft ist, ob hier polizeiliches Eingreifen oder Anrufen des Gerichts gemeint ist; vgl. Koch, Note 26 zu § 44, sowie die unten S. 82 Note 1 mitgeteilte Entscheidung des Obertribunals 7 131.

[7] Ja die Praxis ging so weit, dem Staat ein diskretionäres Aufhebungs-

zur Abstellung von Mißbräuchen und zur Wiederherstellung der guten Ordnung, wenn durch Mißbräuche oder Mängel der inneren Verwaltung die Erreichung des Korporationszwecks gehindert wird. Die Beamten der Korporation können unter Umständen strafrechtlichen Schutz genießen und waren sogar mitunter zur Ausübung staatlicher Hoheitsrechte, wie z. B. der Sicherheitspolizei, berufen.[8] Deutlich tritt uns in diesem weitgehenden Mitbestimmungs- und Aufsichtsrecht,[9] das den eigenen Willen der Korporation vollständig ausschaltet, sie nur zur Vollzieherin des Staatswillens macht und somit der Korporation den Charakter einer Staatsanstalt aufprägt, die Auffassung der Korporation als wichtiger Glieder des Staatsganzen entgegen. Die Korporation hat keine Existenzberechtigung außer zur Erfüllung eines ihr staatlich gesetzten, also öffentlichen Zwecks. Der Staat umfaßt alle Gemeinzwecke, zwischen ihm und dem Individuum stehen keine selbständig rechtsfähigen Gemeinwesen. Folgerecht sind dem ALR alle Personenvereinigungen privatrechtliche Vertrags- oder Sozietätsverhältnisse. Soweit er zur Erreichung der Staatszwecke der Anerkennung einer selbständig rechts- und handlungsfähigen Verbandspersönlichkeit nicht entraten kann — und daß dem so war, dafür sorgten die wirtschaftlichen

---

recht zuzubilligen, es sind Aufhebungen aus politischen Gründen erfolgt, so des Deutschordens in den ehemaligen Rheinbundstaaten; vgl. v. Rönne, 3. Aufl., 1b 213 Note 2.

[8] Ich erwähnte bereits, daß zur Zeit des Erlasses des ALR die Polizei vielfach in den Händen von Korporationen lag, oben S. 58 Note 23. „Königlich" wurde die Polizei zuerst in den Städten durch die StO. von 1808, für das ganze Land durch das Polizeigesetz von 1850 bzw. die KrO. von 1872.

[9] II 6 § 83. — Dernburg, Preußisches Privatrecht 1 95 rechnet unter Berufung auf II 13 § 13 alle hier als für den öffentlichen Charakter der landrechtlichen Korporation sprechend angeführten Anordnungen als Teile der Staatsaufsicht mit Ausnahme des die Korporation begründenden Staatsakts. Das ist eine Verkennung des § 13 II 13; vgl. oben S. 58. Es handelt sich hier nur um eine sicherheitspolizeiliche Kontrolle, während in II 6 dem Staat ein über bloße „Aufsicht" hinausgehendes Mitbestimmungsrecht gegeben ist. Das Gesetz bringt eben den staatsrechtlichen Satz zum Ausdruck, daß die Korporation mit Rücksicht auf ihren gemeinnützigen Zweck dem Staat so wichtig ist, daß er sie als Teil seines Aufbaus ansieht, und zwar als ihm derart immanenten Teil, daß er dauernd und laufend die Geschicke der Korporation leitet.

Verhältnisse, die z. B. die friderizianischen Aktiengesellschaften gezeitigt hatten[10] — muß der Staat diese Anerkennung als eine Ausnahme von der Regel konstruieren und gelangt so dazu, ihr dieses Ausnahmerecht durch ein „Privileg" zu bestätigen, vermöge dessen die Korporation zu der erlaubten Privatgesellschaft in Gegensatz gestellt wird.[11] Aber diese Ausnahme darf die staatliche Monopolstellung hinsichtlich aller vernünftigen Gemeinzwecke und der zu ihrer Erreichung erforderlichen Gewalten nicht durchbrechen. Kommt dies schon äußerlich dadurch zum Ausdruck, daß die Korporation ihre Existenz vom Staat ableitet, so ergab sich die weitere Folge, daß er ihr eine unabhängige Lebensführung nicht zubilligen konnte. Der Staat garantiert seinen Bürgern die Erreichung des gemeinnützigen Korporationszwecks, und erreicht dieses Ziel durch die Eingliederung der Korporation in seinen eigenen Organismus als einer reinen öffentlichrechtlichen Staatsanstalt.[12] Nur dieser kommt juristische oder moralische

[10] Die Rosin übersehen zu haben scheint; vgl. oben S. 52 Note 6.

[11] Diesen Gegensatz stellt auch Rosin, Recht der öffentlichen Genossenschaft S. 32 Note 29 fest; ebenso v. Rönne-Zorn S. 297 Note 1.

[12] Zwar fehlt es an einer gesetzlichen Bestimmung, die der Körperschaftsgewalt Attribute einer hoheitlichen Macht beilegt, etwa in Gestalt des Rechts zur Beitreibung rückständiger Beiträge im Verwaltungswege, auch kommt nicht generell zum Ausdruck, daß etwa den Trägern der Körperschaftsgewalt eine obrigkeitliche Stellung zukommt, die inneren Streitigkeiten der Korporation können vor dem Zivilgericht ausgetragen werden — doch ändert dies nichts an der Gesamtauffassung, um so weniger, als die Bestimmungen in II 6 §§ 25 ff. nur subsidiär sind, und in erster Linie das Privileg oder die spezielle gesetzliche Norm für die jeweilige Korporation entscheiden. Und daß hier alle diese heute öffentlichrechtlichen Korporationen zukommenden Attribute vielfach verliehen wurden, steht außer Zweifel. Es käme hierauf auch um deswillen nicht an, weil eine stärkere oder schwächere Entfaltung dieses öffentlichrechtlichen Typus möglich ist, ohne daß dadurch der öffentlichrechtliche Charakter verloren geht; vgl. Gierke, Deutsches Privatrecht 1 620. Nicht zu bestreiten ist jedenfalls, daß die als Äquivalent für die Gewährleistung der erhöhten Kraft ihres Sozialrechts in Betracht kommenden Eingriffe des Staats in das Korporationsleben gerade im ALR so gut wie vollzählig erscheinen, so daß der Schluß auf die Gleichstellung unter die gleichen Normen, unter denen das Sozialrecht des Staats selbst steht, berechtigt ist. — Die Auffassung, daß schlechthin jede Korporation des ALR öffentlichen Rechtes ist, finde ich vertreten bei E. Meyer, Artikel: Jur. Person in v. Stengels

Persönlichkeit zu, so daß also dieser Begriff der moralischen Persönlichkeit selbst ausschließlich dem öffentlichen Recht angehört.

Diesen Begriff der moralischen Persönlichkeit entwickelt das ALR zunächst ausschließlich in Ansehung der Korporation, als einen Teil der Rechte, deren Inbegriff es als Rechte der Korporationen oder Gemeinen zusammenfaßt — dank seiner Tendenz, gleichartige oder auch nur verwandte oder ähnliche Begriffe möglichst nebeneinander zu stellen, häufig ohne jeden inneren Grund. Diese kraft öffentlichen Rechts der Korporation zustehende, in II 6 §§ 81 ff. näher umschriebene private Rechts- und Handlungsfähigkeit ist aber nicht das einzige Recht der Korporation. Sie besitzt bereits kraft des Privilegs eine besondere publizistische Stellung im Staate,[13] die im übrigen im Privileg noch näher bestimmt sein kann[14] oder sich aus der jeweiligen Materie[15] oder besonderem Gesetz ergibt, ja sie hat sogar politische Rechte erlangt.[16]

Wörterbuch des deutschen Verwaltungsrechts 1 693, ohne daß ich dessen Begründung beitreten möchte; ferner ohne Begründung, als selbstverständliche Voraussetzung in OVG 17 416 (ähnlich 28 192 ff.), bei Bornemann, System 1 99, wo das Korporationsrecht schlechthin dem öffentlichen Recht zugerechnet wird und daher, soweit „ihre Verhältnisse nicht das Privatrecht berühren", nicht zur Darstellung gelangt, bei Rosin, Recht der öffentlichen Genossenschaft S. 32, Gierke, Theorie S. 98 (die Stelle in Deutsches Privatrecht 1 620 Note 1: „Vereine, denen im Gebiet des ALR die Korporationsrechte speziell verliehen sind, werden durch die hiermit verknüpfte Unterstellung unter eine Fülle von Rechtssätzen, die sonst nur für öffentlichrechtliche Körperschaften gelten, noch keine solche" ist vom Standpunkt des heutigen Betrachters aus zu verstehen). Anschütz, Kommentar zur Verfassungsurkunde S. 242 u. 535, bezeichnet die Korporation des ALR als privatrechtlich; vgl. hierzu unten S. 70 Note 24. Fischer, Lehrbuch des preußischen Privatrechts 1887 S. 61, enthält sich der Stellungnahme und beschränkt sich darauf, es für „zu weitgehend" zu erklären, „daß das ALR die Korporation hinsichtlich ihrer Rechte und Pflichten anderen einzelnen Mitgliedern des Staats" gleichstellt, „wenn auch hieraus unerträgliche Folgen nicht entstanden" seien.

[13] Vgl. oben S. 54, 59. — [14] ALR II 6 §§ 23 u. 26.

[15] Vgl. z. B. II 8 §§ 86 ff. (Stadtgemeinde) gegenüber II 7 §§ 18 ff. (Dorfgemeinde).

[16] Vgl. deren Aufzählung in v. Stengels Wörterbuch des deutschen Verwaltungsrechts 1 698.

Wenn dann das ALR diesen also näher bestimmten Inbegriff von Rechten und Pflichten der echten Korporation anderen Verbandspersonen zubilligte, so bringt es damit nicht zum Ausdruck, daß diese selbst Korporationen seien — wohl aber, daß es sie wie die Korporation als öffentlichrechtliche Staatsanstalten behandeln will, mit den Rechten und Pflichten, die es der Korporation selbst zubilligt, insbesondere dem Recht der moralischen Persönlichkeit. Nach heutigem Sprachgebrauch würde also „Besitz der Korporationsrechte" bedeuten, daß man es mit einer Korporation in weiterem Sinne zu tun habe, während die eigentliche Korporation als Korporation in engerem Sinne erscheint. Korporationsrechte bedeutet demgemäß juristische Persönlichkeit schlechthin — nach dem Maße, in dem das ALR im Sinne der damaligen Auffassung juristische Persönlichkeit überhaupt kennt, d. h. als öffentlichrechtliche Staatsanstalt mit allen Rechten und Pflichten öffentlicher und privater Natur, die das ALR mit dem Korporationsbegriff verbindet. Als „Rechte der moralischen Person" bleibt dann die — gleichfalls nur kraft öffentlichen Rechts existente — Rechts- und Handlungsfähigkeit auf dem Gebiet des Privatrechts übrig, die für sich allein nicht vorkommt, sondern nur in Verbindung mit einem öffentlichrechtlichen Satz, vermöge dessen der mit moralischer Persönlichkeit auszustattenden Verbandsperson bereits ihre besondere Stellung im Staat zugewiesen ist. Wenn das ALR diese Rechte einer moralischen Person staatlich genehmigten Gesellschaften mit fortdauerndem gemeinnützigen Zweck zubilligt als einen Teil der ihnen als Korporation zustehenden Rechte, so haben wir hier den gleichen Vorgang, wie bei Versorgungsanstalten,[17] denen auf Grund der

[17] Die Praxis hat die Vorschrift in II 19 § 42 auch auf zu gleichem Zweck gegründete Vereine ausgedehnt; vgl. Rosin in GruchotsBeitr. **27** 120 und Gierke, Theorie S. 100 Note 3. — Ähnlich ist der Vorgang bei Familienstiftungen II 4 §§ 27 ff., die kraft richterlicher Verlautbarung und Bestätigung die Rechte einer moralischen Person erlangen; vgl. Gierke, Theorie S. 85 Note 3, und hierzu daselbst S. 98 Note 2. Das ALR selbst kennt den Charakter einer jur. Person für Familienstiftungen nicht, der erst durch KabO. vom 23. Mai 1845 anerkannt ist. Diese Kabinettsorder ist nicht in der Gesetzsammlung publiziert und entbehrt daher im Hinblick auf ALR Einl. § 10 und auf die VO vom 27. Okt. 1810 über die Publikation der Gesetze der Gesetzeskraft; vgl. auch Koch, Note 26 zu § 38 II 4 und die

ihnen erteilten Genehmigung moralische Persönlichkeit zusteht, wobei hier nur die Besonderheit zu verzeichnen ist, daß diese Genehmigung auch stillschweigend erfolgen kann. Eine solche Versorgungsanstalt ist keine echte landrechtliche Korporation, ebensowenig wie die keinen fortdauernden gemeinnützigen Zweck verfolgenden Gesellschaften durch die im Privileg erfolgende Verleihung der Korporationsrechte zu solchen werden, wenn auch zuzugeben ist, daß in beiden Fällen eine echte juristische Person vorliegt.

Diese Feststellung, daß das ALR neben der echten Korporation eine ganze Reihe von ausgesprochen juristischen Personen ohne Korporationscharakter kennt, denen es lediglich die „Rechte der Korporation" beilegt,[18] ist um so wichtiger, als diese Unterscheidung in der Folge nicht festgehalten wurde, Korporationsrechte wahllos verliehen wurden, während man nur moralische oder juristische Persönlichkeit verleihen wollte, und umgekehrt die im Wege der Privilegierung erfolgende Verleihung der juristischen Persönlichkeit als mit dem ALR in Widerspruch stehend bekämpft wurde,[19] das „nur" Korporationen die Rechte einer moralischen Person zubillige. Die Folge war, daß die Begriffe Korporation und moralische Person identifiziert wurden, daß man versuchte, die in der Folge unumgängliche Schaffung besonderer juristischer Personen in das System des ALR zu pressen, daß man die durch Aufzählung ihrer einzelnen Rechte und Pflichten umschriebene juristische Persönlichkeit der Folgezeit als Korporationen anzusprechen suchte,[20] und schließlich zu einer „Erweiterung des landrechtlichen Korporationsbegriffs" seine

---

hier Zit. — Erwähnt sei hierzu der Widerspruch bei Dernburg, Preußisches Privatrecht 1 105, wo „die Familie" in bezug auf die Familienstiftung als jur. Person angesprochen wird, während nach 1 920 „die jur. Person der Stiftung" Eigentümerin sein soll.

[18] Bornemann, vgl. oben S. 62 Note 1, war auf dem rechten Wege, als er dieses Wort „beilegt" gebrauchte; ihm ist aber dann der gleiche Fehler unterlaufen, wie allen romanistischen Interpreten des ALR, die den Begriff der echten landrechtlichen Korporation als die nach ALR einzig mögliche jur. Persönlichkeit ansahen und demgemäß die Begriffe der Korporation und der moralischen Person gleichstellten.

[19] Vgl. z. B. unten S. 90 Note 15.

[20] Vgl. unten S. 87 Note 7; 112 Note 11; 97 Note 14.

Zuflucht nahm.[21] Alles das ist unnötig, sobald man sich auf den hier vertretenen Standpunkt stellt, daß bereits das ALR neben der Korporation in engerem Sinne (oder dem, was man heute so nennen würde), eine Reihe von allerdings gleichfalls öffentlichrechtlichen juristischen Personen kennt. Jede andere Auffassung[22] kommt notwendig in Konflikt mit II 19 § 42, der dann nicht mehr in das System paßt.[23] Hält man an der hier vertretenen Auffassung fest, so unterliegt es keinen Schwierigkeiten, zu einer privatrechtlichen juristischen Person zu gelangen, nachdem sich erst einmal die Auffassung durchgerungen hatte, daß nicht notwendig jede juristische Person öffentlichen Rechtes sein müsse; als ausgesprochen öffentlichrechtlich blieb dann in erster Linie die echte landrechtliche Korporation übrig.

Das ALR kennt nur eine öffentlichrechtliche juristische Persönlichkeit; eine auf das Gebiet des Privatrechts beschränkte juristische Person ist ihm unbekannt, wenn es auch unter moralischer Persönlichkeit die private Rechtsfähigkeit der juristischen Person begreift.[24] Die Korporation ist ihm der vollkommenste

[21] So insbesondere Rosin in GruchotsBeitr. 27 121—123; Gierke Theorie S. 99, und die hier Note 2 sowie die oben S. 62 Note 2 angezogenen Entscheidungen.

[22] Bei einem so sorgfältig und fein ausgearbeiteten Gesetz wie dem ALR, dessen weitschauende Redaktion erst heute nach und nach erkannt und gewürdigt wird, ist eine solche Kollision nicht weiter verwunderlich. Ich habe es jedoch absichtlich unterlassen, im Text diesen weitschauenden Blick der Redaktoren als Beleg anzuziehen, anzudeuten, daß das ALR mit seiner verschiedenen Ausdrucksweise einen Sinn verbinden müsse, weil gerade hier, im Gesellschaftsrecht, eine gewisse Inkonsequenz vorliegt: so der Gebrauch des Wortes „nur" in § 81; vgl. auch den Gebrauch des Wortes „moralische Person" in II 18 § 115 und hierzu Gierke, Theorie S. 98 Note 2.

[23] Vgl. z. B. Gierke, Theorie S. 98 u. S. 100 Note 3 („Anders liegt die Sache freilich..."). — Bei Gierke, Theorie S. 90 finde ich, allerdings nicht in Anwendung auf preußisches Recht, folgenden der hier vertretenen Auffassung nahekommenden Satz: „Man gewöhnte sich so daran, bei den Ausdrücken ‚Korporation' stets an eine öffentliche Einrichtung, und bei dem Wort ‚moralische' oder ‚jur. Person' an ein um seiner öffentlichen Bedeutung willen besonders privilegiertes Rechtssubjekt zu denken."

[24] Nach Anschütz, Kommentar zur Verfassungsurkunde S. 243 u. 535, bedeuten Korporationsrechte lediglich die private Rechtsfähigkeit. Die angeführten Belegstellen könnten noch zahlreich vermehrt werden, z. B. durch den KommB. des Abgeordnetenhauses 1862 6 804, wo ganz

Ausdruck für den Besitz dieser Rechte, die es gleichermaßen im Auge hat, wenn es von Korporation, öffentlicher Gesellschaft oder privilegierter Korporation spricht.[25] Das ALR macht keinen Unterschied zwischen öffentlichen und privatrechtlichen Korporationen im heutigen Sinne. Ihm ist jede Korporation gleichermaßen öffentlichrechtlich, alle diese Verbände sind zu Gliedern des Staatsganzen geworden.[26] Lediglich in dem Maße dieser

---

bestimmt aufgestellt wird, ALR II 6 handele von Korporationen und Gemeinen „als vermögensrechtlichen Instituten". Auch die unten S. 90 Note 15 wiedergegebene Äußerung des Abgeordneten Laue könnte angeführt werden. — Wie ich bereits andeutete, gibt Anschütz die Auffassung einer späteren Zeit richtig wieder. Diese ist aber mit dem ALR nicht zu vereinbaren. Zugegeben wird können, daß wahrscheinlich in Art. 31 der Verfassungsurkunde unter „Korporationsrechten" das verstanden wird, was das ALR unter „Rechten der moralischen Person" begreift. — Interessant ist, daß wieder später der Unterschied zwischen jur. Persönlichkeit und Korporationsrechten erkannt wurde; z. B. wünschte man bei Beratung des Genossenschafts-, des Waldschutz- und des Wassergenossenschaftsgesetzes im Abgeordnetenhause „deutschrechtliche Rechtsfähigkeit im privaten Rechtsverkehr", keine Verleihung „der Korporationsrechte oder der Rechte einer jur. Person". Aus der im einzelnen näher begründeten Unterscheidung ergibt sich ganz zweifellos, daß man unter Korporationsrechten oder den Rechten einer jur. Person den landrechtlichen, öffentlichrechtlichen, staatsanstaltlichen Typus verstand; vgl. namentlich die Äußerung des Abgeordneten Parisius (Abgeordnetenhaus 1875 3 1866): „. . . jur. Person, der ihre Rechte erteilt werden vom Staat, die ohne einen besondern Staatsakt, ohne die Verleihung von Korporationsrechten rechtlos ist und die deshalb, da ihr Leben und Tod abhängt vom Staat, auch vom Staat eine besonders strenge Beaufsichtigung, die bis zur Bevormundung, bis zur Einmischung in alle Gesellschaftsgeschäfte geht, zu ertragen hat."

[25] Vgl. z. B. II 6 § 180 u. 192 („öffentliche Gesellschaft"), I 14 §§ 169 u. 170, II 7 § 19 („öffentliche Korporation"), II 8 § 191, II 11 § 17, II 12 § 67 („privilegierte Korporation"). Interessant ist übrigens, daß ich nirgends, was doch bei jeder Abweichung von der hier vertretenen Auffassung selbstverständlich sein müßte, diese Aufzählung durch die Bezeichnung „moralische Person" ergänzt finde.

[26] Ähnlich sagt wohl auch Foerster-Eccius im Gegensatz zu seiner sonstigen Auffassung S. 677: „Der Satz (ALR. II 6 § 25) ist ein staatsrechtlicher, der Staat soll einer Gesellschaft, die er bei der Genehmigung als zu einem fortdauernden gemeinnützigen Zweck verbunden erkennt, die Genehmigung nicht versagen; indem er sie als der Begriffsbestimmung entsprechend anerkennt, gewährt er ihr durch seine Genehmigung das Privileg" usw.

Eingliederung besteht eine Abstufung, so daß man auch hier, wie ich das schon andeutete, unter Anwendung heutiger Begriffe eine gewisse Tendenz der heutigen Unterscheidung zwischen öffentlicher und privatrechtlicher Korporation finden kann. Das ALR selbst aber schematisiert, es kennt als juristische Personen nur öffentlichrechtliche Anstalten, ihm sind Korporationen und Gemeinen wesensgleich,[27] ebenso politische Verbände mit nach heutiger Anschauung privatrechtlichen Verbänden,[28] während ihm andererseits gewisse öffentlichrechtliche Verbände nur erlaubte Privatgesellschaften sind.[29] Diese schematische Behandlung mußte allen Erscheinungen des Verbandslebens gerecht werden: man gab die Vereinsbildung frei und legte in die Privilegierung den Anreiz, sich deren Vorteile zu sichern, letzten Endes die Korporationsqualität. Der Staat hatte es so in der Hand, bei der Privilegierung allen Sonderwünschen Geltung zu verschaffen, während sein diskretionäres Verbotsrecht ihm die Möglichkeit gab, auf alle nicht privilegierten Gesellschaften zu drücken. Schwierigkeiten konnten sich erst ergeben, wenn die Gesetzgebung der bereits im ALR zum Ausdruck kommenden Neigung zum Erlaß von Spezialgesetzen nachgab, die in dieses System Bresche legte, und weiterhin, wenn die gesamte Staatstheorie Erschütterungen und Umwandlungen erfuhr. Beides ist im Laufe der Jahre eingetreten; die grundsätzlichen Bestimmungen des ALR sind indessen nicht aufgehoben worden, und demgemäß in Kraft geblieben.[30] Der Rechtszustand ist

---

[27] Überschrift zu Titel II 6.

[28] Z. B. Dorfgemeinden durch die Verweisung auf II 6 in II 7 § 19.

[29] Z. B. hinsichtlich der „engeren Gemeinden", wie Nutznießergemeinden, II 7 §§ 24, 25; vgl. Gierke, Theorie S. 212, 213, wo dargestellt ist, daß trotz des nach Gesetz und Praxis ausgesprochen privatrechtlichen Charakters dieser Verbände deren deutschrechtlicher öffentlicher Korporationscharakter nicht unterdrückt werden konnte. In anderen Bundesstaaten hat man unbedenklich die Konsequenz gezogen und die Nutznießergemeinden ausgesprochen und mit voller Absicht für öffentlichrechtlich erklärt; vgl. auch mein „Ortsbürgerrecht im Großherzogtum Hessen" S. 46 ff. u. 76, sowie unten § 11.

[30] Die Gesetzgebung hat es in Anerkennung dieses Umstandes vermieden, sich auf den Unterschied der Korporation des öffentlichen und des privaten Rechts festzulegen, wie dies z. B. in Bayern und Sachsen

sonach ein wenig befriedigender. Man hielt sich in der Praxis an das Gesetz,[31] dessen Wortlaut ja feststand und das je nach der politischen Richtung interpretiert werden konnte, welchen Vorzug es dem Erlaß in vorkonstitutioneller Zeit verdankte. Der Interpretation diente trotz des Verbots im Publikationspatent vom 5. Febr. 1794 die gemeinrechtliche Theorie,[32] die ja nach Svarez' Schlußvorträgen in das Gesetz übergegangen sein sollte. Die Lehren Beselers, die sich vorübergehend theoretische Anerkennung verschafft hatten,[33] rangen sich nicht durch. Man kam über die gemeinrechtliche Vorstellung von der persona ficta als dem eigentlichen Wesen der Korporation nicht hinaus, und erachtete in dieser Schablone die Frage des Korporationsrechts als gelöst. Für Preußen gibt es so im Grunde keinen Unterschied zwischen Korporationen des öffentlichen und privaten Rechts in heutigem Sinne. Das ALR als grundlegendes Gesetz kennt diesen Unterschied nicht, ihm sind alle juristischen Personen gleichermaßen publizistische Gebilde, die nach der zur Interpretation verwandten gemeinrechtlichen Lehre kraft einer Fiktion auf dem Gebiet des Privatrechts wie natürliche Personen behandelt werden. Die gegebenen Bestimmungen reichen für die privat- wie die öffentlichrechtlichen Verbandserscheinungen aus, zumal für die wichtigsten, heute als öffentlichrechtlich geschiedenen Bildungen Sonderbestimmungen vorlagen, sei es nun im ALR,

---

geschehen ist. Man gab vielmehr Einzelbestimmungen für die jeweils zu ordnende Verbandsperson und überließ es der Praxis wie der Theorie, die sich danach ergebende Einteilung zu finden. So E. Mayer in v. Stengels Wörterbuch des deutschen Verwaltungsrechts 1 690. Es wird am Schlusse dieses Abschnitts zu zeigen sein, worin man das unterscheidende Kriterium zu finden, und worin man es gefunden hat (unten S. 131 ff.).

[31] Bornemann 1 23.

[32] Bornemann 1 23; Renaud, Recht der Aktiengesellschaften, 2. Aufl. 1875 S. 364; vgl. auch den Literaturnachweis bei Foerster-Eccius 1 28. Das RG sagt **23** 204: „Die Bestimmungen in ALR II 6 haben nicht Bezug auf das Verhältnis der Korporation zur Staatsgewalt, sondern sind ein Ergebnis des Rechtsgedankens, daß die universitas als solche, d. h. als Einheit in die Erscheinung tritt und Träger rechtlicher Beziehungen wird." Interessant ist in diesem Zusammenhang auch der bei Foerster-Eccius 1 18 abgedruckte Brief Schlossers, der bereits 1790 die Anwendung des römischen Rechts fordert.

[33] Z. B. in den früheren Auflagen des Foersterschen Lehrbuchs.

sei es in Spezialgesetzen. Und so lag auch zunächst kein Anlaß vor, einen solchen Unterschied theoretisch zu konstruieren,[34] um so weniger, als nach der gemeinrechtlichen Theorie, die man ja auf das ALR anwandte, die Korporation als Gegenstand des öffentlichen Interesses Gegenstand des öffentlichen Rechts, und damit dem Privatrecht entzogen war.[35] Es ist bezeichnend, daß alle Lehrbücher des preußischen Rechts, seien es nun solche des öffentlichen oder des Privatrechts, zwar einen Unterschied zwischen öffentlichem und privatem Recht andeuten, aber mit keinem Wort auf den heute so aktuellen Unterschied zwischen Korporationen des öffentlichen und des privaten Rechts eingehen. Allenfalls widmet man den „speziell geordneten Körperschaften des öffentlichen Rechts" enumerativ einen besonderen Abschnitt,[36] ohne indessen zu sagen, was eigentlich der besondere Charakter dieser Körperschaften ist, der sie zu allen anderen, den Korporationen des Privatrechts, in Gegensatz stellt. Als solche Körperschaften des öffentlichen Rechts werden genannt der Staat, die kommunalen Verbände (Gemeinden, Kreise, Provinzen), kirchliche Gesellschaften mit juristischer Persönlichkeit, geistliche Gesellschaften usw.

Nach der hier gegebenen Darstellung ist eine solche Scheidung verfehlt; sie ist der typische Ausdruck der romanistisch beeinflußten Auslegung des ALR. Aber noch eine Erwägung spricht gegen diese Argumentation, nämlich daß bei Abfassung des ALR kein Mensch an eine juristische Persönlichkeit des Staats im heutigen Sinne des Wortes gedacht hat oder auch nur gedacht

---

[34] So spricht auch wohl Gg. Meyer, Lehrbuch des deutschen Verwaltungsrechts 1896 2 369 die Einheit der Auffassung des landrechtlichen Korporationsbegriffs aus, allerdings in Anlehnung an seine Auffassung, daß im absoluten Staat nur jur. Personen des Privatrechts bekannt gewesen seien, weshalb ihm auch die landrechtliche Korporation privatrechtlich ist.

[35] So ist wohl die oben S. 66 Note 12 erwähnte Ansicht Bornemanns zu erklären, der das Korporationsrecht als nicht in das System des Zivilrechts fallend bezeichnet.

[36] Foerster-Eccius § 283: „Schon das ALR habe neben der Aufstellung einer allgemeinen Theorie der Korporationen eine Reihe von Körperschaften des öffentlichen Rechts als solche unter Regelung ihrer Verhältnisse ausdrücklich anerkannt."

haben kann, weil eben dieser Begriff damals noch gar nicht existierte,[37] weil man den Staat bis 1837 allenfalls als organisches Gemeinwesen oder schlechthin als Anstalt auffaßte,[38] als ein Gemeinwesen, das „über den einzelnen stehend, zunächst Zwecken gewidmet ist, die keineswegs bloß die Summe individueller Interessen, sondern ein höheres allgemeines Gesamtinteresse bilden".[39] Gleicher Natur wie der Staat sind die „Gebietskörperschaften", also die Kommunalverbände, Kreise und Gemeinden.[40] Hinsichtlich dieser gilt also das gleiche wie für den Staat, und wieder ähnliches für die wesensverwandten Kirchen- und Religionsgesellschaften,[41] mit der Maßgabe, daß die im Staat stehenden Verbände als Staatsanstalten mit eigener Rechtspersönlichkeit erscheinen. Das ALR nun gibt für alle diese „Anstalten" Vorschriften, ohne indessen hierbei hinsichtlich der juristischen Natur dieser Verbände zu unterscheiden. Der Staat genießt lediglich gewisse Vorrechte, wenn er als Fiskus in den Privatrechtsverkehr eintritt; wo aber „die hiernach festzustellende Grenze liegt, inwieweit namentlich in der Ausübung der Staatshoheit und der Verwaltung der Staatsangelegenheiten Privatrechte erwachsen, läßt sich nicht darlegen".[42] Und die Stadt- und Landgemeinden stehen, soweit für sie keine Sonderbestimmungen gegeben sind, unter den für alle Korporationen gegebenen Vorschriften in II 6 §§ 25 ff.[43] Es ergibt sich hieraus, daß das ALR diese angeblich als Korporationen des öffentlichen Rechts

---

[37] Entsprechend der Tatsache, daß der Begriff der Korporation im engeren Sinne zur Unterscheidung von der Anstalt erst seit Heise (1807) bewußt durchgeführt wurde; vgl. auch O. Mayer in der Festgabe für Laband 1 54 u. 59. Wegen der gemeinrechtlichen Theorie der vorlandrechtlichen Zeit vgl. oben S. 43 Note 12. — Daß man etwa die jur. Persönlichkeit des Staats überhaupt in Zweifel gezogen habe, kann und will ich nicht behaupten. Ich verwahre mich nur gegen die bewußte Anwendung heutiger Begriffe auf die damalige Zeit.

[38] Mayer a. a. O. S. 53 Note 2; Gierke, Theorie S. 5 Note 4.

[39] Mayer a. a. O. S. 54 Note 2 nach Albrecht in den Göttinger gelehrten Anzeigen 1837 3 1491. — Auch das BGB faßt den Staat als eine ganz besondere Art von jur. Person des öffentlichen Rechts auf, die unter kein herkömmliches Schema zu bringen ist, ebenso PrAGBGB; vgl. Crusen-Müller S. 99 Note d.

[40] Mayer a. a. O. S. 63. — [41] Gierke, Theorie S. 157.

[42] Foerster-Eccius 4 693—694. — [43] ALR II 7 § 19 und II 8 § 108.

ausdrücklich anerkannten Verbände keineswegs anders aufgefaßt hat und haben kann, wie alle andern Verbände im Staat,[44] und daß es ihnen lediglich mit Rücksicht auf ihre historisch überkommene besondere Stellung und ihre besondere Wichtigkeit für den Staat gewisse Sonder- oder Vorrechte zugebilligt hat,[45] die es allerdings rechtfertigen, ich leugne das gar nicht, diesen Verbänden bei lehrbuchmäßiger Darstellung einen besonderen Abschnitt zu widmen,[46] namentlich wenn man die spätere Ent-

---

[44] Wie man angesichts ALR II 8 § 13: „Das Bürgerrecht besteht in dem Inbegriffe aller Vorzüge und Befugnisse, die den Mitgliedern einer Stadtgemeinde vom Staat verliehen sind" dazu kommen kann, die Stadtgemeinde für wesensverschieden von jeder anderen Korporation zu erklären, ist mir nicht recht verständlich. Nach ALR ist die Stadt nichts als eine Staatsanstalt, der der Staat zur besseren Erreichung des Staatszwecks die Eigenschaft einer privilegierten Korporation beigelegt hat. Es werden daher alle Rechte und Befugnisse der Stadt auf staatliche Verleihung zurückgeführt; vgl. Gierke, Genossenschaftsrecht **1** 707 — genau wie bei jeder andern Korporation auch. Das ist doch gerade das Charakteristische des Korporationsbegriffs des absoluten Polizeistaats, daß er andere Korporationen als Staatsanstalten nicht kennt, mag man nun mit Meyer diesen einheitlichen Korporationsbegriff für privat- oder mit Verfasser für öffentlichrechtlich halten. Wesentlich ist und bleibt, daß die als öffentlichrechtlich bezeichneten Korporationen des ALR Staatsanstalten, daß sie mehr oder weniger direkt staatlich verwaltete Institute sind, deren Organe in erster Linie solche der Landesobrigkeit darstellen. Aus Zweckmäßigkeitsgründen macht der Staat diese Staatsanstalten zu Korporationen, die so sehr echte landrechtliche Korporationen sind, daß die gesamte innere Gemeindeverfassung nicht näher dargestellt, sondern dieserhalb auf die gewöhnliche Gesellschaftsverfassung verwiesen wird, II 8 §§ 108—114. Die Stadtkorporation des ALR hat nur das eine Besondere, daß sie eben staatliche Verwaltungseinrichtung ist, aber nicht qua Korporation, sondern der Staat billigt dieser Verwaltungseinrichtung Korporationsrechte zu, ähnlich wie den Schulen usw. Wie weit diese „Besonderheit" des gemeindlichen Korporationsrechts ging, ist bekannt: der Staat schickte seine alten Unteroffiziere als Bürgermeister in die Städte, von Autonomie war keine Spur, die Bevölkerung stand den öffentlichen Dingen fremd gegenüber. Eine Änderung blieb dem Steinschen Reformwerk vorbehalten. — Für Landgemeinden gilt das Gesagte in noch verstärktem Maße, die Landgemeinde des ALR ist reiner Polizeibezirk und privatrechtlich bevormundete Korporation, sie besitzt keinerlei Selbständigkeit; vgl. Gierke, Genossenschaftsrecht **1** 696.

[45] Insoweit übereinstimmend: Hubrich im ArchBürgR. **33** 35.

[46] Oder wie Hubrich a. a. O. S. 31 einleitend sich vorsichtig ausdrückt,

wickelung des Rechts der Kommunalverbände in Betracht zieht.[47] Die besondere Stellung dieser Korporationen, ihre besondere Wichtigkeit für den Staat „lassen diese Korporationen in einer näheren Verbindung mit dem Staat stehen, der an sich die Zwecke dieser Korporationen als in den weiteren Rahmen der in den §§ 2, 3 13 II kodifizierten Staatszwecke mit hineinfallend sich dachte und solcher Anschauung eine besondere offizielle Anerkennung zu geben sich entschloß".[48] Diese besondere Anerkennung kommt in einem dieser Gruppe von Korporationen eigentümlichen Privileg zum Ausdruck, nämlich der durch II 10 § 69, II 20 § 365 ausgesprochenen Eigenschaft als „mittelbarer Staatsbeamten" für die Beamten der Universitäten, Stadtgemeinden und ausdrücklich aufgenommenen Kirchengesellschaften, die durch den Wortlaut des Privilegs beliebig auf andere Korporationen ausgedehnt werden konnte, indem dieses für die Beamten der betreffenden Korporation ausdrücklich die Rechte königlicher Beamten verlieh (vgl. II 10 §§ 108, 112 ff.).[49] Daraus folgt aber noch nicht, daß damit diese Körperschaften als „öffentlichrechtlich" allen anderen gegenübergestellt seien, die dadurch zu privatrechtlichen würden, daß also „dem ALR die neuere

---

die „bei näherem Zusehen die Unterscheidung als im Gedankengang des ALR liegend" erscheinen lassen, wie dies ähnlich in vorliegender Arbeit bereits angedeutet wurde. — Bemerkt sei, daß auch Hubrich S. 38 „in gewissem Sinne" zugibt, daß sich das ALR an sich jede Korporation als eine öffentlichrechtliche Institution denke, was übrigens nichts Auffälliges sei; denn die Rechtsordnung des ALR erachte überhaupt ein erhöhtes staatliches Interesse als gegeben, wenn die staatliche Autorität nicht bloß Individuen, sondern Individuenvereinigungen, mögen sie moralische Personen vorstellen oder nicht, sich gegenübersieht. Trotz des öffentlichen Charakters jeder Korporation nehme indessen das ALR keine vollkommene Gleichstellung aller Korporationen und Gemeinen an.

[47] Es ist aber daran festzuhalten, daß diese Sonderstellung nicht der Korporation als solcher zukommt, sondern daß sie Rechte und Pflichten von Staatsanstalten darstellt, denen der Staat Korporationsrechte verliehen hat.

[48] Hubrich a. a. O. S. 35.

[49] Darüber, daß diese Stelle auch dahin verstanden worden ist, die Beamten aller Korporationen seien mittelbare Staatsbeamte, vgl. Hubrich a. a. O. S. 32 Note 15; siehe auch Gierke, Theorie S. 160 Note 1 a. E. — Über die Auslegung dieser Stellen vgl. auch die unten S. 119 Note 31 mitgeteilten Entscheidungen des OVG.

Unterscheidung zwischen den juristischen Personen des öffentlichen und des Privatrechts im Grunde wohlbekannt" gewesen sei.[50] Schon der ominöse Hinweis auf die Tatsache, daß die Unterscheidung „neuer" ist, gibt zu denken. Es geht nicht an, das ALR mit der durch die juristische Forschung der letzten hundert Jahre geschärften wissenschaftlichen Lupe daraufhin zu untersuchen, ob es erst lange nach seiner Veröffentlichung erfundene[51] oder wissenschaftlich erkannte Wahrheiten und Unterscheidungen enthält.[52] Und nun gar zu behaupten, der Staat sei im ALR als juristische Person des öffentlichen Rechts behandelt, wo sich heute die Gelehrten über die Rechtsnatur des Staats noch nicht im klaren sind,[53] geht zu weit und hat eine fatale Ähnlichkeit mit der Anwendung der rezipierten römischen Begriffe auf unsere deutschen Rechtserscheinungen. Hieran ändert auch nichts, daß der Kreis der besonders wichtigen Korporationen vom Staat beliebig vermehrt werden kann. Ebensowenig kann mich der Hinweis auf Svarez überzeugen; hier wird nur gesagt, daß die Grundsätze des jus publicum und jus civile universale ergänzend herangezogen worden sind. Diese Grundsätze machen aber den behaupteten Unterschied nicht, im Gegenteil, wir wissen, daß die Zeitanschauung lediglich auf einem Akte der Landeshoheit beruhende juristische Personen kannte,[54] aus

---

[50] Hubrich a. a. O. S. 37 unter Berufung auf Foerster-Eccius § 283. Hubrich muß aber S. 43 selbst zugeben, daß diese von ihm angeführten Gesichtspunkte nicht ausreichen, um eine Korporation als öffentlichrechtlich zu charakterisieren. — Über die Unsicherheit der Rechtsprechung und das Bedenkliche der Hubrichschen Argumentation vgl. Gierke, Theorie S. 159, 160 und die Fußnoten.

[51] Das ist wohl der Sinn der spöttischen Bemerkung Mayers in der Festgabe für Laband S. 59, daß „die deutschen Professoren den Staat ohne alle Beihilfe zur jur. Person ernannt haben".

[52] Für die Negation der Unterscheidung vgl. auch Gg. Meyer, Deutsches Verwaltungsrecht 2 368.

[53] Mayer in der Festgabe für Laband S. 46 ff.; vgl. auch oben S. 16 Note 3.

[54] Selbst Nettelbladt, der doch die Existenz der moralischen Person von der Erlaubnis des Staatsoberhaupts für unabhängig erklärt, hebt die societas publica in sensu eminenti tales und magistratus lediglich hervor. Auch für die universitates personarum und societas privata in re publica wird gemeinnütziger Zweck und Konstitution durch die Obrigkeit

dem allein ihre jura, privilegia und instructiones folgten. So sagt denn Svarez: „Übrigens finde ich auch keine Abweichungen von den in unseren Staaten bisher angenommenen und in der Praxis befolgten Grundsätzen. Es kann auch bei dem ganzen Titel um so weniger ein Bedenken obwalten, da die Vorschriften desselben vermöge §§ 26 und 40 nur dann eintreten, wenn weder die Fundationsurkunde und die vom Staat approbierten Statuten, noch die besonderen für die verschiedenen Arten von Korporationen ergangenen Gesetze Anwendung finden". Es ist hier nicht die Rede von Gesetzen, die die Verhältnisse „besonderer" Korporationen regeln, sondern von „verschiedenen" Arten von Korporationen, die gleichmäßig im Privileg, Statut und den erlassenen besonderen Gesetzen ihre Regelung finden. Also, zumal bei der Bezugnahme auf den „ganzen Titel", einheitlich ist jede Korporation der anderen gleichwert, auf alle ist gleichmäßig Titel II 6 anzuwenden, wenn nicht aus Gründen, welcher Art es auch immer sein wolle, durch lex specialis Sondervorschriften gegeben sind. Deutlicher kann doch nicht gut zum Ausdruck kommen, daß nicht juristische Wesensverschiedenheit der mannigfachen „Arten von Korporationen" den Erlaß von solchen Sonderbestimmungen veranlaßt hat, sondern einzig das mehr oder minder große Interesse, das der Staat an der Stellung der betreffenden Korporation im Staat nimmt.[55] Damit wird aber die Korporation noch nicht selbst zu einer öffentlich- bzw. privatrechtlichen; denn auch die, die unter Anwendung dieser Grundsätze zu einer solchen „des Privatrechts" würden, sind nach ALR stets und unter allen Umständen öffentlichrechtlich. Das ALR kennt eben nur juristische Personen des öffentlichen Rechts, die kraft Rechtssatzes die gleiche Rechtsfähigkeit auf dem Gebiet des Privat-

vorausgesetzt. Und gleichmäßig sind alle Arten von moralischen Personen Glieder des Staatsganzen, soweit sie einen status publicus beanspruchen.

[55] Interessant ist in diesem Zusammenhang auch der von Foerster-Eccius S. 664 Note 13 gebrachte Hinweis darauf, daß den Redaktoren des ALR der Gedanke einer jur. Persönlichkeit der Behörde (Magistrate und Gerichte in den Städten, AGO 1 2 § 103) vorgeschwebt habe. Das spricht nicht gerade dafür, daß die Stadtgemeinde als solche als eine ganz besondere jur. Person angesehen werden sollte. — Auch die an dieser Stelle abgedruckten Materialien sprechen gegen Hubrich.

rechts besitzen, und unter diesen nehmen die heute sog. juristischen Personen des öffentlichen Rechts durch eine in mancher Hinsicht stärkere Betonung ihres öffentlichen Charakters lediglich eine besondere Stellung ein.

§ 7.

Die Weiterentwickelung des landrechtlichen Korporationsbegriffes.

Die Schematisierung des Korporationsrechts durch das ALR kennzeichnet sich als ein echtes Erzeugnis des absoluten Polizeistaats. Sie mußte in praxi zu unmöglichen Ergebnissen führen; eine allgemeine Gleichheit gibt es nicht. Schon im Jahre 1790 konnte Schlosser schreiben: „Die Simplizität des Rechts ist eine Beförderung des Despotismus . . . Ein Staat, dessen Glieder alle nur nach einem Weg sehen und gehen, ist entweder ein Staat von lauter Weisen oder ein Staat von lauter Sklaven. Wo Menschen sind, wie wir, und Bürger sein sollen, da macht nicht die Simplizität der Rechte den Staat glücklich.“ Wie recht Schlosser hatte, ist bekannt: Die Theorie des Polizeistaats führte den preußischen Staat dem Zusammenbruche zu, der sich weniger auf den Schlachtfeldern von Jena und Auerstädt, als in den darauf folgenden Wochen abspielte. Die Entfremdung der Bevölkerung von der Anteilnahme am öffentlichen Leben hatte zu einer völligen Gleichgültigkeit geführt; die Bevölkerung, die noch nicht einmal in Gemeindedingen mitreden durfte, stand dem Staatswesen verständnislos gegenüber und sah den politischen Dingen ohne jede Anteilnahme zu. Das Schicksal des Staats war für sie ohne jedes Interesse. Mit dem Neuaufbau des Staats, der von einem Erwecken dieses Verständnisses ausging, mußte notwendig eine Wandlung der Stellung des Staats gegenüber den Verbandspersonen Hand in Hand gehen. Die seitherige Auffassung machte alle Verbandspersonen zu Staatsgliedern — wollte der Staat neu aufbauen, so mußte er mit dieser Auffassung brechen, die notwendig wieder den Absolutismus voraussetzt. So sehen wir denn die Staatsreform gleichzeitig unter zwei Gesichtspunkten einsetzen: dem der Dezentralisation und der Selbstverwaltung. Den ersten Schritt auf dem angebahnten Weg der Befreiung der

Kommunen von jeder Bevormundung bildet die Städteordnung vom 19. Nov. 1808, in der uns ein Korporationsbegriff entgegentritt, der die also geordnete Verbandspersönlichkeit scharf aus der allgemeinen Uniformität hervorhebt, sie innerlich mit allen anderen Korporationen des ALR in Gegensatz stellt, wenn ja auch in letzter Linie die Vorschriften in ALR II 6, vermöge deren sie allein für das Gebiet des Privatrechts Handlungsfähigkeit besaßen, für sie in Geltung blieb. Art. 68 StO bestimmt: „Sowohl innere als äußere Rechte der Stadtgemeinde werden durch Beratschlagung und Schlüsse ihrer erwählten Stadtverordneten angeordnet, es mögen diese Angelegenheiten die Stadtgemeinde als moralische Person betrachtet oder die Mitglieder derselben als solche betreffen.“ Vermöge dieser Bestimmung schied die weitgehende Mitbestimmung des Staats an den Geschicken der Stadtkorporation aus, sie war für mündig erklärt. Der Staat überließ ihr das bisher ängstlich streng behütete Stück staatlicher Verwaltung zu eigenem Recht und beschränkte sich auf ein verhältnismäßig geringfügiges Aufsichtsrecht, wie Einsichtnahme in die Rechnungen, Entscheidung von Beschwerden, Bestätigung von Statuten und Magistratswahlen. Gleichzeitig schied der Staat die Sicherheitspolizei aus dem Aufgabenkreis der Städte aus, die nunmehr als staatlich im Namen des Königs ausgeübt wird.

Hier war unzweideutig eine neue Korporationsart gebildet, die nicht mehr wie seither Staatsteil, sondern ein selbständiges Gemeinwesen im Staate ist, ausgestattet mit eigenen Hoheitsrechten, die bisher dem Staat als solchem zustanden, und auf die der Staat zu ihren Gunsten verzichtet, losgelöst von jedem Mitbestimmungsrecht des Staats, der sich darauf beschränkt, darauf zu achten, daß die der Gemeinde gewährte Selbständigkeit sich in den Grenzen der staatlichen Gesetze und des gemeinen Wohls hält. War die Gemeinde wie jede andere Korporation seither Objekt der Staatsregierung, gleichermaßen wie der Polizeistaat die einzelnen Individuen nur als Objekt behandelte, so war sie jetzt Subjekt des Staatsregiments geworden, wenn auch nur in dem durch ihre lokale Begrenzung gegebenen Umfange und Beschränkung. Das Gemeinleben der Gemeindekorporation war dadurch in ein ganz anderes Verhältnis zum Staat gesetzt, wie das aller anderen Korporationen. Mochten diese auch nach seitheriger Auffassung das staatliche Interesse in weitgehendstem Maße berühren: Die Gemeinde stand jetzt zwischen Staat und Untertan, sie war nicht mehr Verwaltungsbezirk mit gewissen obrigkeitlichen Befugnissen, sondern ihr Gemeinleben war ein Teil der Staatsverwaltung geworden, ohne daß indessen der Staat wie seither daraus die Folgerung ihrer Unselbständigkeit gezogen hätte, sondern im Gegenteil, die Unabhängigkeit der Ausübung der der Gemeinde übertragenen Staatsverwaltung wurde nach Möglichkeit sichergestellt, indem die Aufsichtsbefugnisse auf ein Minimum zurückgeschraubt wurden. Es darf angenommen werden, daß die Städteordnung das Fundament des Aufbaues sein sollte, daß beabsichtigt war, diesen besonderen Korporationstypus als Träger der staatlichen Verwaltung in immer stärkerem Maße heranzuziehen, immer zahlreicheren Korporationen diese besondere Stellung zu verleihen, die sie als spezifisch öffentlichrechtliche charakterisiert hätte. Den Aufbau sollte eine allgemeine Nationalrepräsentation krönen.

Gleichzeitig unternahmen es die Behördenorganisationsgesetze, die Entwickelung in umgekehrter Richtung, nach einer ausgesprochen privatrechtlichen Korporation hin anzubahnen. Von besonderer Wichtigkeit ist hier die Verordnung wegen verbesserter Einrichtung der Provinzial-, Polizei- und Finanzbehörden vom 26. Dez. 1808, die in § 13 generell auf die staatliche Mitbestimmung für alle Korporationen verzichtete und lediglich den Regierungen die polizeiliche Aufsicht über die Verwaltung der Korporationen vorbehielt.[1] Damit war klar zum Ausdruck gebracht,

[1] § 1 dieser Verordnung weist den Regierungen die „Oberaufsicht über alle öffentlichen Anstalten, Gesellschaften und Korporationen zu". Nach § 2 sorgt die Regierung für die Erhaltung der öffentlichen Ruhe, Sicherheit und Ordnung. § 13 läßt (nach dem Marginale) „aus dem bisherigen Ressort ausscheiden: die Kommunal-, Sozietäts- und Korporationsangelegenheiten in administrativer Hinsicht", indem er bestimmt: „Die Verwaltung der gesamten Kommunal-, Sozietäts- und Korporationsvermögen, mithin auch die der Kämmerei- usw. Kassen, ingleichen die Verwaltung der inneren Kommunal-, Sozietäts- und Korporationsangelegenheiten überlassen Wir, insofern beides bis jetzt zum Kommunalressort gehört hat, für die Folge den einzelnen Kommunen, Sozietäten, Korporationen und Stiftungen, die solches angehet, und behalten den Regierungen darüber blos die polizei-

daß der Staat auf das weitgehende Mitbestimmungsrecht gegenüber den Geschicken der Korporationen verzichten und sich auf

---

liche Aufsicht vor". Die Geschäftsinstruktion für die Regierungen in sämtlichen Provinzen vom gleichen Tage gibt in § 2 den Polizeideputationen der Regierungen die „Oberaufsicht über ... Ständische und Kommunalverfassungen, Korporationen, Gesellschaften und Verbindungen, insofern diese Gegenstände noch künftig unter Administration der Regierungen bleiben". Und die Instruktion zur Geschäftsführung der Regierungen in den Kgl. Preuß. Staaten vom 23. Okt. 1817 bestimmt in § 2 Ziff. 5, daß vor die 1. Abteilung der Regierungen gehört „das gesamte Kommunalwesen, soweit dem Staat eine Einmischung darüber vorbehalten worden; ferner die Aufsicht über alle Korporationen, Gesellschaften und Verbindungen". — Das Obertribunal hat aus diesen Bestimmungen am 9. Aug. 1841 (7 131) den Schluß gezogen, auf Grund dieser Verordnungen seien die Vorschriften in ALR II 6 §§ 25 ff., die dem Staat, d. h. den Verwaltungsbehörden, eine Einwirkung auf die inneren Verhältnisse der Korporationen gestatten, in Wegfall gekommen. Der zugrunde liegende Tatbestand war der, daß sich jemand zu Unrecht aus seinem Verein ausgeschlossen wähnte. Die von ihm angerufene Polizei verwies ihn an das Gericht, die unteren Instanzen verwiesen ihn an die Polizei. Das Obertribunal führt aus:

„Wenn hier (in der Organisationsverordnung) die polizeiliche Aufsicht über die ständische und die Gemeindeverfassung der Regierung beigelegt (§ 9), die Verwaltung der inneren Angelegenheiten der Gemeinen und Gesellschaften dagegen den Genossenschaften selbst überlassen wird (§ 13), so ist damit in Beziehung auf die Frage über die gerichtliche Kompetenz nichts Neues bestimmt worden, da auch schon vor der gedachten Verordnung den Gerichten eine polizeiliche, nur durch die Rücksichten auf das öffentliche Interesse geleitete Aufsicht nicht zugestanden hat. Die §§ 9 u. 13 a. a. O. bezeichnen somit nur diejenigen nicht richterlichen Behörden, welche jene polizeiliche Aufsicht in Zukunft ausüben sollen, wobei zugleich die Befugnisse dieser Behörden eingeschränkt werden... Diese Vorschrift (Instruktion für die Regierung) setzt nichts weiter fest, als daß die Aufsicht über Korporationen und Gesellschaften zum Ressort der Landespolizeibehörden gehört, wobei es sich von selbst versteht, daß hier nur an solche Verhältnisse gedacht sein kann, die überhaupt dem polizeilichen Ressort unterliegen. ALR II 6 § 44 dagegen handelt nicht von der allgemeinen Aufsicht der Landespolizeibehörden über die Korporationen und Gesellschaften, sondern von der Aufsicht des Staats überhaupt und von der Aufrechterhaltung der vorgeschriebenen Gesetze in dem besonderen Falle, wo über die Ausschließung eines Mitglieds aus einer Gesellschaft Streit entsteht. Dieses Ausschließungsrecht gehört aber gerade zu den **inneren** Rechten der Gesell-

ein polizeiliches Aufsichtsrecht beschränken, mit anderen Worten, abgesehen von der Mitwirkung bei der Errichtung, die Bildung von Korporationen ermöglichen wollte, die frei von dem schwerfälligen staatsanstaltlichen Charakter für den Privatrechtsverkehr geeignet seien.

So war der Weg für eine natürliche Weiterentwickelung des Korporationsrechts geebnet unter Beibehaltung der landrechtlichen Grundsätze, die ja im Grunde insgeheim den Keim der späteren Trennung in sich trugen. Indessen trat bald eine völlige Stockung, ja sogar eine Rückbildung ein: Preußen verfolgte die eingeschlagene Bahn nicht weiter, sondern kehrte im Gegensatz zu den süddeutschen Staaten zum Absolutismus zurück, der gegenüber dem vorlandrechtlichen sich durch eine vollkommene Systemlosigkeit und Unklarheit der Begriffe auszeichnete. Der leitende Gesichtspunkt war die Allmacht der Polizei.[2] Bereits

---

schaft, die die Verordnung vom 26. Dez. 1808 § 13 der polizeilichen Einwirkung entzogen hat. Die in ALR II 6 § 44 vorbehaltene Aufsicht des Staats kann deshalb und der Natur der Sache nach nur durch die Gerichte ausgeübt werden. Der Gegenstand eines Streits im Falle des § 43 muß sich notwendig darauf beschränken, ob die Ausschließung des Mitglieds nach der bestehenden Verfassung der Gesellschaft rechtsmäßig geschehen sei oder nicht. Die Entscheidung dieser Frage gehört aber recht eigentlich dem gerichtlichen Forum an. Die Polizeibehörde würde nur aus Gründen, die nicht dem Gesellschaftsrecht, sondern dem öffentlichen Recht entnommen sind, z. B. wenn durch das Betragen eines Mitglieds die allgemeine Ruhe und Ordnung gestört wäre, dessen Entfernung zu fordern befugt sein... Wo dagegen nicht eine solche Rücksicht auf das öffentliche Wohl eintritt, da erscheint es für die Polizei ganz gleichgültig, ob eine bestimmte Person Mitglied einer Gesellschaft ist oder nicht, und die Polizeibehörde kann daher auch nicht darüber entscheiden..."

Ich habe absichtlich diese Entscheidung ausführlicher zitiert, als es für die Zwecke meiner Beweisführung an sich nötig gewesen wäre, die gesperrt gedruckten Worte reichen an sich als Beleg vollkommen aus. Was das Obertribunal für die „inneren Korporationsrechte" ausführt, muß gleichermaßen für die vermögensrechtliche Stellung der Korporationen gelten, die die Verordnung ja gleichfalls der eigenen Verwaltung der Korporation überlassen hat.

[2] Wegen der Einzelheiten vgl. Wolzendorff, Grenzen der Polizeigewalt 2 27 ff.

die Organisationsgesetze von 1808—1817 lassen eine auffallende Verwischung des landrechtlichen Polizeibegriffs[3] erkennen; die Begriffe der „Hoheitssache" und der „Polizeisache" schwimmen völlig durcheinander. So konnte das Oberverwaltungsgericht[4] sagen, die Verordnung vom 13. Dez. 1808 habe in Ermangelung eines praktischen Bedürfnisses unterlassen, polizeiliche Aufsicht und Aufsicht im engeren Sinne zu trennen, die Korporationsaufsicht als Polizei- und Hoheitssache zu trennen; denn der klare Polizeibegriff des ALR wurde namentlich in der Folge vollkommen aufgegeben. Die Begriffe der Polizei und der inneren Verwaltung erscheinen jetzt in der Praxis als völlig gleichbedeutend. Die Behördenorganisationsgesetze von 1808—1817 gingen noch von dem landrechtlichen Polizeibegriff aus, wenn er auch bereits hier nicht mehr klar festgehalten war. Die spätere Zeit kannte ihn nicht mehr.[5] Bevormundung und Gesinnungsriecherei standen wieder in schönster Blüte. Von einer Weiterentwickelung des Korporationsrechts war so vorerst mit keinem Wort mehr die Rede. Aus jener Zeit stammt offensichtlich die oben S. 57 erwähnte „polizeiliche Genehmigung", die in der Theorie des landrechtlichen Korporationsbegriffes jene merkwürdige Rolle spielt. Die allmächtige Polizei — man kann jetzt auch sagen Verwaltung — kümmerte sich einfach nicht um die gesetzliche Regelung. Ihr war die polizeiliche Aufsicht gleichbedeutend mit der besonderen Aufsicht zur Erreichung des Korporationszwecks, vermöge deren alles angeordnet werden konnte und wurde, was man wollte, zumal der Rechtsweg gegen solche polizeiliche An-

[3] Vgl. oben S. 50 u. 57. — Rosin, Begriff der Polizei S. 76 ff., versucht darzulegen, in diesen Verordnungen sei der landrechtliche Polizeibegriff vollständig und überhaupt aufgegeben. Zuzugeben ist, daß Rosin die Praxis für sich hat, daß man eine Wohlfahrtspolizei mit Zwangsgewalt anerkannte, Polizei und innere Verwaltung identifizierte.

[4] 17 418.

[5] Jener Satz des OVG ist insofern allerdings nicht zutreffend. Erst die spätere Zeit geriet in die Begriffsverwirrung hinein. Indessen der Grundgedanke ist bereits in den Behördenorganisationsgesetzen der Jahre 1808—1817 nicht mehr streng festgehalten, so daß der heutige Betrachter vielleicht nicht ganz falsch urteilt, wenn er die sich in der Folge ergebende Gleichstellung, die das praktische Bedürfnis einer Unterscheidung verneint, bereits als Prinzip in den Organisationsgesetzen sieht.

ordnungen verschlossen war. Der dehnbare Begriff des Gemeinwohls führte zu den unglaublichsten Schikanen.[6] Der landrechtliche staatsanstaltliche Korporationsbegriff als einzige Form der privaten Rechtsfähigkeit war so in schlimmster Form wieder hergestellt. Eine Weiterführung der 1808 angebahnten, bereits

---

[6] Bezeichnend ist der Tatbestand der oben S. 83 Note 1 mitgeteilten Entscheidung des Obertribunals. Zeitlich nach ihr liegt das Gesetz vom 1. März 1850 über die Verhütung eines die gesetzliche Freiheit und Ordnung gefährdenden Mißbrauchs des Versammlungs- und Vereinsrechts mit seinen weitgehenden Rechten der Polizei gegenüber Vereinen und Korporationen. Es ist bekannt, in welcher geradezu unglaublichen Weise den Genossenschaften Schulze-Delitzschs das Leben erschwert wurde. Ganze Bände reden die Sätze aus dem KommB. des Abgeordnetenhauses zum Gesetz von 1861 über die Erweiterung des Rechtswegs (Bd. 4 der Drucks. Nr. 154 S. 18): „Es könne nicht zugestanden werden, daß im Aufsichtsrecht der Regierung die Befugnis liege, lokale Abgaben und Beiträge neu anzuordnen oder zu verteilen" und „ob nicht der Entwurf durch eine Erweiterung des Rechtswegs auf das Aufsichtsrecht über öffentliche Korporationen ausgedehnt werden könne, das einer durchgreifenden Revision bedürfe". — Der Gesetzesrevisor gibt dieser Stellungnahme gegen die Korporation dadurch Ausdruck, daß er in Pensum **12** 95 fordert, „alle öffentlichen Gesellschaften und Anstalten der besonderen Aufsicht des Staatsoberhaupts zu unterwerfen". — Dem erwähnten KommB. des Abgeordnetenhauses, als dessen Verfasser kein geringerer als Gneist zeichnet, entnehme ich folgende Kritik des Begriffes des Staats- oder „Gemeinwohls": „Es war derselbe Wille des Landesherrn, der nach Zurückdrängung der alten Stände die Gesetze gab und der zugleich durch die Militär-, Finanz-, Polizei- und Kirchenhoheit das neuere Staatswesen begründete. Es waren wesentlich dieselben obersten Staatsbehörden und Beamten, die den Landesherrn als Gesetzgeber berieten und die einzelnen Hoheitsakte ausübten. Es verwischte sich dadurch der Gegensatz von Gesetz und Anordnung. Die Bescheide der oberen Behörden erschienen auf diesem Gebiete wie eine stetige lebendige Deklaration des Allerhöchsten Willens. Die dadurch bewirkte Neubildung eines öffentlichen Rechts geriet namentlich seit dem 18. Jahrhundert dermaßen in Fluß, daß die Vorstellung entstand, es handle sich bei Ausübung der Staatshoheitsrechte nur um Rücksichten des „Staatswohls" oder der Nützlichkeit, *nicht um Gesetzmäßigkeit*, d. h. Stetigkeit und Gleichmäßigkeit der Anwendung. Während im parlamentarischen System die Gesetzmäßigkeit, das „Verwalten nach Rechtsgrundsätzen", der erste Gesichtspunkt seit Jahrhunderten, ja sogar ein Teil des alten Krönungseids wurde, erschien nun im neueren deutschen Staatsrecht gerade die Nichtbeschränkung durch Gerichtsspruch als wesentliches Merkmal des Staatshoheitsrechts".

im ALR selbst liegenden Entwickelung einer echten Korporation im engeren Sinne erachtete man für unnötig, ja sogar für gefährlich. Das landrechtliche Konzessionssystem bot die beste Handhabe gegen jeden Versuch einer freiheitlicheren Regung. Selbst die durch die wirtschaftlichen Verhältnisse unbedingt erforderte Weiterbildung des Rechts wurde in diese Formen gepreßt: Die staatliche Genehmigung als „Privileg"[7] fiel selbst für Handelsgesellschaften erst durch Reichsgesetz. Einzig verstand man sich zu einer freieren Auffassung, die das Erfordernis des „fortdauernden gemeinnützigen" Zwecks weitgehend interpretierte, und so auch wissenschaftliche, gesellige und sonstige Vereine mit juristischer Persönlichkeit ausstattete. Das war allerdings keine Besonderheit gerade dieser Epoche. Bereits im ALR selbst liegt die Möglichkeit begründet, auch ohne diesen Zweck auf dem Wege der Privilegierung schlechthin juristische Persönlichkeit zu verleihen.[8] Mag man nun der Zeitauffassung zugute halten, daß sie infolge der Allmacht der Verwaltung diese Tendenz stärker hervortreten ließ, oder mag man daran festhalten, daß die Verwaltung hier nur den Gedanken des ALR fortführte: es läßt sich nicht verkennen, daß der gemeinrechtlichen[9] Möglichkeit der Unterscheidung zwischen öffentlichen und privatrechtlichen juristischen Personen so der Weg geebnet war, zumal der wirtschaftlichen Forderung eines nicht in die starren landrechtlichen Formen gekleideten Korporationsrechts immer stärkere Konzessionen gemacht wurden. Andererseits fällt in jene Zeit eine Weiterbildung des Rechts auf der Seite der Staatsorganisation, also des öffentlichen Rechts, wenn auch nicht in dem in der StO von 1808 angebahnten Sinne.[10]

Es ist ein eigentümlich verschwommenes Bild, das sich dem

---

[7] Daß und wie lange man die staatliche Genehmigung der Aktiengesellschaften als echtes landrechtliches Privileg, also als Ausnahme von der sonst geltenden Regel, daß Personenvereinigungen keine selbständige jur. Persönlichkeit besitzen, auffaßte, ergibt sich unzweideutig aus den Verhandlungen des Abgeordnetenhauses aus Anlaß des EGHGB; vgl. StenB. 1861, AnlBd. 3 Aktenstück 149 S. 1125.

[8] Vgl. oben S. 60 Note 33.

[9] Das gemeine Recht diente ja der Auslegung des ALR; vgl. oben S. 73.

[10] Vgl. oben S. 81 und unten S. 106 ff.

heutigen Betrachter bietet: Die Grundlage allen Korporationsrechts bildet das ALR II 6 §§ 25 ff. Dessen öffentlichrechtlicher staatsanstaltlicher Typus mit korporativer Verfassung ist festgehalten; andere als staatlich genehmigte Körperschaften gibt es nicht. Diese staatliche Genehmigung wird aber auch ausgesprochen privaten Zwecken dienenden Vereinigungen erteilt, insbesondere auf Grund von Spezialgesetzen solchen mit Erwerbszwecken. Andererseits ist die Stadtkorporation der StO von 1808 vollkommen aus dem System herausgehoben, und hieran ist, trotz der mehrfachen Umformungen und Rückbildungen, die die StO durchmachen mußte, festgehalten. Die nicht minder wichtige Dorfgemeinde ist aber vom Standpunkt des Staats aus nichts als ein staatlicher Verwaltungsbezirk mit Korporationsrecht im landrechtlichen Sinn. Daneben stehen eine ganze Anzahl von Organisationen des öffentlichen Rechts, die unbestritten juristische Persönlichkeit besitzen. Es ist nicht weiter verwunderlich, daß die herrschende romanistische Theorie sehr bald als begriffsverwandtes Moment aller dieser Gebilde lediglich die private Rechts- und Handlungsfähigkeit bestimmte. Wir dürfen unbedenklich in jene Zeit der unklaren Begriffe die Ausreifung der Gleichung setzen, daß Besitz der Korporationsrechte und private Rechtspersönlichkeit identisch seien,[11] von der, wie Anschütz berichtet, auch bei der Beratung der Preuß. Verfassung ausgegangen worden sein soll.[12] Es wäre außerordentlich inter-

[11] Einen hübschen Beleg finde ich bei v. Rönne, Staatsrecht, 3. Aufl., 1870 1b 214, wo von der „Verleihung der Korporationsrechte an Aktiengesellschaften" die Rede ist: „durch landesherrliche Konzession erlangt die Gesellschaft die Eigenschaft einer jur. Person und korporative Rechte". Das soll für die Aktiengesellschaft des allgemeinen deutschen HGB gelten!

[12] Anschütz, Preußische Verfassungsurkunde 1 243 u. 535; vgl. auch oben S. 70 Note 24. — Ich sage ausdrücklich „soll". Denn so zweifelsfrei, wie Anschütz diese Behauptung aufstellt, ist sie doch nicht. Z. B. ergibt sich aus den Verhandlungen über Art. 13 der Verfassungsurkunde (Anschütz S. 236), daß man mit der Verleihung der Korporationsrechte an Religions- und geistliche Gesellschaften „nur die Erteilung der bürgerlichen Rechte einer moralischen Person und Korporation" gemeint hat. Daß man sich über ein Weiteres nicht unterhielt, ist selbstverständlich, wenn die Kultusverhältnisse der betr. Gesellschaft ausscheiden sollten, nachdem Art. 12 der Verfassungsurkunde den Standpunkt des Staats zu gemäß Art. 30, 31 der Verfassungsurkunde frei zusammentreten-

essant, daß man damals die Begriffe der „Korporation" und der „juristischen Person" in Gegensatz gestellt hätte, indem man unter ersterem den weitergehenden Begriff und unter juristischer Person nur den der Korporation im engeren Sinne verstand. Es bewiese das eine weitere Begriffsverwirrung, denn die „moralische Person" des ALR ist an sich weniger als seine „Korporation" (vgl. oben S. 61), aber die Rechte einer moralischen Person verlieh gerade das ALR gewissen ausgesprochenen Anstalten, nicht juristischen Personen im engeren Sinne. Der Abg. Parisius traf 1875 schon eher das Richtige, wenn er den Begriff der römischen juristischen Person und der landrechtlichen Korporation gleichstellte.[13] Noch unklarer wurden die Begriffe, als die Gesetzgebung dazu überging, nicht mehr Korporationsrechte oder Rechte einer juristischen Person zuzubilligen, sondern die juristische Persönlichkeit zu umschreiben. Man kam so dazu, die also umschriebene Rechtsfähigkeit auf dem Gebiet des Privatrechts als deutschrechtlich den römischrechtlichen „Korporationsrechten" gegenüberzustellen, denen stets etwas Öffentliches anhaften sollte. Unbewußt wurde man so den Verhältnissen gerechter, als man es sich wohl dachte: die im ALR als Korporationsrechte zusammengefaßte Rechtspersönlichkeit hat stets öffentlichrecht-

---

den Religionsgesellschaften dahin präzisiert hatte, daß er sie als solche anerkenne und garantiere. Die öffentliche Seite jeder Religionsgesellschaft war damit klargestellt, von Staats wegen „kann jeder nach seiner Fasson selig werden". Es blieb somit nur die Frage zu regeln, inwieweit Religionsgesellschaften in vermögensrechtlicher Hinsicht genügende Bewegungsfreiheit erlangen sollten. Und da der Weg der Privilegierung, also der „Verleihung der Korporationsrechte", der andernfalls allein gangbar war, für unzweckmäßig erachtet wurde, bestimmte man einfach, daß hier nicht ein Verwaltungsakt genügen sollte, sondern verlangte zur Erreichung desselben Effektes stets ein Gesetz. Es liegt hier demnach ein Fall vor, in dem die Anerkennung der Tendenz und der Zwecke einer Vereinigung deren öffentlichrechtliche Seite so vollkommen erschöpfte, daß als Inhalt der Korporationsrechte die reine private Rechtsfähigkeit übrigblieb. — Zugeben muß ich allerdings, daß bei der herrschenden und auch noch später nachweisbaren Unklarheit die Anstellung solch feiner juristischer Erwägungen bei der Beratung der Verfassungsurkunde als höchst unwahrscheinlich anzusehen ist. — Über die heutige Bedeutung der Verfassungsurkunde für das Korporationsrecht vgl. unten S. 156 ff.

[13] Vgl. oben S. 70 Note 24.

lichen Charakter, wenn auch die Praxis die diesen Charakter ausmachenden Vorschriften im einzelnen nicht immer oder nicht mehr angewandt haben mag.

Indessen lassen sich doch in dieser Zeit der unklaren Begriffe[14] einige leitende Gesichtspunkte herausfinden, die in vorstehender Skizze bereits gestreift sind; so das Streben nach der Ausbildung einer echten Korporation im engeren Sinne, die nicht mehr lediglich korporative Anstalt war; sodann die Bildung von ausgesprochen privaten Zwecken dienenden Korporationen, von Gesellschaften zu Erwerbs- und zu Unterhaltungszwecken,[15] an deren Vorhandensein und Sozialrecht der Staat kein weiteres

[14] Es ist für den heutigen Betrachter keine leichte Aufgabe, nach der Verdunkelung durch die spätere Praxis den ursprünglichen landrechtlichen Gedanken herauszufinden. Die vorhandene Literatur leidet durchaus unter der Beeinflussung durch die Praxis. Es ist erfreulich, in den unten S. 171 zit. Landtagsverhandlungen die alten landrechtlichen Begriffe in voller Klarheit wiederzufinden.

[15] Eine Zeitlang spielte hier der Notbehelf der sog. „kleinen Korporationsrechte" eine große Rolle, worunter man „lediglich die Erteilung der Rechte der jur. Persönlichkeit zum Zwecke der Erwerbung von Vermögensrechten (insbesondere Grundeigentum) für die Gesellschaft" verstand. Das wäre denn also eine ausgesprochen private jur. Persönlichkeit, gegen deren Statthaftigkeit v. Rönne, 3. Aufl., 1b 178 Note 1, 212 Note 4 polemisiert. Zu Unrecht. Denn das Privileg kann die Rechte der privilegierten Gesellschaft beliebig ordnen. Eine andere Frage ist, ob die Ausstattung mit also beschränkten Rechten die privilegierte Gesellschaft als „Korporation" erscheinen läßt. Verfolgt sie einen fortdauernd gemeinnützigen Zweck, so wird dem nichts im Wege stehen; vgl. oben S. 60. Mit dieser Maßgabe hat der Abgeordnete Laue recht, wenn er (StenB. 1860 1 340) ausführte: „. . . Wohl aber kann man von vollen und beschränkten Korporationsrechten sprechen, denn es ist klar, daß, wenn das Gesetz einer Gesellschaft Korporationsrechte verleiht, das Gesetz imstande ist, denselben gewisse Beschränkungen hinzuzufügen." Bedenklich aber ist es, wenn er sagte: „Die Bezeichnung ‚Korporationsrechte' bedeutet weiter gar nichts als die Rechte einer jur. Person. Wird die Gesellschaft zur jur. Person erhoben, so wird sie damit zu einer Korporation, und jeder Unterschied zwischen einer Korporation und einer Gesellschaft, die die Rechte einer jur. Person hat, ist völlig unhaltbar." Vgl. hierzu auch oben S. 70 Note 24. — Daß die verwaltungsmäßige „Verleihung der kleinen Korporationsrechte" an geistliche Gesellschaften eine glatte Umgehung des Art. 13 der Verfassungsurkunde war, ist ohne weiteres klar; vgl. hierzu v. Rönne a. a. O.

Interesse nimmt, als vom sicherheitspolizeilichen Standpunkt aus, und schließlich die Ausbildung einer ausgesprochen öffentlichrechtlichen Verwaltungskorporation nach dem Vorbilde der StO von 1808. Die Entwickelung ging auf dem Gebiete des Privatwie dem des öffentlichen Rechts gleichmäßig vor sich; allerdings war die Scheidung dadurch außerordentlich erschwert, daß der polizeiliche Gesichtspunkt auf dem Gebiet des Privatrechts immer wieder hervorgekehrt wurde und sogar beinahe in das BGB von Preußen hineingebracht worden wäre.[16] Ein klassischer Beleg ist die Begründung des Erfordernisses der Staatsgenehmigung für Aktiengesellschaften, daß mit Rücksicht auf die beschränkte Haftung der Aktionäre eine Garantie für die Sicherstellung der Gläubiger der Gesellschaft geboten werden müsse. Daneben wird die ausgesprochen polizeiliche Prüfung genannt, ob nicht etwa „unerlaubte Nebenzwecke" vorliegen. Ähnlich stellte sich die Regierung zu den Erwerbs- und Wirtschaftsgenossenschaften.[17] Bei dieser fortgesetzten Betonung der überwiegend öffentlichrechtlichen Gesichtspunkte stand die Ausbildung ausgesprochen privatrechtlicher Korporationen vor fast unüberwindlichen Schwierigkeiten. Dazu kommen die ganz unklaren Vorstellungen, die alle bei der Gesetzgebung beteiligten Faktoren beherrschten; die gemeinrechtliche Doktrin mit ihrer Interessenabwägung feierte so Triumphe: der Unterschied schien gegeben durch die Verschiedenheit der Zwecke, denen die Korporation jeweils zu dienen bestimmt war. Den naheliegenden Ausgangspunkt bildet das ALR, dessen Korporation einen öffentlichen Zweck voraussetzt, und so selbst schlechthin öffentlich war. Wir sahen, daß so das Korporationsrecht überhaupt aus dem Privatrecht ausgemerzt wurde.[18] Die ausgesprochen privaten Erwerbs- und sonstigen Zwecken dienende Korporation mußte

[16] Vgl. unten S. 104 Note 35.

[17] Die Kommission des Abgeordnetenhauses sagt hierzu sehr hübsch: „Die Erfahrung lehrt, zu welch einschränkenden und selbst fremdartigen Erwägungen eine derartige Konzessionsbefugnis der Behörden führt; die polizeiliche Gutgesinntheit und ein vermeintliches höheres Interesse bilden oft den jeder Kritik entzogenen Grund der Entscheidung"; vgl. StenB. 1866/67 AnlBd. 1 245.

[18] So von Bornemann, vgl. oben S. 66 Note 12.

so notwendig privatrechtlich sein; und da hier nur in einigen gesetzlich genau fixierten Fällen die juristische Persönlichkeit zugebilligt wurde, war die Systematik höchst einfach. Es ist bezeichnend, daß noch Dernburg in der ersten Auflage des „Preuß. Privatrechts" (1875), offenbar in der Absicht, jede Festlegung nach gemeinrechtlichen Gesichtspunkten zu vermeiden, in § 51 „die einzelnen juristischen Personen" aufzählt,[19] denen „als besondere Arten" entgegengestellt werden in § 57 „der Staat als juristische Person" und in § 58 die „juristischen Personen zum Zwecke des Geschäftsbetriebs". Und für diese letzteren wird dann S. 104 betont, daß sie „als eigene juristische Personen, als Privatkorporationen behandelt werden müssen". Nach Lage der Gesetzgebung war diese Einteilung korrekt. Gesetzlich waren die „Zwecke"[20] der Verbandsperson betont[21] und für die Einteilung somit verwertbar. Wir haben nunmehr im folgenden zunächst diese Stellungnahme nach Maßgabe der Zwecke zu verfolgen, und zwar zunächst nach der Richtung der Ausbildung einer ausgesprochen privatrechtlichen juristischen Person.[22]

---

[19] Hier werden die öffentlichrechtlichen Korporationen ohne besondere Unterscheidung aufgezählt, S. 86, so Gemeinden, Kreise, Provinzen usw. — Es scheint fast, als ob Dernburg hier unter der Auffassung stehe, daß Korporation und jur. Persönlichkeit auf dem Gebiet des Privatrechts identisch seien.

[20] Insoweit ist es also richtig, wenn Schepp, Das öffentliche Recht des BGB S. 7 sagt, daß die Auffassung des ALR als maßgebend für die Begriffsbestimmung nicht mehr angesehen werden könne, „daß vielmehr nach der neuen Gesetzgebung der Zweck der Korporation entscheidend sei".

[21] Ja selbst für die Entscheidung der Frage, ob reine Vertragsgesellschaft nach I 17 oder erlaubte Gesellschaft nach II 6 vorliege, sollten diese Zwecke entscheiden; vgl. oben S. 53.

[22] Ich habe absichtlich die weitere Verwirrung infolge der verschiedenen Gebietserweiterungen nicht erwähnt, vermöge deren das ALR nicht mehr gemeines Recht für Preußen war. In manchen Gegenden galt das französische Recht, das außer den Handelsgesellschaften keinerlei jur. Personen kannte, und in anderen das gemeine Recht, das, einerlei, worin nun hier tatsächlich der Unterschied gefunden werden mag, jedenfalls die Unterscheidung zwischen öffentlichen und privatrechtlichen Korporationen kennt. Es darf hier bemerkt werden, daß die von diesen neuen Gebieten aus erfolgende Rechtseinwirkung der Scheidung in öffentliche und privatrechtliche Korporationen auch in Altpreußen nur förderlich war. — Ebenso bin ich nicht auf den Streit über das Wesen der Selbstverwaltung ein-

§ 8.

Die juristische Person zum Zwecke des Geschäftsbetriebs.

Das ALR traf, wie wir sahen, eine Reihe von Verbandspersönlichkeiten aus früherer Zeit an, die nicht recht in sein System paßten, Erscheinungen, die, wie Dernburg[1] anschaulich für die Aktiengesellschaften[2] sagt, außerhalb des Rechts standen. Diese Korporationen bildeten den Ausgangspunkt für die Entwicklung der juristischen Person zum Zwecke des Geschäftsbetriebs.

Über diese alten Aktiengesellschaften wird berichtet, daß ihre Rechts- und Handlungsfähigkeit auf einem „Oktroi" beruhte, einem königl. Freiheitsbrief, durch den die von der Anwendung des allgemeinen Rechts verwilligten Ausnahmen zugebilligt waren. Jedes Oktroi war ein Privileg im engeren Sinne, das ihre öffentlichen Befugnisse und Pflichten regelte, sich auch über die privatrechtlichen Verhältnisse verbreitete, denen besondere Wichtigkeit beigelegt wurde. Die inneren Angelegenheiten der Gesellschaft überließ man der Regelung durch das Statut, das der Staatsgenehmigung nicht unterlag. Als vereinzelte Unternehmungen — das öffentliche Interesse stand im Vordergrund, nicht das private Erwerbsinteresse — waren sie auf Monopole und sonstige

---

gegangen, der ebenfalls nicht gerade zur Klärung der Begriffe beigetragen hat, indem auch hier politische und juristische Gesichtspunkte durcheinanderschwammen; vgl. Bornhak, Preußisches Staatsrecht, 2. Aufl., 2 109 ff. Auf die Bedeutung der Selbstverwaltung für die Ausbildung der öffentlichrechtlichen Korporation ist noch zurückzukommen: vgl. unten S. 106 ff.

[1] Preußisches Privatrecht, 1. Aufl. 1 104.

[2] Das ALR hat an den Rechtsverhältnissen der vorgefundenen moralischen Personen nichts geändert; vgl. z. B. die oben S. 43 Note 12 erwähnte Entscheidung des Obertribunals 41 191. Theorie und Praxis wußten allerdings nicht viel mit den aus vorlandrechtlicher Zeit stammenden Gesellschaften anzufangen. Aktiengesellschaften z. B. reihte man in das System ein und behandelte sie bald als privilegierte Gesellschaft oder auch als Korporation; vgl. Lehmann, Recht der Aktiengesellschaften S. 77 Note 2, wobei man sich vermutlich auf ALR Einleitung §§ 2 u. 21 stützte; vgl. hierzu Koch, Kommentar Note 5 zu Einl. § 2.

Vergünstigungen angewiesen.[3] Für Preußen liegt eine eingehende Darstellung der Rechtsverhältnisse solcher älterer Aktiengesellschaften vor in der Schrift von Ring, Die Asiatischen Handelskompagnien Friedrichs d. Gr., auf die sich die folgende kurze Darstellung stützt.

Ist es auch zweifellos zu weitgehend, wenn Ring behauptet, die öffentliche und die private Ordnung der Kompagnien komme deutlich geschieden in den mitgeteilten Oktrois zum Ausdruck, so muß ihm doch dahin recht gegeben werden, daß die Vorahnung unseres heutigen Aktienrechts teilweise überraschend ist. Auf Einzelheiten kann ich hier nicht eingehen, dieserhalb sei auf die Zusammenstellung bei Ring S. 230—247 verwiesen. Uns interessiert hier vor allem die vollkommene Loslösung der Handelskompagnien von allem staatlichen Recht, die sie zu einem Staat im Staat macht, „soweit die Sachen in ihr Negoce einschlagen". Das Recht, Staatsverträge mit indischen Fürsten abzuschließen, wird zugebilligt und zugesichert, daß der König die Kompagnie in seine Staatsverträge einschließen wird. Die Kompagnie ist niemandem Rechenschaft zu geben schuldig, als der allgemeinen Versammlung der Interessenten; demgemäß kann sie nur vor dem König selbst verklagt werden. Sie regelt ihre gesamten Verhältnisse selbst durch Statut, sie stellt ihre Beamten selbst an sowie ihre Direktoren, sie hat „ohne einige Appellation an die Landesregierung" das Recht, interne Streitigkeiten selbst zu entscheiden, und schließlich steht ihr sogar die Jurisdiktion über die „Offizianten und Subalternen" zu. Zwar behält sich der König die „Approbation" der Direktoren und Hauptoffizianten sowie der Statuten und Reglements vor. In praxi lag indessen das Schwergewicht auch bei diesen Vorgängen bei der Kompagnie, die ja auch durchaus selbständig war und sich wenig an diese Einschränkung gekehrt zu haben scheint.[4]

---

[3] Vgl. Primker in Endemanns Handbuch des Handelsrechts S. 487, ferner Handwörterbuch für Staatswissenschaften, 3. Aufl., Artikel: Aktiengesellschaften; Thöl, Handelsrecht 1879 1 420 ff.; Gierke, Genossenschaftsrecht 1 1003 ff.; Lehmann, Lehrbuch des Handelsrechts, 2. Aufl., 1912 S. 379.

[4] Vgl. z. B. Ring S. 122: „Nicht minder hervorzuheben ist die stillschweigende Aufhebung der ...Normen über die jährliche Bilanz..." —

Die Kompagnie erscheint somit nach damaliger Auffassung als ein unzweifelhaft öffentlichrechtliches Gebilde, entsprechend der Tatsache, daß sie ihr Dasein ausschließlich dem allgemeinen Interesse des Landes an ihrem Bestehen verdankt. Wesentlich ist für uns, daß so ein Gesellschaftsrecht geschaffen wurde, das losgelöst von dem sonst geltenden staatlichen Recht Geltung beanspruchte. Wir finden, daß ein öffentliches Interesse dazu führt, ein kapitalistisches Gebilde zu schaffen, daß so durch den Anreiz privaten Erwerbs dem öffentlichen Interesse gedient wird, und daß der Weg dahin führt, dieses private Erwerbsinstitut von allem sonst geltenden Recht loszulösen, es als ein Gebilde für sich zu behandeln, dem zweifellos juristische Persönlichkeit zusteht. An dieser Auffassung hielt man auch nach Erlaß des ALR fest, trotz der tatsächlich bereits unter Friedrich dem Großen in starkem Maß hervorgetretenen Tendenz des Übergangs der Initiative und der Gestaltgebung in kommerziellen und industriellen Dingen auf die kapitalistischen Kreise selbst.[5] Diese Loslösung vom allgemeinen Recht, die Sonderstellung der Aktienvereine, die im System nicht unterzubringen waren, oder doch nur mit Schwierigkeiten, drängte dahin, sobald diese Erscheinung häufiger wurde, ihnen in Anlehnung an die Vorschriften des Code de Commerce eine generelle Regelung zu geben, erstmalig für Eisenbahngesellschaften im Eisenbahngesetz vom 3. Nov. 1838, sodann allgemein durch das Aktiengesetz vom 9. Nov. 1843. Das seitherige System der Begründung durch lex specialis wurde zwar aufgegeben, doch

Es will mir überhaupt scheinen, als ob dieser Vorbehalt zugunsten des Königs mehr eine inhaltlose Deklaration enthielte. Denn z. B. in dem Oktroi der Asiatischen Komp. de 8. Juli 1751 ist unter 5 u. 6 ausdrücklich die absolute Freiheit der Kompagnie ausgesprochen, und unter 23 ist nur gesagt: „zu deren mehreren Befestigung“ sei der Kompagnie unbenommen, die Kgl. Approbation einzuholen. Damit deckt sich denn auch das Verhalten der Kompagnie.

[5] Gierke, Genossenschaftsrecht 1 1003 Note 93. — Allerdings ist zu beachten, daß für die von Gierke genannte Rheinisch-Westindische Kompagnie von 1821 der in Rheinpreußen geltende Code de Commerce vorbildlich und grundlegend war; vgl. auch Renaud, Recht der Aktiengesellschaften, 2. Aufl., 1875 S. 41. — Auf die „Seehandlungsgesellschaft“ gehe ich hier nicht weiter ein, da sie stets ein reines Staatsinstitut war; vgl. Gierke, Genossenschaftsrecht 1 1002 Note 92.

ist das Vorbild der Korporation des ALR unverkennbar: Die Aktiengesellschaft entsteht (§ 1) und erlangt juristische Persönlichkeit (§ 8) nur „durch die landesherrliche Genehmigung", ihre Entstehung wird im Amtsblatt bekanntgemacht (§ 3), jede Änderung des Gesellschaftsvertrags bedarf der landesherrlichen Genehmigung[6] (§ 4), die „Konzession" kann aus überwiegenden Gründen des Gemeinwohls gegen Entschädigung zurückgenommen werden (§ 6), ohne Entschädigung wird das „Privileg" bei grobem Mißbrauch durch Richterspruch zurückgenommen (§ 7). Neu ist, und hierin kommt, abgesehen von der in der Sache selbst liegenden überwiegenden Bedeutung des (autonomen) Statuts[7] das Vorbild der alten Handelskompagnien zum Ausdruck, daß die Aktiengesellschaft nicht mehr, wie z. B. noch die Gemeinden in den Gemeindeordnungen der 50er Jahre, als Korporation bezeichnet und somit in das System des ALR einbezogen wird, sondern daß ihr die Eigenschaft einer juristischen Person zusteht,[8] insbesondere das Recht, Grundstücke und Kapitalien auf ihren Namen zu erwerben und in das Hypothekenbuch eintragen zu lassen.

Damit war in das System des ALR Bresche gelegt, das neben den aus Gründen der Staatsnotwendigkeit als Korporation anerkannten Verbänden der Gemeinde usw. nur öffentlichrechtliche, vom Staat aus Gründen des gemeinen Wohls als solche genehmigte juristische Personen kannte. Es war die seither durch lex specialis im Einzelfall vorkommende Ausnahme[9] für eine ganze Kategorie von korporativ gestalteten[10] Vereinen zur Regel erhoben, daß sie unabhängig von den Vorschriften des ALR

---

[6] Der Gesellschaftsvertrag (Statut) ist nach § 1 zu bestätigen; die Änderung ist zu genehmigen. Ich glaube, daß hier nur ein Unterschied im Ausdruck vorliegt. In der Sache selbst wollte man wohl kaum unterscheiden.

[7] Über dessen Bedeutung für die Erkenntnis des korporativen Charakters der Aktiengesellschaft vgl. Gierke, Genossenschaftsrecht 1 1010.

[8] Das Eisenbahngesetz von 1838 sagt noch in § 3, daß die Gesellschaft „mittels der Bestätigung des Statuts die Rechte einer Compagnie oder einer anonymen Gesellschaft" erlange.

[9] Die überdies als „Privileg" unter ALR II 6 § 25 ff. fallen mochte, vgl. oben Note 2.

[10] Gierke, Genossenschaftsrecht 1 1006.

juristische Persönlichkeit[11] besitzen können, als deren Hauptinhalt das Recht des selbständigen Vermögenserwerbs und die Beschränkung der Schuldenhaftung auf das Vereinsvermögen[12] erscheint, also gerade des für die Korporation des ALR im Privatrechtsverkehr wichtigsten Rechts. Und diese juristische Persönlichkeit sollten die Aktiengesellschaften besitzen ohne Rücksicht oder gerade trotz des Fehlens eines dauernden, gemeinnützigen Zwecks,[13] so daß sie sich also, wie Dernburg[14] hervorhebt, in diesem Punkte wesentlich von der landrechtlichen Korporation unterscheiden. Der Regierung mag dieses Zugeständnis leicht geworden sein: praktisch trat ja in den Hauptpunkten keine Änderung des seitherigen Rechtszustands ein, auch Aktiengesellschaften bedurften nach wie vor der landesherrlichen Genehmigung zu ihrer Entstehung und Verfassung, die ohne Angabe von Gründen verweigert werden konnte; und war sie erst nach den Wünschen des Staats errichtet und aufgebaut, so konnte hieran nichts geändert werden, ohne wiederum den Landesherrn anzugehen. Um so schwerer wiegt die Nachgabe der Anerkennung der Aktiengesellschaften als juristischer Personen außerhalb des ALR, als juristische Personen mit — vielleicht oder meist vorüber-

[11] Daß die Aktiengesellschaft wahre jur. Person sei, ist heute unbestritten; vgl. Gierke, Genossenschaftsrecht 1 1006 Note 108 und Renaud a. a. O. S. 151 ff. Vgl. aber unten Note 15.

[12] Das Aktiengesetz von 1843 bringt diese Beschränkung zum Ausdruck, indem es in § 16 „den Aktionär für seine Person nicht in das Verhältnis eines Schuldners zu den Gläubigern der Gesellschaft treten" läßt. — Das ALR drückt den gleichen Gedanken in II 6 § 94 dahin aus: „Das Privatvermögen der Mitglieder haftet nur alsdann, wenn sich dieselben dazu ausdrücklich anheischig gemacht haben."

[13] Ganz scheidet allerdings dieser Gesichtspunkt doch nicht aus; vgl. den oben erwähnten § 6 des Gesetzes.

[14] Preußisches Privatrecht, 1. Aufl. 1 105. — Ich schließe mich mit Dernburg der Sache nach insoweit also der Rechtsprechung an, die solche „Privatkorporationen" als eine von der Korporation des ALR durchaus verschiedene Rechtsbildung behandelt; vgl. Gierke, Theorie S. 99 Note 2. Gegen diese Auffassung wenden sich Gierke, Theorie S. 99, und Rosin in GruchotsBeitr. 27 121 ff., für welche Auffassung auch die oben S. 87 Note 7 angeführten Landtagsverhandlungen sprechen. Formell ist allerdings das landrechtliche System festgehalten; vgl. auch oben S. 89 u. 70.

gehenden — ausgesprochen privaten Erwerbszwecken.[15] Hieran änderte auch das 1861 für Preußen publizierte Allgemeine deutsche Handelsgesetzbuch nichts,[16] das für die Aktiengesellschaften an der Staatsgenehmigung festhielt.[17] Der Grundgedanke, daß es Korporationen zu privaten Zwecken gibt, war nicht aufgegeben, im Gegenteil, das HGB kannte eine Anzahl von Gesellschaftsformen, deren im einzelnen aufgezählten Rechte und Pflichten sie einer juristischen Person mindestens stark annäherten,[18] so die nach ALR unter die Erwerbsgesellschaft nach I 17 fallende offene Handelsgesellschaft, die Kommandite und die Kommanditaktiengesellschaft. Fehlte es zwar an einer Bestimmung, die der Aktiengesellschaft ausdrücklich juristische Persönlichkeit zubilligte, so ist es doch nie zweifelhaft gewesen, daß die Aktiengesellschaft sie bei der ausgesprochen selbständigen Vermögenssphäre bei der gleichzeitigen Beschränkung der Schuldenhaftung auf das Vereinsvermögen besitze. Es kommt hinzu, daß der preußische Entwurf in das HGB übergegangen ist, allerdings mit der Maßgabe, daß an Stelle der „landesherrlichen“ die „staat-

[15] Über die Schwierigkeit der konstruktiven Erklärung der Aktiengesellschaft durch die Anwendung der gemeinrechtlichen Gesellschaftslehren vgl. Gierke, Genossenschaftsrecht 1 1007.

[16] Das HGB galt nach Art. 5 u. 207 an sich nur für die sich als Handelsgesellschaft qualifizierende Aktiengesellschaft. Andere, also namentlich gemeinnützige oder gesellige Aktiengesellschaften, unterstanden in Preußen dem Gesetz von 1843, ebenso gewerbliche, z. B. für den An- und Verkauf von Gütern. Hinsichtlich dieser Gesellschaften erging dann das G. vom 15. Febr. 1864, das das Gesetz von 1843 auch „in bezug auf diejenigen Aktiengesellschaften, bei welchen der Gegenstand des Unternehmens nicht in Handelsgeschäften besteht,“ aufhob und die fraglichen Gesellschaften mit einigen Modifikationen gleichfalls dem HGB unterstellte.

[17] Genehmigt wird nach Art. 209 HGB nicht die Gesellschaft, sondern der Vertrag, wie nach Art. 214 jede Änderung desselben. — Für die Kommanditgesellschaft auf Aktien hat Art. 10 PrEGHGB vom 24. Juni 1861 das Erfordernis der Staatsgenehmigung fallen gelassen.

[18] Die offene Handelsgesellschaft kann unter ihrer Firma Rechte erwerben und Verbindlichkeiten eingehen, Eigentum und Rechte an Grundstücken erwerben, und besitzt Parteifähigkeit. Ihre jur. Persönlichkeit ist unvollkommen, denn es besteht persönliche Schuldenhaftung (Art. 111, 112, 113). Die Kommandite kommt der jur. Person schon näher, indem eine Haftungsbeschränkung wenigstens bei den Kommanditisten eintritt (Art. 150).

liche" Genehmigung getreten ist,[19] und daß dieser preußische Entwurf auf dem Gesetz von 1843 beruhte,[20] das wieder in § 8 ausdrücklich die Aktiengesellschaft als juristische Person anerkennt.

Auf dieser Bahn folgt das Allgemeine Berggesetz vom 24. Juni 1865 für die Gewerkschaft, nachdem noch im Gesetz vom 12. Mai 1851 diese Gesellschaftsform als reines Vertragsverhältnis behandelt worden war,[21] das nur soweit es sich um den eigentlichen Grubenbetrieb und die damit unmittelbar zusammenhängenden Angelegenheiten handelte, den Charakter einer über das bloße Miteigentumsverhältnis[22] hinausgehenden Gewerbegesellschaft annimmt, deren korporative Natur jedenfalls beschränkt ist. Das Allgemeine Berggesetz beseitigt zunächst die Vorschrift des ALR II 16 § 292, die die Praxis dahin ausgelegt hatte, daß der einzelne Gewerke persönlich hafte,[23] und billigt der Gewerkschaft zur Förderung des ausgesprochen privatwirtschaftlichen Zwecks des Bergwerksbetriebs,[24] also wie bei der Aktiengesellschaft zu privaten Erwerbszwecken, alle wesentlichen Attribute der juristischen Persönlichkeit zu, nämlich das Recht des Erwerbs von dinglichen Rechten, der Gerichtsstandschaft, der selbständigen Eingehung von Verbindlichkeiten, für die nur das Gesellschaftsvermögen haftet. Auch wird besonders hervorgehoben, daß durch

---

[19] Das PrEG sagt in Art. 12 § 1 aber, daß unter dieser „staatlichen" die „landesherrliche" Genehmigung zu verstehen sei. Auch hat sich Preußen das Recht der Zurücknahme der Genehmigung ausdrücklich vorbehalten (Art. 12 § 4 u. 5).

[20] Renaud S. 47, Motive zum Entw. des Gesetzes von 1864, StenB. des Abgeordnetenhauses 3 16.

[21] Erwähnt sei hierzu die durch dieses Gesetz geschaffene Einrichtung des „Repräsentanten" oder Grubenvorstands, und dessen an den Vorstand einer Korporation erinnernder Geschäftskreis, wo auch stillschweigend vorausgesetzt wird, daß die Gewerkschaft vor Gericht auftreten kann, § 18 Ziff. 5.

[22] Die alte Gewerkschaft war Erwerbsgesellschaft nach ALR I 17; vgl. Brassert, Bergordnung 1846 S. 150 ff.

[23] Vgl. die im KommB. des Abgeordnetenhauses (Drucks. 1865 7 1228) mitgeteilten Erkenntnisse.

[24] „D. h. das Geschäft, Mineralien zu gewinnen, für den Verkauf geeignet zu machen und zu verkaufen", Drucks. des Abgeordnetenhauses 1865 7 1227.

das Ausscheiden einzelner Gesellschafter die Gewerkschaft nicht aufgelöst wird. Und da nicht mehr ausdrücklich die Rechte einer juristischen Person verliehen werden, sondern die der Gewerkschaft zustehenden Rechte der freier Initiative entsprungenen Vereinigung als solcher zustehen, konnte auf die „Staats"genehmigung verzichtet werden, die nach § 94 AllgBergG. zu einer „Bestätigung" des Statuts durch das Oberbergamt geworden ist.[25] So war der vollkommen private Charakter dieser zweifellos juristische Persönlichkeit besitzenden Vereinigung[26] anerkannt.

So war neben die ausschließlich öffentlichrechtliche juristische Person des ALR eine Anzahl von Körperschaften getreten, die sich von jener insbesondere durch ihren auf privaten Erwerb oder sonstige private Angelegenheiten gerichteten Zweck unterschieden. Aber noch immer blieb es dabei, daß diese ausgesprochenermaßen auf den Privatrechtsverkehr zugeschnittenen juristischen Personen wie die alte landrechtliche Korporation nur durch rechtsetzenden Verwaltungsakt entstanden: ohne diskretionär zu erteilende staatliche Genehmigung bzw. Bestätigung waren auch Aktiengesellschaft und Gewerkschaft nur unvollkommene juristische Personen, vielleicht sogar nur reine Vertragsverhältnisse. Eine Änderung brachte hier die gesetzliche Regelung einer Gesellschaftsform, die offensichtlich bei der Beratung des Allgemeinen deutschen Handelsgesetzbuches übersehen worden war, obwohl gerade in jene Zeit ihre wirtschaftliche Entfaltung fällt: der Erwerbs- und Wirtschaftsgenossenschaft. Mit zäher Beharrlichkeit setzte Schulze-Delitzsch ihre gesetzliche Anerkennung durch; politische Willkür hatte den neuen Bildungen das Lebenslicht ausblasen wollen. Die Gerichte nahmen sie dagegen in Schutz[27] und stellten sie, was ihren Geschäftsbetrieb

[25] Diese Bestätigung ist unverzichtbar, weil sie auf öffentlichem Recht beruht; vgl. v. Rönne, Ergänzungen 4 539 Note 2d γ. Die Bestätigung kann ohne Angabe von Gründen verweigert werden. Es fehlt an einer Bestimmung, die, wie in § 169 AllgBergG. für das Statut einer Knappschaft, die Versagung der Bestätigung nur für den Fall des „Zuwiderlaufens gegen gesetzliche Bestimmungen" vorsieht.

[26] Vgl. den Literaturnachweis bei v. Rönne, Ergänzungen 4 540 Note 1a zu § 96 AllgBergG.; abw. Koch, 4. Aufl., Note 22 zu § 96 AllgBergG.

[27] Vgl. wegen der Einzelheiten den KommB. des Abgeordnetenhauses 1866/67, Aktenstück 55, AnlBd. 1 241 ff.

anlangt, unter die Vorschriften in ALR I 17.[28] Nach außen traten sie in der Form von Vereinen auf. Nachdem Schulze im Jahre 1863 dem Abgeordnetenhause einen Gesetzentwurf vorgelegt hatte, der bis zur Kommissionsberatung gediehen war, legte Anfang 1866 die Regierung einen Entwurf vor, der die Beschlüsse dieser Kommission in sich aufgenommen haben sollte und im übrigen davon ausging, daß die „anerkannte" Genossenschaft als selbständiges Rechtssubjekt durch Konzession seitens des Oberpräsidenten entstehe. Gleichermaßen wie die Aktiengesellschaft sollte sie einen anstaltlichen Charakter besitzen und wie diese aus polizeilichen Gründen ev. gerichtlich aufgelöst werden können. Die Vorlage kam nur bis an das Herrenhaus; nach dem Kriege legte Schulze dem Abgeordnetenhause einen neuen Entwurf vor (Aktenstück 25), der diesen anstaltlichen Charakter ganz beseitigen und nach dem Vorbild der offenen Handels- und Kommanditgesellschaft eine „eingetragene" Genossenschaft schaffen wollte. Über den Entwurf liegt ein Kommissionsbericht vor, das oben Note 27 zitierte Aktenstück 55, der gleichzeitig die Regierungsvorlage vom Frühjahr 1866 berücksichtigte, indessen sich durchgehends auf den Standpunkt des freien Schulzeschen Entwurfs stellte. Nunmehr legte die Regierung ihrerseits nochmals ihren bereits von der Kommission des Abgeordnetenhauses begutachteten und verworfenen Entwurf vor, der trotz des Ergebnisses der Kommissionsberatung an der Staatsgenehmigung und dem anstaltlichen Charakter der Genossenschaft festhielt. In der Kommission des Abgeordnetenhauses kam schließlich ein Kompromiß dahin zustande, daß die „nach Ermessen" zu erteilende Konzessionierung[29] fortfiel, wogegen die gerichtliche Auflösung aus polizeilichen Gründen in das Gesetz aufgenommen wurde. Die Eintragung in das öffentliche Genossenschaftsregister genügt nunmehr zur Entstehung der „eingetragenen Genossenschaft", die keine Privilegien verlangt, sondern nur Einreihung ins Handelssystem, deren Weg in der Endentwicklung nicht zur Gestaltung von Korporationen

---

[28] Vgl. z. B. Obertribunal **60** 160, Zeitschrift für Handelsrecht **22** 400 usw.

[29] StenB. des Abgeordnetenhauses 1866/67 **2** 1203 (von Schulze zit. Regierungserklärung aus der Kommissionsberatung).

im Sinne des öffentlichen Rechts führt, die in dem Boden des Privatrechts wurzelt und nur eine Anerkennung der juristischen Einheit durch „privatrechtliche Spezialgesetze“ wollte.[30] Das Gesetz, das schon in der Überschrift, „betr. die privatrechtliche Stellung der Erwerbs- und Wirtschaftsgenossenschaften“, die rein privatrechtliche Natur der Genossenschaft zum Ausdruck bringt, datiert vom 27. März 1867, um dann[31] am 4. Juli 1868 zum Bundesgesetz für den Norddeutschen Bund zu werden.

Die weitere Emanzipation des Gesellschaftsrechts von dem polizeilichen Gesichtspunkt des „Gemeinwohls“, unter dem letzten Endes das Konzessionssystem steht, war dem Reichsrecht vorbehalten, das zunächst durch das Gesetz vom 11. Juni 1870 die Aktiengesellschaft und dann durch das Gesetz vom 20. April 1892 die Gesellschaft mit beschränkter Haftung bei Einhaltung gewisser Normativbestimmungen und Eintragung in ein öffentliches Register — also wie bei der eingetragenen Genossenschaft — mit voller juristischer Persönlichkeit zur Entstehung gelangen ließ. Den Abschluß bildet hier § 21 BGB.

Der letzte Rest anstaltlicher Persönlichkeit war damit gefallen. Die juristische Person entsteht zwar erst durch den rechtsbegründenden Verwaltungsakt der Eintragung, und insofern bleibt ihr immer ein Rest öffentlichrechtlichen Charakters anhaften. Indessen entsteht sie nunmehr ausschließlich kraft eigenen Willens — sie kann die Eintragung gegebenenfalls erzwingen. Ist es so der eigene Wille der Gesellschaft, der ihr soziales Leben beherrscht und schafft, der sie zur wahrhaften juristischen Person im engeren Sinne macht, so liegt gleichzeitig in diesem Verzicht des Staats auf jedes Mitbestimmungsrecht gegenüber diesen private Zwecke verfolgenden Korporationen ihre Anerkennung als echter privatrechtlicher Gebilde. Das staatliche Interesse an ihrem Sozialrecht hat sich auf ein sicherheitspolizeiliches Aufsichtsrecht beschränkt, die besondere Staatsaufsicht, unter denen diese handelsrechtlichen Korporationen stehen, ist nicht mehr

---

[30] StenB. des Abgeordnetenhauses 1866/67 AnlBd. 2 242.

[31] Mit einigen Änderungen, die hier nicht interessieren. — Es sei an dieser Stelle bemerkt, daß mitunter der Charakter der eingetragenen Genossenschaft als echter jur. Person mit Rücksicht auf die subsidiäre persönliche Haftung der Mitglieder bezweifelt wird.

vom Gesichtspunkt des gemeinen Wohls beherrscht,[32] sondern dem der Einhaltung gewisser, genau umschriebener gesetzlicher Auflagen.

Preußen hat diese reichsrechtlich vorgezeichnete Entwickelung nicht weiter durchgeführt. Das spezifisch preußische Privatrecht hat, nachdem das Genossenschaftsgesetz 1868 Bundesgesetz geworden war, keine ausgesprochen privatrechtliche juristische Persönlichkeit mehr geschaffen, außer in den freien Wassergenossenschaften des Gesetzes vom 1. April 1879.[33] Im übrigen blieb es bei den landrechtlichen Bestimmungen, die allerdings in ihrer ursprünglichen Bedeutung nicht mehr angewandt wurden. Die Unterscheidung der Begriffe Korporation und juristische Person war fallen gelassen, die Praxis verlieh „Korporationsrechte", wo nur die private Rechts- und Handlungsfähigkeit gemeint war, die umschriebene juristische Persönlichkeit der Erwerbsgesellschaften wurde nach landrechtlicher Terminologie ausgelegt, und stillschweigende Verleihung der Korporationsrechte genannt.[34] Immerhin war durch die Anwendung der gemeinrechtlichen Doktrin eine Fortführung der im Gedankenkreise des ALR bereits liegenden Scheidung in juristische Personen des öffentlichen und des Privatrechts ermöglicht. Es gibt jetzt neben der echten landrechtlichen Korporation echte juristische Personen im engeren Sinne, die keinen fortdauernden gemeinnützigen Zweck verfolgen. Als deren Vorläufer haben wir die privilegierte Gesellschaft kennen gelernt, der die Rechte einer juristischen Person verliehen sind, und diese war es wohl, die die Praxis im Auge hatte, wenn sie selbst Vereinen mit allerprivatesten Zwecken, wie Ressourcen und Schützenvereinen, „Korporationsrechte" verlieh, wobei allerdings die polizeilichen

---

[32] Hierbei dürfen allerdings nicht die §§ 81 u. 149 GenG. übersehen werden.

[33] Das den Abschluß der Entwickelung bildet und daher erst am Schlusse dieses Abschnitts vorliegender Arbeit betrachtet werden soll; vgl. unten S. 131 ff. — Bemerkt sei hier, daß ich auf die Versicherungsgesellschaften um deswillen nicht eingehe, weil hier stets eine Genehmigung erforderlich geblieben ist; vgl. ROHG **17** 85 ff.

[34] Vgl. z. B. Obertribunal bei Striethorst **41** 191, sowie oben S. 69 Note 20.

Gesichtspunkte des „Gemeinwohls" und der „Wohlgesinntheit" eine große Rolle spielten.[35] Vielleicht war es auch nur eine entgegenkommende Praxis, die die Erlangung der Rechtsfähigkeit dieser Vereine ermöglichte. Zu betonen ist jedoch, daß diese Praxis stets im System des ALR blieb, wenn sie auch vielleicht von falschen Voraussetzungen ausging und jedenfalls falsche Bezeichnungen wählte. Indessen kann zugegeben werden, daß so durch die Praxis die Bezeichnung „Korporationsrechte" zur Umschreibung der privaten Rechtsfähigkeit schlechthin geworden ist.[36] Nachdem dann bei den juristischen Personen zum Zwecke des Geschäftsbetriebs eine ausgesprochene private juristische Persönlichkeit durchgebildet war, die äußerlich durch ihre privaten Zwecke, innerlich jedoch dadurch gekennzeichnet ist, daß der Staat an ihrer Existenz und an ihrem Gemeinleben kein weiteres Interesse nimmt, als an den in ihr zusammengefaßten Individuen, die er deshalb mit keinen besonderen öffentlichen Rechten und Pflichten ausstattet: so lag es nahe, die auf Grund des ALR unter gleichen Gesichtspunkten errichteten juristischen Personen gleichermaßen als solche des Privatrechts anzusprechen. Denn dadurch, daß heute ein privaten Zwecken dienender Verein, dessen Dasein und Tätigkeit nach heutiger Auffassung dem Staat völlig gleichgültig sind, nach der Auffassung des ALR einer Reihe von Vorschriften unterworfen wird, die sonst nur für Korporationen

[35] Vgl. oben S. 91. Der Vertreter der preußischen Regierung drückte diesen Gedanken der 2. Kommission für das BGB (Mugdan 1 599) gegenüber dahin aus: „Das in Preußen herrschende Konzessionssystem gewähre der Staatsgewalt die Möglichkeit, auch einem Verein, der nicht direkt verboten, aber das Gemeinwohl schädigende Tendenzen verfolge, die nachgesuchte Verleihung der jur. Persönlichkeit zu versagen. Auf der anderen Seite lege dieses System der freien Entwicklung loyaler Vereine auch auf dem privatrechtlichen Gebiet kein Hindernis in den Weg. Man beschränke sich darauf, zu verlangen, daß die Tendenz des Vereins mit dem Gemeinwohl verträglich sei, daß seine Vermögenslage seine Lebensfähigkeit garantiere und daß inhaltlich ein ministerielles Musterstatut eingehalten (!!) werde; würde diesen Bedingungen genügt, so werde regelmäßig (!!) die nachgesuchte Verleihung gewährt."

[36] Vgl. hierzu auch oben S. 70 Note 24. Zu beachten bleibt, worauf schon hingewiesen wurde, daß trotzdem der landrechtlichen jur. Person stets etwas Öffentlichrechtliches immanent bleibt; vgl. auch unten S. 129 Note 11.

des öffentlichen Rechts gelten, wird der Verein selbst noch kein öffentlichrechtlicher,[37] zumal der Staat auf einen großen Teil dieser Vorschriften Verzicht geleistet hat und im Einzelfall das Privileg die Rechtsverhältnisse der Korporation nach den Umständen des jeweiligen Falles festsetzt. Man wird, nachdem einmal die im ALR verkörperte Auffassung aufgegeben ist, unbedenklich die an Hand der sonstigen Gesetzgebung gewonnene Begriffsbestimmung der Privatkorporation auch auf die Korporationen anwenden dürfen, die ihr Dasein staatlicher Verleihung verdanken. Und zwar wird man folgerecht sagen dürfen, daß diese Begriffsbestimmung auch auf die heute noch bestehenden Korporationen angewandt werden darf, die in der Zeit entstanden sind, als der staatsanstaltliche Typus der alten landrechtlichen Korporation der einzig mögliche und die staatsrechtliche Auffassung der damaligen Zeit beherrschende war. Denn die Auffassungen von Staat und Recht wechseln mit den Zeiten. Gewiß sind die aus landrechtlicher Zeit stammenden Korporationen öffentlichrechtlich — aber nur im Sinne des damaligen Staatsrechts, der damaligen Auffassung. Die Anschauungen des Gesetzgebers und der Praxis haben seitdem gewechselt: Nicht mehr jede juristische Person ist notwendig öffentlichrechtlich, sondern nur noch ganz bestimmte, und liegen diese besonderen Voraussetzungen nicht vor, so muß eine aus damaliger Zeit stammende Korporation heute als privatrechtlich angesprochen werden, auch wenn sie nicht durch ausdrücklichen Rechtssatz dieses besonderen antiquiert öffentlichrechtlichen Charakters entkleidet ist.[38] Als ausgesprochen öffentlichrechtlich bleibt dann nur neben speziell geordneten die juristische Person übrig, bei deren Entrichtung dieser antiquiert öffentlichrechtliche Charakter modernisiert wurde, wozu die Freiheit der Krone in der Gestaltung der Rechtsverhältnisse der Korporation die Handhabe bietet. Im Einzelfalle wird aber die ausdrücklich ausgesprochene Einhaltung des landrechtlichen Schemas dieser Modernisierung hinlänglich Rech-

---

[37] Gierke, Deutsches Privatrecht 1 620 Note 21.

[38] So dürfte es wohl keinem Zweifel unterliegen, daß die Freimaurermutterlogen heute als privatrechtliche Gebilde anzusprechen sind, so daß sie also, sofern nicht ihr Statut entgegenstehende Bestimmungen enthält, dem BGB unterstehen, Art. 55, 163 EGBGB.

nung tragen; es steht nichts im Wege, daß der heutige Staat eine öffentlichrechtliche Korporation mit den im ALR umschriebenen Rechten und Pflichten ins Leben ruft.

§ 9.
Die öffentlichrechtliche Korporation.

Das preußische Staatsrecht hat diese auf privatrechtlichem Gebiet liegende Entwickelung von der Korporation zum Zwecke des Geschäftsbetriebs zur Korporation des Privatrechts in umgekehrter Richtung bestätigt, indem es einen ganz besonderen, ausgesprochen öffentlichrechtlichen Korporationstypus entwickelte. Den Ausgangspunkt bildet hier die bereits im ALR hervorgetretene Tendenz der besonderen Behandlung der für den Staat besonders wichtigen Korporationen, wie Gemeinden, Kirchengesellschaften usw. Hier knüpfte das Steinsche Reformwerk an. Es wurde bereits darauf hingewiesen, daß die Städteordnung von 1808 die Unterlage des neuen Staatsaufbaues bildet. Ein neuer Korporationstypus tritt uns hier in der Stadtgemeinde entgegen: Der Staat verzichtet zugunsten der Stadtkorporation auf die Ausübung einer Anzahl von ihm gegenüber den in ihr zusammengefaßten Individuen zustehenden Hoheitsrechte und überläßt deren Ausübung der Korporation selbst, der zu diesem Zwecke Selbstverwaltung unter der Aufsicht und nach den Gesetzen des Staats zugebilligt wird. Blieb es ja auch nicht bei dieser weitgehenden Selbständigkeit der Stadtgemeinde, erfuhr sie noch manche Rückbildung,[1] so war damit doch der Weg vorgezeichnet, den der Staat in der Folgezeit in immer stärkerem Maße wählte, um die zentralistische Verwaltungstätigkeit des absoluten Staats zu dezentralisieren. Der Gedanke der Selbstverwaltung wurde von dem Staat immer stärker zur Erfüllung an sich dem Staat obliegender Verwaltungsaufgaben benutzt, selbst gemeinsame Interessen mehrerer Beteiligter, die auf privatem Weg nicht zu-

---

[1] Das Recht der Gemeinden soll nach dem Plane dieser Arbeit nicht weiter verfolgt werden. Es sei deshalb nur andeutungsweise darauf hingewiesen, daß gerade auf diesem Gebiete der Staat in weitem Maße auf das Mitbestimmungsrecht gegenüber den Schlüssen der Korporation verzichtet hat; vgl. auch Gierke, Theorie S. 668.

einander gefunden hätten, wurden auf diesem Weg durch Vermittelung des Staats im Gesamtinteresse des allgemeinen nationalen Wohls gefördert. Aber stets sind es letzten Endes Aufgaben des Staats, deren Lösung angestrebt wird, gegebenenfalls durch ausdrückliche Einbeziehung in den Aufgabenkreis, den sich der Staat gesetzt hat. So blieb es nicht dabei, daß der besondere Korporationstypus der StO von 1808 auf die notwendige Teile des Staatsorganismus bildenden Kreise und Provinzen beschränkt blieb, sondern man gelangte sogar dazu, eigene Korporationen zur Erfüllung ihnen besonders übertragener Verwaltungsaufgaben ins Leben zu rufen, die zum Zwecke der Erfüllung der ihnen übertragenen staatlichen — also öffentlichen — Aufgaben mit gewissen Rechten öffentlicher Natur ausgestattet wurden und so, um mit Hinschius[2] zu reden, dadurch selbst öffentlichrechtlich werden, auch wenn ihr Wirkungskreis nur sehr beschränkt ist.[3]

---

[2] Staat und Kirche in Marquardsens Handbuch 1887 S. 253.

[3] Foerster-Eccius rechnen S. 706 ff. unter die öffentlichrechtlichen Korporationen alle diejenigen, bei denen „das öffentliche Interesse Zwecke, die nur durch Vereinigung mehrerer Personen zu erreichen sind, als solche anerkennt, für die unter Umständen eine zwangsweise Bildung von Genossenschaften mit rechtlicher Persönlichkeit einzutreten habe". Das ist nur insoweit richtig, als es das öffentliche Recht ist — oder vielmehr das, was wir heute öffentliches Recht nennen —, das zur Bildung oder zur Anerkennung dieser Genossenschaften als selbständiger Rechtsgebilde die Veranlassung gegeben hat. Damit brauchen diese Korporationen selbst noch nicht öffentlichrechtlich zu sein. Haftet schon jeder jur. Person etwas mehr oder weniger Öffentlichrechtliches an, so ist es weiter wohl denkbar, daß das öffentliche Recht eines Staats einen Verwaltungszweig völlig preisgibt und ihn der privaten Initiative überläßt, ja sogar den Weg vorzeichnet, auf dem das Ziel zu erreichen ist. Damit wird die Materie selbst aber noch nicht öffentlichrechtlich, so wenig wie die zur Erreichung des Ziels gegründeten Assoziationen öffentlichrechtlich sind. Ein Beispiel bieten die Innungen vor der GewO.-Novelle von 1871, deren privater Charakter zweifellos ist, obwohl auch sie letzten Endes ihre Existenz auf das öffentliche Recht zurückführen. Bei anderen Gebilden sehen wir, daß sie das öffentliche Recht ins Leben ruft, daß sie aber heute zweifellos nicht mehr ohne weiteres öffentlichrechtlich sind oder zu sein brauchen, wofür wir ein Beispiel in der landrechtlichen Korporation fanden. Maßgebend ist nicht, ob die betreffende Korporation ihre Entstehung oder Anerkennung dem öffentlichen Recht verdankt, sondern ob sie oder doch ihr Gemeindeleben dem öffentlichen Recht des betreffenden Staats untersteht, ob sie

Diese Rechte öffentlicher Natur gewinnen jetzt als Indiz für eben die öffentlichrechtliche Natur der jeweiligen Korporation eine besondere Bedeutung, zumal nachdem eine Verwaltungsgerichtsbarkeit oder doch eine Rechtsprechung auf dem Gebiet des öffentlichen Rechts eingerichtet[4] worden war. Die durch die Behördenorganisationsgesetze von 1808—1817 angebahnte Eman-

oder ihr Sozialrecht selbst ein Stück öffentliches Recht darstellt, und diese Frage läßt sich eben nicht allgemein beantworten, sondern nur von Fall zu Fall an Hand der historischen Entwickelung und der gesamten Rechtslage. Gerade bei den Genossenschaften zur Förderung der Landeskultur muß man sehr vorsichtig sein; sie entspringen durchgängig Verwaltungserwägungen, lassen sich also auf öffentliches Recht zurückführen. Der Staat kann sich aber in recht verschiedener Weise der Assoziation bedienen, er kann sie als private Gebilde mit öffentlichen Rechten ausstatten, er kann private Assoziationen unterstützen oder sich an solchen beteiligen, oder er kann sie ganz frei schalten lassen. Abgesehen von letzterem Falle stehen sie in mehr oder minder starkem Zusammenhange mit der staatlichen Verwaltung, ja sogar in letzterem Falle ist ein solcher Zusammenhang denkbar; sie sind daher im Verwaltungsrecht mit darzustellen oder doch zu erwähnen. Zweifellos öffentlichrechtlich ist aber nur die Korporation, die als staatliches Gebilde existiert, selbst die Ausstattung mit gewissen öffentlichen Rechten braucht noch nicht diesen Charakter zu geben. — Auch gegenüber Crome, der 1 232 als unterscheidendes Kriterium die Entstehung durch das öffentliche oder das private Recht bezeichnet, ist dieser Vorbehalt zu machen; vgl. auch oben S. 23 Note 17.

[4] Ursprünglich entscheiden die Verwaltungsbehörden selbständig ohne jede gerichtliche Nachprüfung, was Verwaltungssache sei. Denn im allgemeinen gilt der Grundsatz, daß die Zivilgerichte nur für solche Rechtsstreitigkeiten zuständig sind, deren Gegenstand ein privatrechtliches Verhältnis ist; vgl. auch v. Stengel, Preußisches Staatsrecht S. 179. Es konnte so jede Sache der gerichtlichen Nachprüfung entzogen werden. Eine gewisse Abhilfe traf die Einrichtung des Gerichtshofs für Kompetenzkonflikte durch das Gesetz vom 8. April 1847, ferner das Gesetz über die Erweiterung des Rechtswegs vom 24. Mai 1861, und schließlich die Einrichtung einer Verwaltungsgerichtsbarkeit durch das Gesetz über die allgemeine Landesverwaltung, und das Zuständigkeitsgesetz vom 31. Juli und 1. Aug. 1883. — In gewisser Hinsicht ist hier das Gesetz vom 11. Mai 1842 von Interesse, das Beschwerden über „polizeiliche" Verfügungen auf den Weg der Dienstbeschwerde verwies und den Rechtsweg nur dann zuließ, wenn die Verletzung eines zum Privateigentum gehörenden Gesetzes behauptet wurde. Das Gesetz über die Polizeiverwaltung vom 11. März 1850 hat hieran nichts geändert. Eine Vorlage 1861, die eine Erweiterung des Rechtswegs auch auf diesem Gebiete vorsah, wurde nicht Gesetz.

zipation der Korporation vom Staat, vom öffentlichen Recht, mußte zu einer ausgesprochen privatrechtlichen Korporation führen und zur Anerkennung einer von dieser unterschiedenen Korporation des öffentlichen Rechts; geblieben ist der im ALR vorgezeichnete Weg, auf dem auch die private Korporation Rechtsfähigkeit erlangt. Bleibt somit der privaten Korporation stets etwas Öffentlichrechtliches immanent, so darf doch aus dieser Vereinheitlichung die Richtigkeit des von Gierke[5] aufgestellten Satzes gefolgert werden, daß im Zweifel jede Korporation als privatrechtlich anzusprechen ist, wenn sich nicht aus der Verleihungsurkunde oder dem Statut ein anderes ergibt. Denn das Staatsrecht hat im Laufe des Jahrhunderts in immer stärkerem Maße einzelne Korporationen mit gewissen Hoheitsrechten ausgestattet, deren Besitz sie gegenüber den sonstigen Korporationen auffällig gekennzeichnet hat. So treten Korporationen mit Zwangsmitgliedschaft auf, die vom Staat zur Erfüllung bestimmter staatlicher Aufgaben ins Leben gerufen sind, deren Verwaltung nach öffentlichrechtlichen Grundsätzen geführt und beaufsichtigt wird, deren Streitigkeiten namentlich in Ansehung der Mitgliederbeiträge vor Verwaltungsbehörden oder -gerichten ausgetragen werden, die mit Rechten und Pflichten ausgestattet sind, die der Staat als Ausfluß einer besonderen öffentlichrechtlichen Stellung betrachtet, die dem Staat zur Erfüllung ihrer besonderen Aufgaben oder Berufe verpflichtet und deshalb einer besonderen Staatsaufsicht unterworfen sind, sei es, daß dieses Aufsichtsrecht als förmliche Mitwirkung im Leben der Korporation erscheint, oder nur als Veto gegenüber den Beschlüssen derselben, die so wie die alte landrechtliche Korporation als Teile des Staatsorganismus erscheinen und hinsichtlich deren das ALR nur insofern maßgeblich bleibt, als dessen Vorschriften subsidiär eintreten. Nach dem Maße der Aufgaben, deren Lösung der sich modernisierende Staat anstrebte, wuchs dieser Ausbau des öffentlichen Korporationsrechts; wie auf dem Gebiet des Privatrechts die wirtschaftliche Entwickelung die Anerkennung eines neuen Korporationscharakters erforderte, so war es der Ausbau der Staatsorganisation, der auf dem Gebiete des öffentlichen Rechts sich

[5] Theorie S. 162 Note 4.

des Assoziationswesens zur Lösung staatlicher Aufgaben bediente, die sonst nicht zu finden war. Man knüpfte hierbei vielfach an überkommene deutschrechtliche Gebilde an, die meist aus örtlichem Bedürfnis unter stillschweigender Duldung der Obrigkeit ein außerhalb der Rechtsordnung stehendes Dasein gefristet hatten, die alten Genossenschaften. Ähnlich benutzte die Staatsorganisation nach Aufgabe der ursprünglichen Steinschen Pläne die bestehenden oder zu neuem Leben erweckten alten ständischen Vertretungen.

Es liegt nicht im Plane dieser Arbeit, alle Stadien dieser Entwickelung in ihren Einzelheiten festzuhalten; es sollen nur Umrisse gezeichnet und die wichtigeren Stationen dargestellt werden. Auf Vollständigkeit erhebt also der nachstehende Abriß keinen Anspruch. Es soll nur versucht werden, zu zeigen, daß aus der historischen Folge auf das wohl unbewußte systematische Ausbauen eines nirgends ausgesprochenen, aber theoretisch und staatswirtschaftlich notwendigen Grundgedankens geschlossen werden kann, der erstmalig im Jahre 1808 verwirklicht wurde. Bedingung war, daß der Staat systematisch den Abbau des geistig bereits überwundenen absoluten Staatsgedankens in die Hand nahm, was eben durch die Belebung der Selbstverwaltung, zunächst in den Städten, geschah.[6] Die neue polizeiliche Ära nach 1820 ist der beste Beweis für die Richtigkeit dieses Satzes; Verwaltungswillkür ist der Todfeind der Selbstverwaltung. In jene Zeit fällt denn auch nur die Entstehung jener öffentlichrechtlichen Korporationen, auf deren Vorbild heute — aus Gründen anderer Art — zurückgegriffen werden muß, wenn es gilt, die Verwaltung zur Erreichung gewisser Ziele mit ganz besonderen Zwangsrechten auszustatten.[7]

1. Zunächst war es also die Staatsorganisation selbst, die auf die alten Verbände zurückgriff. Die Provinzial- und die Kreis-

---

[6] Preuß, Über Organpersönlichkeit, Schmollers Jahrb. 1902 S. 589. — Daß dieser Abbau heute noch nicht beendet ist, daß dem Staat immer noch Reste jener absoluten Epoche anhaften, wurde bereits oben S. 16 Note 3 erwähnt. Trotz Lorenz v. Stein, trotz der Rechtsprechung des OVG wird „in der Praxis noch heute alles das als Polizei angesehen, was von Polizeibehörden ausgeführt wird", Wolzendorff, Grenzen der Polizeigewalt 2 85.

[7] Vgl. unten S. 135 Note 23.

verfassung wurde ständisch organisiert,[8] anknüpfend an die alten kreis- bzw. provinzialständischen Verbände, in denen nunmehr auch die Bauernschaft Vertretung fand. Kreise und Provinzen sind nach der Organisation der 20er Jahre einerseits staatliche Verwaltungsbezirke, andererseits ständische Korporationen, denen die Kreis- und Provinzialverwaltung in kommunalen Angelegenheiten obliegt. Ihre Vertretung finden sie in „Ständen" oder „Landtagen". Allerdings waren Organisation und Kompetenz dieser Korporationen so zugeschnitten, daß ihnen eine öffentliche Bedeutung nur in geringem Maße zukam, ja selbst die Provinzialkorporation ist fast ausschließlich auf Privatrecht beschränkt,[9] selbst die „Standschaft" ist privatrechtlich, indem sie z. B. in den Provinzen an die Tatsache von Grundbesitz geknüpft war.[10] Kann man bei ihnen auch weniger von einer modernen Selbstverwaltung sprechen, als von einer Ausübung überkommener Rechte, so ist doch der Grundgedanke unverkennbar der, namentlich nach dem Scheitern des ursprünglichen Steinschen Plans einer allgemeinen Nationalrepräsentation, die Bevölkerung auf diesem Wege für die Aufgaben der staatlichen Verwaltung zu interessieren, ihr durch die Teilnahme an gewissen, hier historisch überkommenen Bezirksvertretungen ein Teil eigenen Verantwortlichkeitsgefühls für das Wohlergehen eines mehr oder minder großen territorialen Bezirks, und sei es auch in noch so beschränkten Grenzen, anzuerziehen.[11] Die

---

[8] Wegen der Einzelheiten vgl. Gierke, Genossenschaftsrecht 1 788 u. 794 ff.

[9] Gierke a. a. O. S. 796.

[10] Eine solche privatrechtliche Voraussetzung für öffentliche Rechte ist häufig; man denke etwa an das sog. Hausbesitzerprivileg bei der Zusammensetzung der Gemeindevertretungen. Auch in jüngster Zeit findet sie sich; ein Beispiel bietet § 210 des Wassergesetzes vom 7. April 1913, der den Beitritt zu Wassergenossenschaften neben Verbänden nur Eigentümern von Grundstücken gestattet (seither auf Grund des Gesetzes vom 19. Mai 1891 für Besitzer gewerblicher Anlagen).

[11] Vgl. z. B. Rauer, Ständische Gesetzgebung 2 8. — Nach dem Edikt d. d. 22. Mai 1815 sollte die „Repräsentation des Volks" von den Provinzialständen gewählt werden. Die Landesrepräsentation sollte sich beschäftigen mit „der Beratung über alle Gegenstände der Gesetzgebung, die die persönlichen und Eigentumsverhältnisse der Staatsbürger mit Einschließung

Frage, ob der gewählte Weg zu diesem Behufe der richtige war, kann hier dahingestellt bleiben. Tatsache ist, daß die ständischen Korporationen — nicht wie heute der territoriale Verband — zur Erfüllung an sich staatlicher Aufgaben in beschränktem Maße berufen war. Ihr Sozialrecht, dessen Darstellung im einzelnen über den Rahmen dieser Arbeit hinausgehen würde, war also beherrscht von dem Gedanken der Eingliederung in den Organismus des Staats, es erschien dem Staat wichtig genug, es als Teil des Staatslebens anzuerkennen und damit als öffentlich.[12] Es bleibt zu erwähnen, daß hierauf aufbauend die Kreis- und Provinzialverfassung in den 1866 erworbenen Gebieten bereits stärker den öffentlichen Charakter der ständischen Vertretung erkennen läßt, und daß seit der Gesetzgebung der 70er Jahre [13] der öffentliche Charakter der nunmehr territorialen Kreis- und Provinzialverbände unbestritten ist.

2. Zwischen Kreis und Provinz schieben sich verschiedentlich kraft gesetzlicher Bestimmung die geschichtlich überkommenen sog. kommunalständischen Verbände.[14] Sie sind die Ständekörperschaften einzelner vormals selbständiger Landschaften, oder doch durch Staatsverträge, Privileg oder Herkommen solchen nahestehender territorialer Verbände. Sie sind, teilweise ohne gesetzliche Bestimmung,[15] bestehen geblieben und be-

---

der Besteuerung betreffen". — Über diese Fragen vgl. auch Schwartz, Verfassungsurkunde S. 4 ff.

[12] Nach der 1853 wieder außer Kraft gesetzten Kreis-, Bezirks- und Provinzialordnung vom 11. März 1850 ist es zweifellos, daß Kreise und Provinzen „Korporationen" des öffentlichen Rechts sind, die der Staat mit der Durchführung staatlicher Aufgaben betraute.

[13] Kreisordnung vom 13. Dez. 1872; Provinzialordnung vom 29. Juni 1875.

[14] Vgl. v. Rönne, Staatsrecht, 3. Aufl. **1b** 528 ff., und jetzt Bornhak, Preußisches Staatsrecht, 2. Aufl. **2** 390—397, wo namentlich die Organisation dieser Verbände dargestellt ist.

[15] Z. B. ist der Fortbestand für den kommunalständischen Verband der Oberlausitz im Besitzergreifungspatent vom 22. Mai 1815 zwar zugesagt, aber eine Bestätigung, wie in den Gesetzen über die Kommunallandtage in Brandenburg usw., ist nicht ergangen. Es liegt nur ein Landtagsabschied vom 2. Juni 1826 vor, der gestattet, daß die Kommunallandtage „vorläufig" nach einem Entwurf d. d. 19. Dez. 1825 abgehalten werden können; wenn

stehen auf Grund des § 128 der Provinzialordnung vom 29. Juni 1875 auch heute noch fort, wenn auch ihre Bedeutung sich inzwischen geändert hat. Sie besaßen früher echte ständische Selbständigkeit gegenüber dem Staate, regelten ihre Angelegenheiten selbst, wenn auch die von ihnen erlassenen Polizeiordnungen, wie z. B. in der Oberlausitz, der landesherrlichen Bestätigung bedurften. Sie besaßen[16] für die ihnen überlassenen Gebiete Autonomie und erließen so Landes-, Amts-, Gesinde-, Untertanen-Ordnungen, faßten Beschlüsse wegen Einquartierung und Militärverpflegung, Straßenbau, Holz- und Forstwesen, Sporteln und Taxen, Schul- und kirchlichen Angelegenheiten, Bettler- und Landstreicherwesen, Brandversicherungen — kurz ihre Zuständigkeit erstreckte sich auf das weite Gebiet der Landespolizei im Sinne des damaligen Verwaltungsrechts. Diesem weiten Aufgabenkreis entsprach das Steuerbewilligungsrecht der Stände, die lediglich gewisse Abgaben von dem Steueraufkommen an den Landesherrn bewilligten, der im übrigen außer aus den Regalien und diesen Bewilligungen keinerlei Einkünfte aus dem Korporationsgebiet bezog. Ebenso lag der Schuldendienst ausschließlich bei den Ständen. Ihr Gebiet erstreckte sich in der Regel über das Gebiet mehrerer Kreise. Indessen sind ihre Angelegenheiten nicht schlechthin solche des Bezirks; sie sind eben ständische Korporationen und es bedurfte ausdrücklicher gesetzlicher Bestimmung, daß die Beschlüsse des kommunalständischen Verbands allen Einwohnern des Bezirks verbindlich sein sollten. — Griff einerseits der Staat durch die Organisationsgesetze der 20er Jahre weitgehend in ihre Befugnisse ein,[17] so brachte er durch diese

Änderungen erforderlich seien, solle dies angezeigt werden. Da dies bis jetzt nicht geschehen ist, so ist es bei der „vorläufigen Gestattung" geblieben.

[16] Für Ober- und Niederlausitz vgl. die Aufsätze im „Staatsanzeiger" 1868, Beilage zu Nr. 240 u. 252.

[17] Daß man ursprünglich mit einem Erlöschen der kommunalständischen Verbände rechnete, ergibt sich aus den ständischen Gesetzen für die einzelnen Provinzen vom 1. Juli 1823 und 27. März 1824, die in den §§ 57 bzw. 59 bestimmten: „Die in den einzelnen Landesteilen dieses ständischen Verbands bestehenden kommunalen Verhältnisse gehen auf die Gesamtheit desselben **nicht** über, wenn solches nicht durch gemeinsame Überein-

Bindung der Bezirkseinwohnerschaft an die Beschlüsse des Organs des Verbands der Kommunallandtage und die Übertragung der Vollziehung der ständischen Beschlüsse an den Oberpräsidenten, den Repräsentanten des staatlichen Provinzialverwaltungsbezirks, unzweideutig zum Ausdruck, daß diese in ihrem „observanzmäßigen" Wirkungskreis bestätigten Korporationen von ihm als Träger staatlicher Hoheitsrechte angesehen werden. Ja er ging so weit, ihnen wie den Stadtkorporationen völlig freie Beschlußfassung ohne königliche Bestätigung zuzubilligen,[18] vorbehaltlich der Untersagung der Ausführung; dieses Aufsichtsrecht wird ausgeübt durch den Oberpräsidenten. Sie sind hiernach als öffentlichrechtliche Korporationen anzusprechen, deren Wirkungskreis sich ungefähr mit dem der heutigen Provinzen deckt.[19] Demgemäß nahm bei Neuordnung der Provinzialorganisation die Regierung den alten Gedanken von 1823 aufgreifend (vgl. oben

---

kunft beschlossen wird. Bis dahin dauern die bisherigen Kommunalverfassungen in den einzelnen Landesteilen ... fort ... Die Beschlüsse über Veränderungen in den kommunalen Einrichtungen und neue kommunale Abgaben bedürfen Unserer Genehmigung. Zur Festsetzung der deshalb nötig werdenden näheren Bestimmungen und Ordnungen erwarten Wir die Vorschläge des nächsten Landtags" (Rauer a. a. O. 2 570 Zus. 1121). Damit deckt sich die Praxis: Die preußischen Provinzialstände beantragten 1828 die Errichtung von kommunalständischen Verbänden auch in Preußen, denen Revision und Kontrolle aller über den Kreis hinausgehender großen Institutionen und Korporationen obliegen, die „mit einem öffentlichen Charakter versehen sein und auf das allgemeine Interesse des einzelnen oder mehrerer Landesteile einwirken sollten", Rauer S. 572. Die Regierung entschied aber, daß die Errichtung neuer kommunalständischer Verbände unzulässig sei.

[18] „Wo es erforderlich ist", ist die Kgl. Bestätigung durch Vermittlung des Ministers des Innern nachzusuchen; diesem Minister sind überhaupt alle Beschlüsse vorzulegen.

[19] Rauer a. a. O. gibt S. 570 ff. den Wirkungskreis der kommunalständischen Verbände dahin an: „Zum Geschäftskreis der Kommunallandtage gehören die Kommunalangelegenheiten, zu deren Verwaltung ein Zusammentritt der Stände einzelner, die Grenzen eines Kreises überschreitender Distrikte zu besonderen Versammlungen nötig ist". Im einzelnen befassen sie sich mit der Verwaltung der ständischen Stiftungen und Fonds, Verwaltung und Regelung der Kriegsschulden, Landarmen- und Irren- sowie Taubstummenwesen, Brandversicherungsangelegenheiten usw., vgl. auch oben im Text.

Note 17), ihre Aufhebung in Aussicht.[20] Einstweilen sollten sie in ihrem seitherigen Rechtsbestande weiterbestehen bis zu einer in unbestimmter Zeit zu beantragenden gesetzlichen Aufhebung oder Umbildung. Das Gesetz beschränkte sich jedoch darauf, die ihnen bisher obliegende Fürsorge für Landarme,[21] Geisteskranke, Taubstumme, Blinde und Idioten abzunehmen, weiterhin bis spätestens 1. Januar 1878 die Übertragung ihrer Verwaltung in gewissem Umfang durch Vereinbarung der bestehenden ständischen Vertretungen mit den Provinzialvertretungen, ev. durch königl. Verordnung, auf die Provinzen in Aussicht zu nehmen. Im übrigen sollten ihre Umbildung und Aufhebung durch besondere Gesetze erfolgen. Demgemäß wurden die kommunalständischen Verbände aufgehoben für Pommern durch Gesetz vom 18. Jan. 1881, Neumark vom 19. Jan. 1881 und Kurmark vom 22. Mai 1902.

Die Tätigkeit der noch bestehenden Verbände (Nieder- und Oberlausitz sowie Altmark) beschränkt sich im wesentlichen auf die Verwaltung der ständischen Vermögen und Fonds, Stiftungen, öffentliche Sparkassen, Hilfskassen für Wohltätigkeitszwecke, Kreditinstitute, Krankenhäuser usw. Sie können zwar noch wie früher auf ihren nach alter Weise ständisch gegliederten Kommunallandtagen (Rittergutsbesitzer, Städte und Bauern) Gegenstände allgemeiner Natur zur Besprechung bringen und besitzen insofern ein gewisses Petitionsrecht, indessen ist ihr

---

[20] Entwurf einer Provinzialordnung, StenB. des Abgeordnetenhauses 1873, Aktenstück 151 § 68, AnlBd. 2 1010: „Die Prüfung, welche von den mannigfachen Angelegenheiten und Geschäften der kommunalständischen Verbände sich zur Überleitung auf die Provinz eignen, oder für welche Gegenstände die Verbände etwa noch zu erhalten sein möchten, wird sachgemäß den neugebildeten Provinziallandtagen zu überlassen, und je nach dem Ausfalle derselben die Auflösung bzw. Reform der Verbände durch Gesetz herbeizuführen sein."

[21] Es fällt mir auf, daß Schulze, Preußisches Staatsrecht, 2. Aufl., 1888 2 540, die kommunalständischen Verbände als eigene Landarmenverbände aufführt; Schulze tut hier überhaupt der Gesetzgebung des Jahres 1875 keiner Erwähnung, während er im übrigen die geschichtliche Entwickelung ziemlich ausführlich gibt. — Ebenso Zorn, Preußisches Staatsrecht (Sammlung Göschen) 2 77: „sie haben nur einzelne kommunale Angelegenheiten zu besorgen, namentlich das Armenwesen". Richtig v. Stengel, Preußisches Staatsrecht S. 416.

öffentlicher Wirkungskreis darauf beschränkt,[22] Umlagen für die Kosten der Landtage zu erheben.[23]

Eine ähnliche Stellung wie diese kommunalständischen Verbände der alten Provinzen nehmen die 1866 an Preußen gekommenen „Landschaften" von Hannover[24] ein. Sie sind hervorgegangen aus den sog. hannöverschen Provinziallandschaften, in denen die korporativ abgeschlossenen Ritterschaften mit den Städten und mitunter auch Landgemeinden zu einer ständischen Korporation vereinigt waren. Auch sie beruhen auf territorialer Grundlage ohne Zwangsmitgliedschaft, und wie in Altpreußen ist die Standschaft privatrechtlich aufgebaut, indem sie an die Eintragung des Guts in die „Matrikel" der Ritterschaft geknüpft ist. Ihr Geschäftskreis und ihre Organisation beruhen auf alten ritterschaftlichen Statuten und mitunter Gewohnheitsrecht. Sie hatten ein weitgehendes Recht der Mitwirkung bei der Gesetzgebung, indem die zu ihnen gehörenden Ritterschaften eine Anzahl von Vertretern zur ersten Kammer entsandten und als „Provinzielle Angelegenheiten, die zur ständischen Mitwirkung geeignet sind, an die Provinziallandschaften gebracht werden"[25]; auch besitzen sie Selbstverwaltung[26] und das Besteuerungsrecht für

---

22 Der Gesetzentwurf von 1881 über die Aufhebung des Verbandes für Pommern hebt in der Begründung (H. H. 1880/81 Anl. S. 32, Aktenstück 10) als Grund der Aufhebung hervor, „die zu dem Aufwand an Zeit, Geld und persönlichen Leistungen in keinem Verhältnis stehende Verringerung des Geschäftskreises".

23 Auch die früher mit der von ihnen getätigten Steuererhebung für den Staat zusammenhängende Zuerkennung der „Befugnisse Kgl. Kassen" an die „Landessteuerkasse" (Bureau) der beiden Lausitzer Verbände ist in Wegfall gekommen.

24 Schoen, Das Recht der Kommunalverbände in Preußen S. 471; Gierke, Genossenschaftsrecht 1 794; Ebhardt, Die Staatsverfassung im Königreich Hannover 1860 S. 505 ff.; v. Rönne, Staatsrecht, 3. Aufl. 1 522 ff.; Bornhak a. a. O.

25 Hannoversches Verfassungsgesetz vom 5. Sept. 1848 § 64.

26 Aber nur so weit, „als eine Mitwirkung Unserer Behörden nicht erforderlich wird"; vgl. z. B. § 2 der Verfassung der ostfriesischen Landschaft; Ebhardt S. 510. Da aber alle wesentlichen Zweige der Verwaltung in den Händen der Ämter lagen, Ebhardt S. 678 ff., waren dieser Selbstverwaltung sehr enge Schranken gezogen. — v. Rönne a. a. O. S. 522 scheint allgemeine Zuständigkeit in „Kommunalangelegenheiten der provinzialen Landschaften" schlechthin anzunehmen.

landschaftliche Zwecke. Mit diesen Rechten gingen sie an Preußen über, das indessen durch die Verordnung vom 22. Sept. 1867 ihnen das Recht der Mitwirkung bei der Gesetzgebung nahm und sie im übrigen in ihren Rechten bestätigte. Sie führen jetzt die Bezeichnung „Landschaften", regeln ihre Verhältnisse selbständig durch Landschaftsstatuten, die durch Beschluß der Landschaft nach Anhörung des Provinzialausschusses unter königlicher Genehmigung festzustellen sind. Sie verwalten das Vermögen der Landschaft, deren Stiftungen, Anstalten und Fonds und haben das Besteuerungsrecht für Landschaftszwecke unter königlicher Genehmigung behalten. An diesem Rechtszustand hat das Gesetz vom 7. Mai 1884, betr. die Einführung der Provinzialordnung vom 29. Juni 1875 in der Provinz Hannover nichts geändert.[27]

Die Beurteilung der heutigen Rechtsnatur dieser Verbände, soweit sie noch bestehen, ist nicht ganz einfach. Auszugehen ist davon, daß sie im Grunde nichts als inkorporierte ständische Interessentenschaften sind,[28] die der Staatsgewalt ziemlich unabhängig gegenüberstehen, und daß ihre Eingliederung in den Staatsorganismus heute nur noch historische Reminiszenz ist. Ihre Angelegenheiten haben mit der allgemeinen Landesverwaltung nur noch indirekt zu tun, die im übrigen wie die Angelegenheiten der Bezirks-, Kreis- und Provinzialverbände völlig ihrem Wirkungskreis entzogen sind. Es ist auch wohl nur die in ihren

[27] Das Gesetz selbst nimmt zu den Landschaften überhaupt keine Stellung; es hebt sie weder auf, noch bestätigt es sie. Die Begründung (Abgeordnetenhaus 1883/84, AnlBd. 1 313, Aktienstück 7) sagt nur: „Die bestehenden Verbände behindern nach der bisherigen Erfahrung die kräftige Entwickelung des Provinzialverbands, zu dessen Angelegenheiten Landarmen- und Korrigendenwesen, Taubstummen-, Irren- und Blindenwesen der gesamten Provinz bereits gehören, in keiner Weise, so daß die Frage nach etwaiger Abänderung jener Verbände unberührt bleiben kann." Demgemäß betrachtet man sie allgemein als fortbestehend, so v. Stengel, Preußisches Staatsrecht S. 380 Note 1; Gostkowsky, ErgBd. zu Brauchitsch, Verwaltungsgesetze, für Hannover 1891 S. 285 Note 36; **Bornhak**, Preußisches Staatsrecht 2 366 und die Praxis.

[28] Gierke, Genossenschaftsrecht 1 793. — Daß diese Verbände heute noch echte Korporationen sind, ergibt sich ohne weiteres aus ihrer Vermögensfähigkeit, der Haftungsbeschränkung auf das Verbandsvermögen und der bestehenden Autonomie.

aus gemeinen („öffentlichen") Mitteln gesammelten Fonds und Vermögen liegende Schwierigkeit, die ihrer gänzlichen Aufhebung seither im Wege gestanden hat. Andererseits ist nicht zu verkennen, daß sie noch gewisse Hoheitsrechte besitzen, indem ihnen der Staat das alte Besteuerungsrecht belassen hat, auch darf aus der Tatsache der bestehenden besonderen Staatsaufsicht durch die Oberpräsidenten (Vetorecht!) auf eine dem Staat gegenüber bestehende Pflicht zur Erfüllung der besonderen kommunalen Zwecke geschlossen werden. Es deuten diese beiden Umstände darauf, daß die Verbände noch heute als öffentlichen Rechts anzusprechen sind, wenn auch der öffentlichrechtliche Typus nur noch sehr schwach ausgeprägt ist. Das früher bestandene Recht der Bindung der Bezirkseinwohner durch die Verbandsbeschlüsse darf als stillschweigend beseitigt gelten, da die Gebiete, auf denen solche über den Interessentenkreis hinausgehende Beschlüsse gefaßt werden konnten, heute auf die Provinz übergegangen sind. Dieser Wegfall, der Mangel der Zwangsmitgliedschaft, ihre nur noch historische Stellung, die außerdem auf dem Aussterbeetat steht, und die Wahrnehmung nur noch der speziellen Verbandszwecke deuten auf eine privatrechtliche Vereinigung. Ich möchte mich indessen aus den angegebenen beiden Erwägungen für die Bezeichnung als öffentlichrechtlich entschließen.[29]

Nicht wie diese kommunalständischen Verbände Reste aus ständischer Zeit, sondern Gemeinden höherer Ordnung sind die Bezirkskommunalverbände Wiesbaden und Kassel, die auf Grund des Einführungsgesetzes zur Provinzialordnung in Hessen-Nassau vom 8. Juni 1885 Art. I und VIII, sowie der Verordnung vom 10. und 15. März 1886 als öffentlichrechtliche Korporationen anzusprechen sind.

3. Namentlich und insbesondere aber waren es die Zwecke der allgemeinen Landesverwaltung, deren staatliche Förderung als „Pflege" in Anlehnung an vielfach bestehende überkommene genossenschaftliche Verbände unternommen wurde. Die Bedeutung des Assoziationswesens gerade für die der staatlichen Verwaltung unterliegenden Zweige des Wirtschaftslebens liegt

---

[29] Ohne Begründung werden sie als öffentlichrechtlich bezeichnet von Müller-Crusen, PrAGBGB S. 99 Note II B 2b.

auf der Hand; der Staat beschränkte sich nunmehr nicht mehr darauf, negativ durch Duldung oder durch ausdrückliche Anerkennung solcher Assoziationen indirekt fördernd zu wirken, sondern er wählte den Weg, die ev. erst neu ins Leben gerufenen Verbände mit der Durchführung der Verwaltungsaufgaben selbst zu betrauen, namentlich da, wo es sich um eng umrissene Aufgaben handelte, sei dies nun in sachlicher, örtlicher oder funktioneller Hinsicht. Die dieserhalb ins Leben gerufenen oder anerkannten Verbände besitzen durchgehends juristische Persönlichkeit, und zwar solche ausgesprochen öffentlichen Charakters. Denn sie erfüllen ihre Aufgaben kraft staatsrechtlichen Satzes und staatlichen Auftrags, sie gehören somit zur staatlichen Verwaltungsorganisation, sind demgemäß mit gewissen Hoheits- und Zwangsrechten ausgestattet und unterstehen staatlicher Aufsicht und teilweise auch staatlicher Mitbestimmung. Zu erwähnen sind hier:

a) die kaufmännischen Körperschaften, nämlich die seit 1820 auf Grund vom König bestätigter Statuten errichteten sog. Ältesten der Kaufmannschaft in Danzig, Berlin, Stettin, Magdeburg, Tilsit, Königsberg, Memel und Elbing sowie in Altona, ferner die Handelskammern, die durch besonderes Gesetz vom 19. Aug. 1897 geordnet sind. Diese Körperschaften sind sämtlich Korporationen im Sinne des ALR,[30] und zwar gemäß Titel II 10 § 69; denn ihren Beamten stehen die Rechte mittelbarer Staatsbeamter zu,[31] sie sind insofern also mit Hoheitsrechten ausgestattet, ihre Umlagen gelten als öffentliche und unterliegen der Zwangsbeitreibung im Verwaltungswege, Streitfälle werden autonom

---

[30] Die Handelskammer ist jur. Person auf Grund ausdrücklicher Bestimmung in § 35 Handelskammergesetz, trotzdem sie an sich nicht vermögensfähig ist, OVG **19** 67. — Foerster-Eccius bestreitet ungeachtet dieser Bestimmung ihren Korporationscharakter. Zu demselben Ergebnis kommt ein Urteil des Kammergerichts vom 4. Juli 1910, das die Handelskammer für eine Behörde erklärt. Vgl. über die Streitfrage jetzt auch die Aufsätze in den „Volkswirtschaftlichen Blättern“ 1913 S. 184 ff.

[31] OVG **16** 154; **19** 62. Es handelt sich in beiden Fällen um die Frage, ob der Syndikus der kaufmännischen Korporation bzw. der Handelskammer mittelbarer Staatsbeamter ist und als solcher das Gemeindesteuerprivileg genießt.

oder vor den Verwaltungsgerichten ausgetragen.[32] Der öffentliche Charakter dieser Körperschaften kann also nicht gut bestritten werden und wird auch in den in Note 31 mitgeteilten Entscheidungen zwar nicht ausdrücklich, so doch stillschweigend vorausgesetzt.

b) die Landwirtschaftskammer gemäß Gesetz vom 30. Juni 1894; sie wird durch Königl. Verordnung errichtet und aufgelöst und beruht auf Zwangsmitgliedschaft der zur Erfüllung ihrer Zwecke korporativ zusammengeschlossenen Mitglieder, der Etat unterliegt ministerieller Genehmigung, die Umlagen sind Verwaltungsabgaben, die von den Gemeinden zu erheben sind, ihre Beamte sind mittelbare Staatsbeamte. Sie besitzt also „eine ihr vom Staat übertragene Autorität mit amtlichem Charakter“[33] und ist demnach juristische Person des öffentlichen Rechts;

c) die Verbände, die unmittelbar der Landeskultur dienen, wie

Wiesengenossenschaften (vgl. z. B. die Siegener Wiesenordnung vom 28. Okt. 1846);

Deichverbände gemäß §§ 11 und 15 des Gesetzes vom 28. Jan. 1848;

Fischereigenossenschaften[34] nach §§ 9 und 10 des Gesetzes vom 30. Mai 1874;

Waldgenossenschaften nach § 42 des Gesetzes vom 6. Juli 1875;

Be- und Entwässerungsgenossenschaften nach §§ 65 ff. des Gesetzes vom 1. April 1879;

öffentliche[35] Wassergenossenschaften nach §§ 45 und 58 des Gesetzes vom 1. April 1879 usw.

---

[32] Zuständigkeitsgesetz vom 1. Aug. 1883 §§ 135—138.

[33] OVG **42** 71.

[34] Hinsichtlich dieser ist der Charakter als echter jur. Person zweifelhaft; vgl. Rosin, Recht der öffentlichen Genossenschaft S. 89, und tatsächlich bestritten; vgl. Abgeordnetenhaus 1875 **3** 1713.

[35] Deren Gegensatz bilden die in demselben Gesetz geregelten privaten, sog. freien Wassergenossenschaften, deren Vorstand keinerlei obrigkeitliche Gewalt besitzt, deren Beiträge im Wege des Zivilprozesses beigetrieben werden, die keiner besonderen Aufsicht unterliegen usw. Vgl. darüber Rosin, Recht der öffentlichen Genossenschaft S. 33, 83 ff., sowie unten S. 131 ff.

Allen diesen Verbänden sind zur Durchführung ihrer speziellen Aufgaben gewisse Zwangsrechte verliehen, z. B.[36] hinsichtlich der Mitgliedschaft (öffentliche Wassergenossenschaften nur unter der dreifachen Voraussetzung, daß sie Zwecke der Landeskultur verfolgen, die Ausführbarkeit nur bei Zwang auf Alle möglich ist und die Mehrheit der Beteiligten für die Einrichtung gestimmt hat), der Beiträge, die für öffentliche Lasten oder Abgaben erklärt sind und der Verwaltungsbeitreibung unterliegen. Es bestehen gewisse Zwangsbefugnisse zur Durchführung der gestellten Aufgaben, Ausschließung des Rechtswegs oder Verweisung vor die Verwaltungsgerichte für gewisse Streitigkeiten, z. B. über die Zugehörigkeit zur Genossenschaft; der Staat hat sich ein Mitbestimmungsrecht hinsichtlich der Organisation und der Geschicke der Verbände vorbehalten, mit denen die staatliche Verwaltung in mannigfacher Beziehung verflochten ist bzw. in die die staatliche Verwaltung in mannigfacher Hinsicht eingreift. Insbesondere erfolgen die Errichtung der Genossenschaften und die Feststellung der Statuten sowie deren Änderung unter staatlicher Mitwirkung, so daß sie geradezu wie die alte landrechtliche Korporation als staatlich gesetzt erscheinen und demgemäß als öffentlichrechtlich. Und zwar sind sie auch heute noch als solche zu bezeichnen, denn ihnen liegen alle Rechte und Pflichten ob, die der Staat als Ausfluß ihrer öffentlichen Stellung betrachtet. Gegenüber dem Typus der landrechtlichen Korporation bedeuten diese Verbände aber insofern einen bedeutenden Fortschritt, und dadurch unterscheiden sie sich von ihr, daß sie nicht mehr willenlose Staatsanstalten sind, sondern daß sie körperschaftliche Selbstverwaltung besitzen, Willensfreiheit, als deren notwendiges Korrelat die Staatsaufsicht erscheint. Selbst die zur Errichtung notwendige staatliche Mitwirkung ist nicht mehr die Willensgrundlage des neuen korporativen Lebewesens, sondern sie ist zu einer Billigung der[37] korporativen Gründung geworden, vermöge deren die öffentlichrechtliche Stellung des Verbands begründet wird. Es wird deshalb regel-

[36] Im einzelnen ist natürlich die Organisation recht verschieden; die hier aufgezählten Gesichtspunkte kehren nicht bei allen diesen Verwaltungsgenossenschaften wieder.

[37] Durch die Einung der künftigen Genossen zu einem Verbandswillen.

mäßig zur Errichtung solcher Genossenschaften vor Erteilung der ministeriellen oder königl. Genehmigung die Zustimmung der Beteiligten verlangt.[38]

Eine besondere Stellung nehmen hier die Reste der alten Markgemeinde und andere gemeindeähnliche Verbände ein. Der Übersichtlichkeit halber soll über diese am Schlusse dieses Abschnitts in einem Anhang kurz gesprochen werden (vgl. unten S. 136 ff.);

d) Knappschaften;[39]

e) kirchliche Verbände, Verbände auf dem Gebiet der Unterrichtsverwaltung usw.

Diese Verbände sollen nach dem Plan der Arbeit nicht besprochen werden;

f) Landschaften, die zum Teil aus vorlandrechtlicher Zeit stammen und deshalb ebenfalls in dem erwähnten Anhang zu diesem Abschnitt behandelt werden sollen (vgl. unten S. 147).

§ 10.

Fortsetzung.

Die in dieser Entwickelung liegende immer schärfere Ausprägung einer vom Staat besonders behandelten Gruppe von Korporationen, die der Staat außer zu ihren besonderen Zwecken zu gewissen staatlichen Rechten und Pflichten heranzog, wurde durch die Reichsgesetzgebung noch verstärkt und beschleunigt:

---

[38] Darüber, daß die Anwendung von Zwang bei der Gründung keine Durchbrechung dieses Grundsatzes darstellt, vgl. Sehling, Wassergenossenschaften 1912 S. 60; was hier für Wassergenossenschaften ausgeführt wird, gilt gleichermaßen auch für Waldgenossenschaften usw., daß nämlich „die wirtschaftlichen Verhältnisse so stark sein können, daß sie unabhängig von den besonderen Absichten der betroffenen Menschen eine Einheit bilden".

[39] Hinsichtlich dieser sei hier nur die Besonderheit verzeichnet, daß sie unbestritten als öffentlichrechtlich gelten. Aber nirgends ist in der Rechtsprechung, soweit sie durch Abdruck mitgeteilt wird, gesagt, weshalb sie eigentlich so ausgesprochen und unzweifelhaft öffentlichen Rechts sind; vgl. z. B. RG in GruchotsBeitr. **30** 1010 und RGZ **22** 290, **52** 30. Interessant ist auch der Widerspruch, daß RGZ **22** 290 die Beitragspflicht für privatrechtlich, RGZ **52** 31 sie aber für öffentlichrechtlich erklärt, beide Male mit der Begründung, „weil sie im öffentlichen Recht wurzele".

Innungen, Berufsgenossenschaften, Krankenkassen usw. erscheinen als ausgesprochene juristische Personen des öffentlichen Rechts im Reich und damit auch in Preußen.[1]

Deutlich ist so die von der privatrechtlichen Seite her gezogene Grenzlinie auch von der öffentlichrechtlichen Seite her festgehalten und durchgeführt worden. Zu den sonst schon bestehenden Schwierigkeiten, diese Unterscheidung durchzuführen,[2] trat in Preußen die Erschwerung, daß im Grunde unter „Korporation" stets die Korporation des ALR II 6 §§ 25 ff. zu verstehen war, von der wir wissen, daß sie, man mag sich drehen und wenden wie man will,[3] öffentlichrechtlich war. Es ist daher als ein Meisterstück anzusehen, wie die preußische Gesetzgebung es verstanden hat, dieser Schwierigkeit im Wege der Spezialisierung oder der Umschreibung der juristischen Persönlichkeit erschöpfend aus dem Weg zu gehen. Selbst hinsichtlich der Indizien, auf die wir doch schließlich bei der Begriffsbestimmung angewiesen sind, hat man spezialisiert, z. B. hinsichtlich der Zwangsbeitreibung der Korporationsbeiträge.[4] Blicken wir zurück auf die An-

---

[1] Da ihr öffentlicher Charakter zweifellos ist, sollen sie nach dem Plane dieser Arbeit nicht behandelt werden.

[2] Stobbe, Deutsches Privatrecht 1 449.

[3] Wenn man nicht gerade wie Eccius und Hubrich dem ALR Gewalt antun will, vgl. oben S. 74 Note 36; S. 78 Note 50.

[4] Rosin, Recht der öffentlichen Genossenschaft S. 9 ff., bestreitet mit großer Schärfe, daß die exekutivische Beitreibung rückständiger Korporationsbeiträge im Verwaltungswege überhaupt etwas für den öffentlichrechtlichen Charakter beweise. Zu bemerken ist aber zu seiner Note 31 a, daß § 2 der Verordnung vom 7. Sept. 1879 nicht allgemein den Rechtsweg zuläßt, sondern nur in dem seitherigen und gesetzlich zugelassenen Umfang. — Es ist weder einheitlich die Frage gelöst, ob und inwieweit Korporationsbeiträge zu den öffentlichen Abgaben gehören, noch ob sie im Verwaltungsweg beizutreiben sind. Ich habe folgende Gesichtspunkte ermittelt:

1. Die VO vom 18. Juni 1840 wegen kurzer Verjährungsfristen stellt die Abgaben von Korporationen und Gemeinden (also wohl aller jur. Personen, die es damals gab) den an den Staat zu entrichtenden Abgaben gleich.

2. Die Deklaration vom 3. April 1838 zählt zu den beständigen fortlaufenden Lasten und Pflichten mit Vorzugsrecht im Konkurs auch die persönlichen Abgaben und Leistungen, also auch regelmäßige Korporationsbeiträge.

3. Dies wird bestätigt in der KO vom 8. Mai 1855.

4. Das ALR enthält keine Vorschrift über die Beitreibung von Korpo-

schauungen, aus denen heraus das ALR geboren wurde: im Gegensatz zu der mittelalterlichen Betonung des Prinzips der

---

rationsbeiträgen. Wohl aber findet nach ALR II 14 § 78 „kein Prozeß über die Verbindlichkeit zur Entrichtung allgemeiner Anlagen statt, denen alle Mitglieder einer gewissen Klasse der Einwohner des Landes unterworfen sind". Diese Vorschrift wurde u. a. angewandt auf Kommunal- und Kreislasten; vgl. Koch, 4. Aufl., Note 24 l. c. Die VO vom 30. Juli 1853 wegen exekutivischer Beitreibung der direkten und indirekten Steuern und anderen Abgaben und Gefällen in den östlichen Provinzen stellt in § 1 pos. 6 ausdrücklich „die öffentlichen Abgaben, die an Gemeinden, Korporationen ... oder zur Unterhaltung öffentlicher Anstalten aufzubringen sind, als: Kommunal-, Kirchen-, Schul- und Armenabgaben und die nach den Bestimmungen des Gesetzes über das Deichwesen vom 28. Jan. 1848 §§ 9, 18 u. 19 zu leistenden Beiträge" den direkten Steuern gleich. Das in Ausführung des § 79 II 14 ALR erlassene Gesetz vom 24. Mai 1861, die Erweiterung des Rechtswegs betr., läßt in § 10 die Zivilklage zu, wenn das Erlöschen der Forderung behauptet wird, und wenn „die geforderte Abgabe keine öffentliche sein, sondern auf einem aufgehobenen privaten Fundament beruhen" soll, z. B. Gutsherrlichkeit, gewerbliche Abgaben u. dgl. Aus dem Wortlaut ergibt sich, daß diese in § 10 genannten „öffentlichen Abgaben" identisch sind mit den in § 9 genannten „allgemeinen Abgaben", womit wieder auf den durch die erwähnte VO vom 30. Juli 1853 ergänzten § 78 II 14 ALR Bezug genommen wird. Man sollte meinen, daß damit der Begriff der „öffentlichen Abgabe" und die sich daraus ergebenden Folgen für die Zulässigkeit des Rechtswegs, soweit es sich um Korporationsabgaben handelt, hinreichend bestimmt seien. Das RG hat denn auch wiederholt auf Grund dieser Bestimmungen den Begriff der „öffentlichen Abgaben" festgestellt; vgl. z. B. die interessante Entsch. RGZ 1 161. So einfach liegt indessen der Fall doch nicht. Denn nach den Motiven zu dem Gesetz von 1861 hat „die Verwaltungsbehörde die unbedingte Vollstreckungsbefugnis, sowie ausschließliche Entscheidung, ob nach dem Inhalt eines bestehenden Staatsgesetzes eine Abgabe überhaupt oder in dem festgesetzten Betrag erhoben werden kann, und ob in jedem Fall die zur Einziehung der öffentlichen Abgabe erforderlichen tatsächlichen Verhältnisse vorliegen". Wenn also nicht der Ausnahmefall des § 10 vorliegt, daß das Wiedererloschensein oder eine persönliche Befreiung behauptet wird, findet kein Rechtsweg statt über die Frage, ob der Beitrag zu erheben ist oder nicht. Auch die VO vom 7. Sept. 1879 bringt keine Klarheit, indem sie in § 2 den Rechtsweg nur im „seitherigen oder gesetzlich zugelassenen Umfange" gewährt. Erst das Zuständigkeitsgesetz vom 1. Aug. 1883 schafft einige Klarheit, indem es das Verwaltungsstreitverfahren in den gesetzlich bezeichneten Fällen zuläßt; im übrigen entscheiden die Gerichte.

Es ist also im Einzelfall zu untersuchen, ob die jur. Person eine öffentliche Finanzgewalt besitzt; vgl. z. B. die Untersuchung RGZ **3** 223 (schle-

Vielheit negierte der absolute Staat seine eigene Grundlage, die Vielheit in der Gesamtheit, somit das wahre Wesen der Gesamtperson, als die der Staat stets erscheint, mag man ihn im übrigen auffassen wie man will. Er kennt nur die Einheitsidee, den souveränen Staat, der außerhalb und über dem Kreise der Personen steht, die für ihn nur Individuen sind. So kennt er keinerlei Sozialrecht, als das von ihm selbst ausgeht. Der absolute Staat ist die Brücke von dem Ständestaat des Mittelalters zum Rechtsstaat des 19. Jahrhunderts; in ihm reifte der Einheitsstaat zu genügender Festigkeit, um dem Recht die Möglichkeit zu geben, den gesunden Gedanken jenes Mittelalters, der organischen Zusammensetzung und Gebundenheit des Staats durch die ihn bildende Vielheit, weiterzuentwickeln. So trat der Rechtsstaat

---

sische Landschaft). Ist der öffentliche Charakter nicht festzustellen, so wird anzunehmen sein, daß es sich um eine private Abgabe handelt, deren Beitreibung im Wege des Zivilprozesses erfolgt. — Das Selbstbesteuerungsrecht gehört von jeher zu den inneren Körperschaftsrechten; vgl. Gierke, Theorie S. 719 Note 2, — und findet im ALR seine Regelung in § 37 II 6, wonach sich jedes neue Mitglied der Verfassung unterwirft, und in den §§ 26, 27, 66 das., wonach Beschlüsse über Beitragsleistung zu der Verfassung gehören. Die Beitragspflicht erscheint so als reine Mitgliedschaftspflicht; ALR II 6 § 65 bestimmt demgemäß, daß sich die Minorität den Beschlüssen der Majorität „in dergleichen Angelegenheiten" zu unterwerfen habe (§ 65 ist fast wörtlich Nettelbladt entlehnt; vgl. Koch, Note 47 zu § 70). Dies gilt auch für neue Beiträge. Das einzelne Mitglied hat keine Klage gegen die anderen wegen der gegenseitigen Beitragspflicht, wie Koch, Note 47 zu § 70 behauptet. II 14 § 9 und § 78 gelten nicht schlechthin für alle Korporationsbeiträge. Wohl aber kann eine solche Klage aus II 6 §§ 68—72 folgen, wenn jura singulorum verletzt werden, oder wenn allgemeine Umlagen ausgeschrieben sind, die nicht „die Erreichung des Korporationszwecks oder die Beförderung des gemeinschaftlichen Besten" bezwecken, sondern etwa zugunsten eines Teils des Gesellschaftsvermögens sind, „wovon die Nutzungen für die einzelnen Mitglieder bestimmt sind". Das hat auch das Obertribunal anerkannt; vgl. 48 359. In der Praxis war allerdings eine Vergewaltigung der Minorität dadurch leicht denkbar, daß die „aufsichtführende" Verwaltungsbehörde einseitig und unter Ausschluß des Rechtswegs darüber entschied, was „allgemeine Anlagen" sind; vgl. auch den oben S. 86 Note 6 erwähnten KommB. des Abgeordnetenhauses über den Entwurf des Gesetzes, betr. die Erweiterung des Rechtswegs von 1861, der eine Revision des Aufsichtsrechts über die Korporation forderte, weil hauptsächlich auf dem Gebiet des Finanzrechts der Korporationen trostlose Zustände herrschten.

das Erbe jener absoluten Epoche an, der auf dem Gedanken beruht, daß ein Rechtsband die dem Staat eingegliederten Einzel- und Gesamtpersonen zu einer höheren organischen Einheit verbindet. Vorahnend hatte das ALR — zwar festhaltend an dem Gedanken, daß der Staat über dem Recht steht — die ausschließliche Anerkennung der Individualrechtssphäre als alleinigen Gegensatzes der Staatsrechtssphäre fallen gelassen, indem es zwischen den Staat und den Individuen stehende Verbände als wirkliche Rechtssubjekte, als zur Einheit zusammengefaßte Vielheit anerkannte. So kehrte es zu dem ursprünglichen Begriff des Sozialrechts zurück und ermöglichte so dessen heute als öffentliches Recht erscheinenden Teil, losgelöst vom Individual- oder Privatrecht, fortzuentwickeln. Nur so war es Preußen ohne Schwierigkeit möglich, den Rechtsstaat, der ja auf der Ausbildung des öffentlichen Rechts als wahren Rechts beruht, aufzubauen, ohne an der Grundlage, dem ALR, zu rütteln. Wie der Übergang von der Natural- zur Geldwirtschaft die Ausbildung moderner Staaten und eines für den Privatrechtsverkehr überhaupt geeigneten Korporationsbegriffs forderte und durchsetzte, wie sich diese Faktoren hierbei einander ergänzten: ebenso vollzog sich im 19. Jahrhundert mit der Vervollkommnung der Verkehrs- und technischen Möglichkeiten der Übergang zur Kapital- und Kreditwirtschaft, die vor allem ein elastisches Staatsleben und eine dem Expansionsstreben der wirtschaftlichen Kräfte gleichermaßen Rechnung tragende Volkswirtschaftspolitik erheischte. So war dem Staat der Weg gewiesen, als Rechtsstaat die wirtschaftlichen Kräfte von der Bevormundung des Polizeistaats freizumachen, das Interesse der erwerbstätigen Bevölkerung an dem Staat und seinen Einrichtungen zu erwecken und zu erhalten und schließlich die aufwärtsstrebende Volkswirtschaft zu unterstützen. Das Assoziationswesen war der Hauptträger dieser Entwickelung. Ohne die genial-schöpferische Idee des ALR, das auf das deutsche Recht im Gegensatz zum herrschenden römischen Recht zurückgriff, wäre diese Umbildung nicht ohne schwerste innere Katastrophe wie in Frankreich möglich gewesen.[5] Wie

---

[5] Es ist interessant, daß der Neuaufbau des Staats mit der Einführung deutscher Rechtsgedanken zusammenfällt. Die Jahre 1820—1848, in denen

es seinerzeit das römische Recht war, dem die Ausbildung eines Korporationsbegriffs überhaupt zu danken war, auf dem Staat und Geldwirtschaft aufbauen konnten, so war es diesmal das deutsche Recht, das die Fortbildung des Korporationsbegriffs, die Weiterentwickelung des Staats und der Volkswirtschaft ermöglichte. Wie dort bedingten sich auch hier die Faktoren gegenseitig, die wirtschaftliche Entwickelung war eine Folge der politischen Vorgänge und umgekehrt, und ebenso steht sie in Wechselbeziehung zu der Weiterbildung des Rechts.

Wohl fielen wesentliche Teile des Sozialrechts des ALR, wohl dauerte es lange, bis der Gegensatz von öffentlichem und privatem Recht bewußt durch- und weitergebildet wurde. Wieder war es die unausgesprochen im ALR liegende Anerkennung der letzten Endes genossenschaftlichen Natur des Staats, seiner organischen Gesamtpersönlichkeit, an der die Reform des Staats anknüpfen konnte. Ein Federstrich gab das Mitbestimmungsrecht des Staats hinsichtlich der Geschicke der landrechtlichen Korporation preis und beschränkte das Recht des Staats auf eine bloße sicherheitspolizeiliche Aufsicht, ohne daß die wahre Rechtsnatur dieser Korporationen durch diese Loslösung vom Staat irgendwie berührt wurde, ohne daß sie ihre Eigenschaft als Glieder dieses Staats verloren hätten. Wir sagen heute, die Korporation des ALR sei nach damaliger Auffassung als öffentlichrechtlich anzusprechen; der Polizeistaat dagegen erkannte sie als selbständige Rechtsgebilde nur mit Rücksicht auf den Privatrechtsverkehr an:[6] jene Verordnung vom 26. Dez. 1808 ist der Wendepunkt. Hier verzichtete der Staat auf seine Stellung über dem Recht, indem er anerkannte, daß eine Vielheit auch ohne ständige Mitwirkung des Staats, ohne förmliche Eingliede-

ausschließlich römisches Recht und absolute Ideen herrschten, führten zu der Katastrophe von 1848. Die neue Ära beginnt mit der Einführung einer Verfassung, auf Grund deren sich dann die deutschen Gesichtspunkte mehr und mehr durchzusetzen verstanden. — Die Umbildung, in der wir uns gegenwärtig befinden, beruht zum Teil auf den Resten jener früheren Epoche, zum Teil auf der Aufgabe der gewonnenen Gesichtspunkte, zum Teil auch auf mißverständlicher Überspannung dieser deutschen Rechtsgedanken.

[6] Insoweit ist die oben S. 74 Note 34 u. S. 70 Note 24 zitierte Ansicht von O. Mayer und Anschütz richtig, daß dem absoluten Staat jede Korporation ein privatrechtliches Gebilde sei.

rung in den Staatsorganismus zu einer rechtlichen Einheit zusammengeschlossen werden könne. Und gleichermaßen brachte die StO vom 19. Nov. 1808 den Gedanken zum Ausdruck, daß solche gesellschaftliche Glieder im Staat, nach dem Vorbilde der Stadtkorporation, in erster Linie dazu berufen seien, das Staatsleben selbst auf völlig neue Grundlage zu stellen, nämlich der Anerkennung der zur Einheit zusammengeschlossenen Vielheit durch die Staatsverfassung. Die Entwickelung des preußischen Staatsrechts im 19. Jahrhundert folgt der durch diese beiden Grundpfeiler angedeuteten Richtlinie. Auf der einen Seite steht eine immer mehr ins einzelne gehende Gliederung der Staatsverfassung in der Richtung der Heranziehung genossenschaftlicher Verbände zur Erfüllung von Staatsaufgaben, auf der andern Seite eine immer schärfere Loslösung der Assoziationen von der Staatsverfassung, ihre immer stärker hervortretende Tendenz der Verfolgung ausschließlich privater Zwecke, der Förderung des Privatrechtsverkehrs. Scheinbar ist so der verschiedene Zweck, der diese Gebilde als Privatkorporationen zu denen des öffentlichen Rechts in Gegensatz stellt. Doch nur scheinbar; in Wirklichkeit ist es die Art und Weise der staatlichen Bindung der Vielheit zur Einheit, die den Unterschied erkennen läßt. Faßt der Staat die Vielheit zusammen zu einem Gemeinwesen, das gleichermaßen wie er selbst im Dienste der Erfüllung von Aufgaben der den Staat bildenden „Gesellschaft" steht, das seine innere Rechtfertigung nicht in der individuellen Interessensphäre der in ihm verbundenen Personen findet, dessen Sozialrecht beherrscht wird von den gleichen Gesichtspunkten wie das des Staats, nämlich von den Normen eines über den zusammengefaßten Individuen verlaufenden Gemeinlebens, zu welchem Behufe diesen Gemeinwesen gewisse Hoheits- und Zwangsrechte zur Seite zu stehen pflegen, so spricht man von einer öffentlichrechtlichen Korporation. Erscheint die Einheit dagegen nicht als ein Gemeinwesen, sondern als ein Verband von gleichberechtigten Individuen auf Grund eines vertragsartigen Gesamtakts,[7] dessen wesentlichen Inhalt private Forderungsrechte bilden, so liegt eine privatrechtliche Korporation

---

[7] Vgl. hierzu oben S. 27 Note 3.

vor. Der Zweck, dem die Korporation zu dienen bestimmt ist, spielt hierbei nur insofern eine Rolle, als er meist, nicht notwendig, für die Unterstellung des Sozialrechts der Korporation unter die gleichen Gesichtspunkte wie das des Staats der Anlaß sein wird.[8] Es ist dies namentlich von Wichtigkeit für die Verbände, die bestimmungsgemäß gewissen wirtschaftlichen Interessen ihrer Mitglieder dienen, die Wahrung dieser Interessen jedoch unter dem Gesichtspunkt des Gemeinwohls als einen öffentlichen Beruf ausüben. Bei ihnen wird daher Sozial- und Individualrecht vielfach verflochten sein, die individuellen Rechte und Pflichten der Mitglieder gegen die Korporation werden in erheblichem Umfange hervortreten,[9] ohne daß indessen diese Forderungsrechte die Rechtsnatur der Korporation berührten.

Diese Entwickelung stand aber trotz der deutschrechtlichen Auffassung des ALR unter der Herrschaft der romanistischen Lehre, die als gesellschaftliche Verbindungen nur societas und universitas kannte; so behalf man sich hinsichtlich der weder in die eine noch in die andere Kategorie unterzubringenden Gebilde, die man in der Weise als echte juristische Personen anerkannte,[10] daß man diesen Korporationscharakter umschrieb und sagte, der Verein könne Rechte unter eigenem Namen erwerben usw. Es ist wichtig, hierauf an dieser Stelle nochmals hinzuweisen, da diese Umschreibung der Weg war, auf dem sich die Privatkorporation erst wahrhaft emanzipierte. Denn ohne sie, durch die Einhaltung des landrechtlichen Wegs für die Erlangung der juristischen Persönlichkeit, unterstand die Verbandsperson den Resten der öffentlichrechtlichen Bestimmungen aus ALR II 6 §§ 25 ff.[11] Die juristische Person war durch diese Be-

---

[8] Bornhak, Preußisches Staatsrecht, 2. Aufl. 2 104: „Der Zweck ist maßgebend für den Gesetzgeber bei Gestaltung eines Rechtsinstituts. Ist es aber einmal vorhanden, so kommt für die Rechtsanwendung das Zweckmoment nicht weiter in Betracht."

[9] Gierke, Theorie S. 236.

[10] Die Motive zum BGB 1. Komm., Mugdan 1 395 Note 6, sagen allerdings, diese Formel sei verwendet worden, um die Frage offen zu lassen, ob die Rechte und Verbindlichkeiten mit einem von den einzelnen verschiedenen Subjekt, oder ob sie mit den einzelnen verknüpft sind.

[11] Bezeichnend ist die Erläuterung von Heinitz, Kommentar zum Stempelsteuergesetz, 3. Aufl. S. 419: „Korporationen oder Körperschaften

sonderheit mit dem allgemeinen Korporationsbegriff in Gegensatz gestellt, und da jene als öffentlichrechtlich angesprochen werden muß, war nur so eine ausgesprochen privatrechtliche Korporation — sofern eben korporative Organisation vorlag — möglich.[12]

---

sind öffentlichrechtliche Vereine, während das Recht der Stiftungen, soweit sie privatrechtlich sind, und der Vereine in BGB §§ 21—88 geregelt ist." Ähnlich sagt das Amtsgericht Oppeln in einem nicht veröffentlichten Beschl. vom 18. Sept. 1912 in bezug auf ein 1889 revidiertes Genossenschaftsstatut: „Das Wort Korporation hat die auch zur Zeit des ALR, zu der das Statut beschlossen wurde, landläufige Bedeutung von jur. Personen des öffentlichen Rechts." Das Landgericht Oppeln hat durch Beschl. vom 15. Okt. 1912 diese Entscheidung anstandslos aufgehoben.

[12] Wie mir scheint, begegne ich hier den Ausführungen Rosins, Recht der öffentlichen Genossenschaft S. 14. — Rosin will als Begriffsbestimmung der öffentlichen Korporation nicht gelten lassen, „daß der Staat an den Zwecken der Genossenschaft ein Interesse nehme, solange nicht die Rechtsform präzisiert wird, in der dieses Interesse zum Ausdruck kommt". Diese Präzision ergibt sich im Einzelfall aus der Stellung, die der Staat der betr. Korporation zuweist; aus der mehr oder minder starken Ausprägung des öffentlichen Charakters ergibt sich das mehr oder minder große Interesse des Staats. — Ebenso soll nicht entscheiden die „Übertragung von Aufgaben der staatlichen Verwaltung", weil der Umfang der „staatlichen Aufgaben" vermöge der anerkannten Totalität der Staatszwecke nicht vorher festzustellen sei. Im Einzelfall wird aber eine Aufgabe der den Staat bildenden Gesellschaft dadurch zu einer solchen des Staats, daß der Staat sich mit ihr befaßt, daß der „Staat seine Zwecke auf sie erstreckt". Und überträgt der Staat dann wieder die Verfolgung dieser Zwecke im Einzelfall einer Korporation, so überträgt er ihr Aufgaben der staatlichen Verwaltung. Rosin sagt selbst S. 117: „Auf allen Gebieten des staatlichen Lebens erstreckt sich das Herrschaftsrecht des Staats über die ihm ein- und untergeordneten Persönlichkeiten nur so weit, als es in Gesetzen seine positive Begründung findet." Wenn also der Staat im Einzelfall eine Korporation mit der Durchführung gewisser Aufgaben betraut, so ergibt sich daraus, daß insoweit seine Zwecke durchaus konkret feststehen, — andernfalls er eben über diese Zwecke nicht verfügen könnte. Rosin lehnt auch nur die angegebenen Momente als schlechthin begriffswesentlich ab. Im Einzelfall stehen der Anwendung dieser Indizien keine Schwierigkeiten im Weg. Und Preußen hat keine generellen Bestimmungen gegeben, sondern stellt alles auf die Einzelfälle ab. Hier spielt aber die Selbstverwaltung im Sinne der Durchführung staatlicher Aufgaben nach den Gesetzen und unter der Aufsicht des Staats eine wesentliche Rolle. — Eine teilweise verwandte Auffassung finde ich bei Bornhak, Preußisches Staatsrecht,

Die Richtigkeit dieser Darstellung bestätigt das Gesetz vom 1. April 1879, die Bildung von Wassergenossenschaften betr., das bewußt und in voller Absicht öffentliche wie private Korporationen schafft. Es stellt so den Abschluß der geschichtlichen Entwickelung dar und ist demgemäß erst am Schlusse dieses Teils meiner Arbeit zu würdigen. Dies geschieht am zweckmäßigsten durch wörtliche Wiedergabe der Gesetzesmaterialien, insbesondere der programmatischen Regierungserklärung aus der Sitzung des Abgeordnetenhauses vom 2. Dezember 1878:[13]

Abg. Parisius:[14] „Mit Freude muß ich begrüßen, daß das Gesetz hier vollständig mit einem Grundsatz des römischen Rechts bricht, dem bekanntlich der Gedanke völlig fern lag, eine Vereinigung von Personen als selbständiges Rechtswesen anzusehen und welches den Begriff des genossenschaftlichen Eigentums nicht kannte. Der gegenwärtige Entwurf bricht mit der auf diese römisch-rechtlichen Grundsätze basierten preußischen Anschauung, wonach Zwangsgenossenschaften, die durch landesherrlich genehmigtes Statut eingesetzt waren, Korporationsrechte erteilt wurden, während andere Zwangsmeliorationsgenossenschaften gar ohne Rechtsfähigkeit entstehen konnten und gar wirklich existieren.[15] Der Entwurf hat jetzt in § 10 allen Genossenschaften die Rechtsfähigkeit in derselben Weise zugebilligt, wie es hier vom Abgeordnetenhause, entgegen den ursprünglichen

---

2. Aufl., 2 105, wo nach einer scharfen Polemik gegen Rosin ausgeführt wird: „Der Kommunalverband einzig und allein erfüllt für einen bestimmten Bezirk Aufgaben, die nach heutiger Rechtsanschauung dem Staat obliegen, und bedient sich hierzu der Herrschaftsmittel des Staats."

Um Mißverständnisse zu vermeiden, sei bemerkt, daß ich, wie ich oben S. 16 Note 3 andeutete, und wie im Laufe dieser Arbeit wiederholt zum Ausdruck kam, Anhänger der Preußschen Theorie bin, wonach der Staat sich seine Aufgaben und Zwecke selbst stellt (Preuß, Über Organpersönlichkeit, Schmollers Jahrb. 1902 S. 570). Die Staatszwecke fließen aus der staatlichen Selbstbestimmung, sie sind nicht „an sich" bestimmt, sind in den konkreten Staaten verschieden umfassend, je nach der kulturellen Entwickelung des betr. Staats oder Volks, dessen Lebenszwecke sie bezeichnen.

[13] StenB. des Abgeordnetenhauses 1878/79 1 126 ff.

[14] A. a. O. S. 126.

[15] Gedacht ist hier an die Fischereigenossenschaften des G. vom 30. Mai 1874; vgl. oben S. 120 Note 34.

Anschauungen der Regierung, bei den Waldgenossenschaften beschlossen worden ist ..."

Landwirtschaftsminister Dr. Friedenthal:[16] „... Ich habe damals[17] bemerkt, daß ich durchaus geneigt sei, dem Wunsche des Abgeordneten Parisius entsprechend, der Frage näher zu treten und bei der ersten gesetzgeberischen Gelegenheit den Versuch zu machen, freie Genossenschaften zu komponieren, denen man von Staats wegen die juristische Persönlichkeit unter gewissen Beschränkungen[18] verleihen könnte ..."

Und die Motive des Entwurfs, auf die sich der Minister in seinen weiteren Ausführungen beruft, sagen:[19]

„Der Entwurf unterscheidet zwischen freien und öffentlichen Genossenschaften. Erstere können nur durch Vertrag, also nur bei Übereinstimmung aller Beteiligten gebildet werden, und sie bedürfen weder der Bestätigung oder Genehmigung der Staatsbehörde, noch sind sie der Aufsicht derselben unterworfen. Dagegen setzen die öffentlichen Genossenschaften einen vorgängigen, auf ihre Begründung gerichteten Beschluß der Staatsbehörde voraus, sie unterliegen der staatlichen Beaufsichtigung und tragen den Charakter öffentlicher Korporationen. Den Bestimmungen des Entwurfs über die Begründung, Verfassung und Verwaltung der freien Genossenschaften sowie über deren Auflösung und Liquidation haben die Vorschriften des Gesetzes vom 4. Juli 1868, betr. die privatrechtliche Stellung der Erwerbs- und Wirtschaftsgenossenschaften zum Anhalt gedient. Demgemäß wird eine freie Genossenschaft schon dadurch begründet, daß das Statut in ein vom Gericht zu führendes Genossenschaftsregister eingetragen wird ... Bei freien Genossenschaften sind die Vorschriften über die Einziehung der Beiträge der vertragsmäßigen Einigung, die im Statut ihren Ausdruck findet, überlassen. Ge-

---

[16] A. a. O. S. 128.

[17] Bei Beratung des Waldschutzgesetzes vom 6. Juli 1875.

[18] Mit diesen Beschränkungen war gemeint die Solidarhaft der Mitglieder für die Schulden der Genossenschaft, die im Entwurf § 20 vorgesehen war, und an deren Stelle die Kommissionsberatung eine „unbeschränkte Haftpflicht" setzte, nach dem Vorbilde des Genossenschaftsgesetzes von 1868.

[19] Aktenstück 23, AnlBd. 1 196 ff.

nossenschaften für Ent- und Bewässerungsunternehmungen können schon nach den jetzt geltenden gesetzlichen Vorschriften durch freiwillige Zustimmung aller Beteiligten gebildet werden. Das vereinbarte Statut, durch das die Genossenschaft begründet wird, bedarf jedoch der Genehmigung durch den Minister für die landwirtschaftlichen Angelegenheiten (§ 57 des Gesetzes vom 28. Febr. 1843, § 2 der Verordnung vom 28. Mai 1867). Allein auch die auf diesem Wege gebildeten Genossenschaften tragen den Charakter öffentlicher Genossenschaften. Sie werden unter Leitung der Staatsbehörde errichtet und sind der Aufsicht derselben unterstellt. Im Gegensatz mit diesen werden freie Genossenschaften im Sinne des Entwurfs ohne Mitwirkung der Verwaltungsbehörden lediglich durch Vertrag[20] begründet, der durch das zuständige Gericht in das zu diesem Zweck anzulegende Genossenschaftsregister einzutragen ist. Sie stehen nicht unter staatlicher Aufsicht, können ihre Statuten ohne Genehmigung der Staatsbehörden ändern und können ihre Auflösung beschließen und zur Ausführung bringen, ohne daß es hierzu einer staatlichen Genehmigung oder Mitwirkung bedarf. Die Grundlage ihrer Existenz ist der Vertrag, ihre Wirksamkeit liegt auf dem Gebiet der Privatrechtsverhältnisse und daher müssen auch alle Streitigkeiten unter den einzelnen Genossen . . . von den ordentlichen Gerichten entschieden werden. Hieraus wird sich auch ergeben, innerhalb welcher Grenze die freien Genossenschaften ihre Anwendung finden sollen. Da ihre Begründung, Verfassung, Wirksamkeit von der freien Entschließung der Beteiligten abhängig und ein amtliches Verfahren zur Errichtung derselben ausgeschlossen ist, auch eine Solidarbürgschaft der einzelnen Genossen für die Schulden der Genossenschaft eintreten soll, so wird voraussichtlich nur für Unternehmungen, die

---

[20] Bemerkenswert ist die bereits bei Beratung des Gesetzes von 1875 (Waldgenossenschaften) hervorgetretene Auffassung, ein „Vertrag" sei die Grundlage der freien Genossenschaft. Gemeint ist das zunächst im Wege der Vereinbarung unter den künftigen Genossen festzustellende Statut; eine solche Vereinbarung ist aber kein Vertrag, sondern ein Gesamtakt, denn es sollen keine Beziehungen zwischen den Kontrahenten hergestellt, sondern es soll ein neues soziales Lebewesen begründet werden. Vgl. auch oben S. 27 Note 3; Gierke, Theorie S. 135 Anm.

mit einer kleinen Anzahl von Teilnehmern, das Institut der freien Genossenschaften praktisch werden. Aber auch in dieser Beschränkung genossenschaftlichen Zusammenwirkens kann das wirtschaftliche und namentlich das Landeskulturinteresse eine gedeihliche Förderung erfahren und es wird daher gerechtfertigt sein, zur Bildung derartiger Assoziationen die Wege zu ebnen und durch Gewährung der Rechtsfähigkeit die Existenz derselben zu sichern und damit der freien Entwickelung genossenschaftlicher Tätigkeit in einem hierzu vorzugsweise geeigneten Gebiet neue Bahnen zu eröffnen."

Es ist hier nicht der Ort, zu untersuchen, inwieweit dieses Programm gerade hinsichtlich der Wassergenossenschaften im einzelnen verwirklicht wurde, ebensowenig mit welchen einzelnen Rechten und Pflichten das Gesetz die öffentlichen und die freien Wassergenossenschaften ausgestattet hat.[21] Hier genügt die Feststellung, daß die preußische Regierung ihren Standpunkt dahin präzisiert hat: Die freie Wassergenossenschaft ist juristische Person, und zwar um deswillen nicht öffentlichen Rechts, weil sie — abgesehen von dem zu ihrer Entstehung erforderlichen Verwaltungsakt der Eintragung in ein öffentliches Buch — vom Staat völlig losgelöst ist, entsteht, lebt und vergeht nach dem Willen der sie bildenden Individuen. Durch die Tatsache, daß sie kraft Verwaltungsakts zu einem sozialen Lebewesen mit eigenen Rechten und Pflichten wird, unterscheidet sie sich von der reinen Vertragsgesellschaft, die ein einfaches Rechtsverhältnis darstellt. Im Gegensatz hierzu sind öffentlichrechtlich die Korporationen, die von dem Willen der sie bildenden Individuen völlig losgelöst sind, deren Sozialrecht über und unabhängig von den verbundenen Individuen verläuft. Es darf somit die programmatische Regierungserklärung als der Abschluß der Entwickelung angesehen werden, in der sich die Regierung mit der historisch entwickelten Unterscheidung, die sich mit der oben S. 29 gegebenen Definition deckt, abfindet, indem sie sie anerkennt.

Ich komme zum Schlusse dieses Teils der vorliegenden Arbeit. Die Entwickelung hat in Preußen ihren eigenen Gang genommen.

---

[21] Dieserhalb sei verwiesen auf Sehling, Wassergenossenschaften 1912, und Rosin, Recht der öffentlichen Genossenschaft S. 84 ff.

In der ersten Kodifikation umfaßte das öffentliche Recht trotz der erstmaligen Scheidung eines eigenen Sozialrechts das Recht der Korporation in vollem Umfang. Das Jahr 1808 legte in Fortführung der im ALR andeutungsweise enthaltenen Scheidung den Grundstein zur Ausbildung von Korporationen zur Erreichung beliebiger Zwecke, insbesondere privaten Erwerbs.[22] Doch kam man lange Zeit nicht über das Konzessionssystem hinaus und machte so die Entstehung der Privatkorporation von einem Entgegenkommen der Verwaltung abhängig. Eine von der staatlichen Verwaltung völlig losgelöste Korporationsbildung ist auch nach heutiger Auffassung nicht möglich, gewisse Normativbestimmungen sind stets einzuhalten. Die wirtschaftliche und die staatliche Entwickelung haben trotzdem der Individualisierung des Sozialrechts weitestes Entgegenkommen bewiesen, die Blüte des heutigen Assoziationswesens ist der Prüfstein, ob der Staat recht getan hat, als er hier nachgab. Fast will es sogar scheinen, als sei der Staat hier schon zu weit gegangen, als wolle das private Sozialrecht den Staat auf seinem Siegeszuge mit verschlingen.[23]

---

[22] Den gleichen Gedanken drückt Rosin, Recht der öffentlichen Genossenschaft S. 33 dahin aus: „War im Polizeistaat jede Korporation eine öffentliche, so ist es im Rechtsstaat nur diejenige, die diese Stellung und die darin liegende Pflichtbeziehung zum Staat durch Rechtssatz zur besonderen Anerkennung gelangt ist. Nur für eine solche sind jene gesetzliche Bestimmungen über das Verhältnis von Staat und Körperschaft innerlich begründet. Und auch dies nur unter der Einwirkung einer auch für sie veränderten Auffassung. Denn war im Polizeistaat die öffentliche Körperschaft im wesentlichen eine Staatsanstalt, d. h. nur Staatsteil, so ist sie im Rechtsstaat zugleich selbständige Persönlichkeit. Sie besteht nicht nur für den Staat, sondern zugleich für sich selbst, sie ist Trägerin eines ihr immanenten Zwecks und Willens, und ihre Beziehungen zum Staat unterliegen daher nicht der Willkür des ersteren, sondern dem Recht und Gesetz. So sehen wir auch das neuere preußische Recht die allgemeine Korporationstheorie des ALR zugunsten der Einzelarten von Genossenschaften verlassen, deren Rechtsverhältnisse im inneren Anschluß an die Grundauffassung des sächsischen und bayrischen Rechts geregelt worden sind." — Gegen Rosin ist allerdings zu bemerken, daß der Grundgedanke des ALR durchaus nicht aufgegeben worden ist. Man hat im Gegenteil strikte diesen Gedanken festgehalten. Die Tendenz zum Erlaß von Spezialgesetzen kommt schon im ALR zum Ausdruck; vgl. auch die oben S. 79 zit. Äußerung von Svarez.

[23] Ich denke hier an die Beteiligung des Staats an gewerblichen Unter-

Es wird eine Frage der Zukunft sein, für die Betätigung des Staats und der Gemeinden auf privatwirtschaftlichem Gebiet n Gemeinschaft mit anderen Faktoren die geeignete Rechtsform zu finden, da hier die herkömmlichen Formen vielfach versagen. Die Lösung dieser Probleme mag anderen Stellen vorbehalten bleiben.

§ 11.

Anhang: Die Stellung einiger aus vorlandrechtlicher Zeit stammender Verbände.

1. Die Reste der Markgemeinde.

Das ALR kennt die alte Markgemeinde nicht mehr. Ihm sind die Gemeinden im Sinne der absoluten Staatsauffassung staatliche Verwaltungs-, Polizeibezirke, die aus Zweckmäßigkeitsgründen im Privatrechtsverkehr Rechtsfähigkeit besitzen.[1] Der alte genossenschaftliche Verband tritt ganz in den Hintergrund und spielt nur noch eine Rolle, soweit es sich um Realgemeinderechte handelt, um Nutzungen des Gemeindevermögens. Hier bestimmt ALR II 6 § 72 grundlegend, daß „der Teil des Gemeindevermögens, wovon die Nutzungen für die einzelnen

nehmungen, an den Staat als Einzelunternehmer, an den Staat als Garant fremder Unternehmungen usw. Noch brennender tritt die Frage auf dem Gebiet der Gemeinde auf; vgl. die Aufsätze von Freund in DJZ 1911 S. 1113 ff. („gemischt-wirtschaftliche Unternehmung"), und von Gaede, PrVerwBl 1911/12 Nr. 35 (landwirtschaftliche Elektrizitätsunternehmungen). — Auf der anderen Seite spricht das Wassergesetz vom 7. April 1913 eine beredte Sprache: Dieses gibt die freien Wassergenossenschaften als solche vollständig auf, die es auf die sonstigen privatrechtlichen Gesellschaftsformen verweist, Begr. S. 39, und geht in Anlehnung an den Vorgang des § 11 des Deichgesetzes von 1848 sogar so weit, in gewissen Fällen die zwangsweise Bildung der stets öffentlichrechtlichen Wassergenossenschaften auch gegen den Willen der Beteiligten in Aussicht zu nehmen; vgl. §§ 207 Ziff. 3, 245 ff. Es ist das die Rückkehr zu der ursprünglichen Regelung des Wassergenossenschaftswesens im PrivFlußG vom 23. Febr. 1843, zu den Grundsätzen des Polizeistaats. Erforderlich mag die Bestimmung bei dem in den Motiven behaupteten völligen Versagen der freien Genossenschaften sein, da hier höhere Interessen auf dem Spiel stehen. Sie gibt aber doch zu denken.

[1] Vgl. oben S. 76 Note 44.

Mitglieder bestimmt sind, nach den Rechten des gemeinsamen Eigentums behandelt werden muß". Damit erscheinen diese Nutzungsrechte als freie Privatrechte, ohne Unterschied, ob sie an der im Eigentum der Gemeinde als juristische Person oder an der im Miteigentum der Gemeindeglieder stehenden Feldflur bestehen, ohne Rücksicht darauf, ob sie sich als dingliches Recht am Gemeindeeigentum oder als vom Gemeindevermögen völlig losgelöste gemeinschaftliche Eigentumsrechte darstellen.[2] Folgerecht „machen die Mitglieder der einzelnen Klassen unter sich keine besondere Korporation aus",[3] soweit diese „Klassen" gemeinschaftliche Angelegenheiten ihrer Mitglieder zu erledigen haben, sind sie bloße Privatgesellschaften im Sinne von ALR II 6, und nur zum Zwecke des Betriebs solcher gemeinschaftlicher Angelegenheiten wird die Organisation dieser Klassen der einer Korporation angenähert, indem Beschlüsse mit Stimmenmehrheit gefaßt werden. Überdies sollen alle Mitglieder der Gemeinde hinsichtlich der Nutzungen am Gemeindevermögen gleiche Rechte haben (§§ 28—30), insoweit nicht ausdrücklich Gesetze oder Verträge entgegenstehen, hinsichtlich deren es bei dem seitherigen Sonderrecht sein Bewenden hat (§ 31).[4] So war die privatrechtliche Natur dieser Reste der alten Markgemeinde im Prinzip durchgeführt; folgerecht gehörten Streitigkeiten hinsichtlich der Beitragspflicht zu den Gemeindelasten, nach der sich normaliter der Umfang der Teilnahme an den Nutzungen richtet (§ 29), vor die ordentlichen Gerichte,[5] und die Mitglieder der Agrargenossen-

---

[2] Gierke, Theorie S. 203; Genossenschaftsrecht 1 688; Dernburg, Preußisches Privatrecht, 1. Aufl. 1 94 Note 10; Foerster-Eccius, 4. Aufl. 3 331.

[3] ALR II 7 §§ 24 ff., II 8 §§ 159—161; ob der korrespondierende § 54 der StO von 1808 Real- und Nutzungsgemeinden zu den Korporationen rechnet, ist nicht ersichtlich; vgl. Gierke, Genossenschaftsrecht 1 688 Note 117.

[4] Gierke, Theorie S. 221 Note 1 folgert aus §§ 23 u. 31, daß die Gemeinde keine Verfügung treffen könne, die nur die Rechte einzelner Mitglieder oder einer Klasse derselben verkürzen oder einzelnen besondere Lasten auferlegen würde. Das ergibt sich meines Erachtens bereits aus ALR II 6 §§ 68—72.

[5] Koch, 4. Aufl., Note 27a zu § 31; II 6 § 88 ALR; es kann auch die Gemeinde klagen.

schaft, die ihr Recht nicht auf Grund der Gemeindezugehörigkeit beanspruchen, tragen die Beweislast.[6]

Mit dieser Auffassung steht in engster Verbindung die Auffassung, daß die bestehenden privatrechtlichen Gemeinschaften „im Interesse der Landeskultur" aufzuheben seien. An die Stelle der dahinzielenden Vorschriften in ALR I 17 Abschn. 4 trat die Gemeinheitsteilungsordnung vom 21. Juni 1821, deren § 16 bestimmt, daß „bei Grundstücken, deren Eigentum einer Stadt- oder Landgemeinde zusteht, deren Nutzungen aber den einzelnen eingesessenen Gemeindegliedern gebühren, jedes nutzungsberechtigte Mitglied die Auseinandersetzung verlangen kann". Die einsetzenden Teilungen machten den gemeinschaftlichen Berechtigungen in Altpreußen ein rasches Ende.[7] Als Gefahr für die Gemeindevermögen einsetzte, beschränkte die Deklaration vom 26. Sept. 1847 die Verteilungen zu Privateigentum der Nutzungsberechtigten auf die Fälle, in denen diese ihr Recht auf die Nutzungen auf einen wahren privatrechtlichen Titel gründen konnten.[8] Damit gelangte zwar zur Anerkennung, daß die Rechte der Mitglieder der Nutzungsgemeinden auch öffentlich sein könnten,[9] und insoweit soll die Verteilung der Gemeinheiten nur noch zu gemeinem Nutzen, d. h. zugunsten der Gemeindekasse erfolgen können, auch ist die Initiative der einzelnen Berechtigten ausgeschlossen. Aber auch hinsichtlich dieses Teils des Gemeindevermögens gibt die Deklaration von 1847 die Auffassung als eines

---

[6] Gierke, Genossenschaftsrecht 1 692 Note 128.

[7] Gierke, Deutsches Privatrecht 1 598.

[8] Verboten ist die Verteilung des eigentlichen Gemeindevermögens sowie des Teils des Gemeindevermögens, dessen Nutzungen den Gemeindegliedern oder Einwohnern „vermöge dieser ihrer Eigenschaft" zukommen, mögen auch die Nutzungsrechte „noch außerdem durch besondere persönliche Verhältnisse bedingt sein". Die Verteilung des nur mit bürgerlichen Nutzungen belasteten Gemeindeguts unter die Mitglieder stellt sich nunmehr als Verteilung von Korporationsgut dar und ist als solche verboten; vgl. Gierke, Theorie S. 233 Note 2.

[9] Die alte Auffassung der Realgemeinde als öffentlichrechtlicher Korporation setzte sich also durch, trotzdem kraft Gesetzes der Charakter als privatrechtliche Gemeinschaft festgehalten wurde (vgl. Gierke, Theorie S. 203 Note 2), weshalb dieser Fall als Ergänzung der Zitate das. S. 213 Note 3 und S. 102 Note 2 angeführt werden könnte.

gemeinschaftlichen Privatvermögens der Gemeinde nicht auf, das dem Eigentum der juristischen Person entzogen und zum Miteigentum der Berechtigten gestempelt wird,[10] so daß schließlich die Gemeinschaft der Berechtigten als privatrechtliche Vereinigung erscheint. Und da außerdem durch ALR II 6 § 72, II 7 §§ 24 ff., II 8 § 160 die Korporationsqualität solcher Agrargenossenschaften ausgeschlossen ist, kann ein weiteres Eingehen auf diese Reste der alten Markgemeinde hier unterbleiben.[11]

---

[10] JMBl 1845 S. 38; Gierke, Theorie S. 203 Note 2, S. 211 Note 1; Deutsches Privatrecht 1 593 Note 14; Dernburg, Preuß. Privatrecht 1 94 Note 10.

[11] Erwähnt sei hier nur (vgl. auch oben S. 72 Note 29):

1. daß das Zuständigkeitsgesetz vom 1. Aug. 1883 in den §§ 18, 21 und 34 in erheblichem Umfange das verwaltungsgerichtliche Streitverfahren hinsichtlich der Nutzungsrechte zugelassen hat, was immerhin eine Konzession an deren öffentlichen Charakter bedeutet, wie denn auch in Preußen dieser öffentliche Charakter — als Ausfluß der Gemeindemitgliedschaft — immer wieder die Rechtsprechung beeinflußt hat; vgl. die Note 9 angeführten Zitate aus Gierke, Theorie;

2. daß nach der Rechtsprechung des OVG für den Begriff der „Klassen von Gemeindegliedern" im Sinne der §§ 23 ff. II 7 ALR eine Verknüpfung des Charakteristikums dieser Klassen mit „Grundbesitz und dessen Abstufungen" (LGO vom 14. April 1856 § 5 Nr. 1, 4; § 12) erforderlich ist (OVG 1 133). Zurückzugehen sei stets auf lokale Rechte; „wo die Gemeinderechte und -Pflichten derart verschieden unter verschiedene Kategorien der Gemeindeglieder verteilt sind, daß dadurch diese Kategorien als solche gemeinsame Angelegenheiten betreiben oder zu einander in Beziehung treten, da bilden sie eine Klasse im Sinne des ALR" (OVG 5 164). In OVG 13 198 sind „die Fischer", die Besitzer einer sog. Fischernahrung, d. h. Besitzer von Gütern, mit denen eine Fischereigerechtsame verbunden ist, als Klasse anerkannt, „ganz so wie Bauern, Kossäten, Ganz- und Halbhüfner anderer Gemeinden, weil hier die Fischer gewisse Aufgaben, wie den Schutz der Felder und Wiesen durch Anstellung und Besoldung der erforderlichen Hüter und Wächter nach der bestehenden Gemeindeverfassung allein besorgen, mag nun diese Einrichtung auch andern Grundbesitzern in der Feldflur zugute kommen oder nicht". OVG 8 163 stellt unter Anführung zahlreicher Belegstellen den Satz auf, daß das „gemeinsame Merkmal für eine Klasse ländlicher Gemeindeglieder ausschließlich in der Gleichheit der Berufsstellung zu den Aufgaben des damaligen ländlichen Gemeindelebens" gefunden werden müsse, „in diesem Sinne seien die landrechtlichen Bestimmungen von Verwaltung und Gerichtspraxis stets ausgelegt worden";

3. daß (vgl. auch Note 5 u. 6) die „Klassen" der Gemeindeglieder auch

2. Haubergsgenossenschaften.

Eine grundsätzlich abweichende Auffassung bringt der Staat den in manchen Teilen Westfalens und der Rheinlande bestehenden Resten der Markgemeinde entgegen, den sog. Haubergsgenossenschaften der Kreise Siegen und Altenkirchen, und Jahnschaften im Kreise Olpe, die ein Analogon in den Gehöferschaften der Eifel finden. Es handelt sich um Genossenschaften, die gemeinsam Wald- und Feldwirtschaft betreiben.[12]

Der haubergsmäßige Betrieb läßt sich im Siegerland, für das schon verhältnismäßig frühzeitige Aufzeichnungen vorliegen, als „uralte Observanz" nachweisen (Dillenburgische Intelligenznachrichten von 1796 S. 563); 1467 liegt ein Streitfall über den Bezug des Zehnten vom Haubergskorn vor (Achenbach S. 12) usw. Die Konservierung dieses alten genossenschaftlichen Betriebs hängt in der ganzen Gegend, wie Achenbach für das Siegerland nachweist,[13] mit dem Bedarf von Holzkohle für den gleichfalls genossenschaftlich gehandhabten Hüttenbetrieb und von Lohrinde für Gerbereien zusammen. Das der Hauberge Eigentümliche ist die Verquickung von Wald- und Feldgemeinschaft. Der große Bedarf der genannten Industrien an Erzeugnissen des Waldbetriebs bringt es nämlich mit sich, daß nur ein verhältnismäßig kleiner Teil der Gesamtfläche in Getreideland umgewandelt

---

als Körperschaft klagen und verklagt werden können (Gierke, Theorie S. 218 und die das. S. 211 Note 3 zit. Entscheidungen);

4. daß die zahlreichen Sonderfragen, wie der Vererblichkeit, Veräußerbarkeit, Teilbarkeit der Nutzungsrechte, ob sie als subjektivdingliche Rechte bestimmten Grundstücken anhaften oder selbständige Gerechtigkeiten sind usw., nach dem Recht des einzelnen Allmendverbands zu entscheiden sind (Gierke, Theorie S. 221 Note 3).

[12] Literatur: Achenbach, Die Haubergsgenossenschaften des Siegerlandes (1863); Delius, Hauberge und Haubergsgenossenschaften des Siegerlandes (1910); Hanssen, Agrarhistorische Abhandlungen (1884) 2 1—19. — Aus diesem Material und der nachstehenden Skizze ergibt sich, daß die von Cosack in der 17. Auflage des v. Gerberschen Systems des Deutschen Privatrechts, 1895 S. 146 Note 1 gegebene Erläuterung, was unter Haubergsbetrieb zu verstehen sei, mindestens recht summarisch ist.

[13] Vgl. auch die Motive zu dem Entwurf einer HO, StenB. des Herrenhauses 1877/78, Aktenstück 14, Anl. S. 61.

ist. Der Bedarf an Getreideland wird nun dadurch gedeckt, und damit das Land nicht völlig auf die Einfuhr von Getreide angewiesen, daß ein Teil des Waldlandes in regelmäßigen Zeitabschnitten dem Getreidebau nutzbar gemacht wird. Achenbach schildert uns diesen Wechsel der Betriebsweise, der vermutlich heute noch in derselben Weise vor sich geht wie in grauester Vorzeit, anschaulich wie folgt:

„Für jeden Haubergsbezirk einer Genossenschaft besteht bezüglich des Niederwaldes eine 16—20jährige Umtriebszeit, so daß der Bezirk in eine gleiche Anzahl Haue oder Schläge zerfällt und in jedem Jahr ein Hau zum Abtrieb gelangt ... Nachdem die auf die Holznutzung gerichteten Arbeiten erledigt sind, wird der Rasen im Hauberg abgeschält, auf kleine Haufen gebracht, verbrannt und die Asche als Düngmittel über den ganzen Schlag gebreitet. Hieran schließt sich an einem bestimmten Tag die Aussaat des Winterroggens. Ende August des folgenden Jahres wird der Roggen geschnitten, worauf der Hau mehrere Jahre geschlossen bleibt, um demnächst bis zu seinem in 16 oder 20 Jahren wieder erfolgenden Abtrieb gleichzeitig als Viehweide seitens der politischen Gemeinde benutzt zu werden ... Der größte Teil der Hauberge steht sog. Haubergsgenossenschaften zu, deren Mitglieder der Regel nach sehr zahlreich sind. An deren Spitze steht zur Leitung der gemeinschaftlichen Geschäfte, zur Ausführung der Beschlüsse und zur Aufsicht über den Hauberg ein Haubergsvorsteher ... Die Genossenschaften bewirtschaften und benutzen den Hauberg nicht für gemeinschaftliche Rechnung, sondern in dem jährlichen Haue wird einem jeden Teilhaber sein besonderes Stück Land zur Abholzung und Fruchtbestellung zugewiesen. Kommt nach Ablauf der 16—20jährigen Umtriebszeit derselbe Hau wieder zum Abtriebe, so erfolgt eine neue Verteilung desselben unter die Genossen. Keinem Haubergsgenossen steht demnach ein körperlich geschiedener Anteil am Hauberge als Eigentum zu, sondern jeder Beteiligte ist nur zu einem ideellen Anteile der Art an demselben berechtigt, daß in dem jährlichen Haue demselben nach Maßgabe seines Idealanteiles ein Stück Land zum Holzabtriebe und zur Roggenbestellung zugeteilt wird. Nach geschehener Ernte hört das Nutzungsrecht des einzelnen an dem zugewiesenen Lande auf und der Hau erscheint wiederum auch hinsichtlich der Nutzung als ein unteilbares Ganze.

Behufs der Verteilung des jährlich zum Abtrieb gelangenden Haus besteht ein jeder Hau eines und desselben Haubergs aus einer gleichen Anzahl von Unterabteilungen, die Stammjähne oder auch kurzweg Jähne genannt werden. In den verschiedenen Haubergsbezirken ist die Anzahl der Jähne derart abweichend, daß dieselbe von 2—21 wechselt, wenn auch am meisten 8—10 Jähne vorzukommen pflegen. Da nun wenigstens in allen Hauen eines und desselben Haubergs eine gleiche Anzahl Jähne vorhanden ist, die verschiedenen Haue desselben Haubergs aber meist, wie bereits bemerkt, einen abweichenden Flächeninhalt haben, welcher auch den Flächeninhalt der Jähne in den verschiedenen Hauen verschieden sein läßt, so ist dem Jahn in jedem Hauberg eine gleiche ideale, auf alle Schläge des Haubergs anwendbare Größe beigelegt. Letztere besteht bald in einer bestimmten Summe von Ruten, so daß z. B. 1000 Ruten einen Jahn, 500 einen halben, 250 einen viertel Jahn bezeichnen, oder in einem bestimmten Getreidemaß, indem u. a. 10 Mesten (à 1 Malter oder 8 Becher) einen Jahn ausmachen, oder endlich in einer bestimmten Geldsumme von Albus und Pfennigen, so daß z. B. 10 Albus einen Jahn bilden. Die ideale Größe des Jahns ist indessen, wenn auch immer zur Bestimmung derselben ein Ruten-, Getreide- oder Geldmaß zugrunde liegt, in den verschiedenen Haubergen in der Art abweichend, daß z. B. bei der Bestimmung nach Albus bald 10, 24, 48 usw. Albus als abstrakte Größe des Jahns vorkommen ...

Das die abstrakte Größe des Jahns, Haues oder Haubergs angebende Flächen-, Getreide- oder Geldmaß bestimmt auch die Berechtigung des einzelnen Genossen, indem dieselbe gleichfalls in Albus und Pfennigen, Maßen und Becher, Schuhen und Fußen ausgedrückt wird. Bei der Angabe, daß ein Genosse zu 1 Albus, zu 6 Pfennig, zu 2 Mesten, zu 4 Bechern am Hauberg berechtigt sei, läßt sich sofort das Verhältnis dieses Anteils zum Jahn, Hau und Hauberg ermitteln, sobald die Idealgröße des Jahns, die Zahl der Jähne im Haue und die Anzahl der Haubergsschläge bekannt ist. Demgemäß muß diese Idealeinteilung in Verbindung mit der Teilung eines jeden Haues in eine feststehende Anzahl von Jähnen von gleicher idealer Größe die Zuteilung des jährlichen

Haues an die einzelnen Genossen zum Zwecke des Abtriebes und der Fruchtbestellung wesentlich erleichtern. Ist nämlich die ideelle Größe eines Jahns z. B. 10 Albus und stehen einem Genossen 10 Albus Hauberg zu, so muß diesem in dem jährlichen Haue ein ganzer Jahn zugewiesen werden. Machen aber die Anteile von 12 Genossen einen Stammjahn aus, so wird denselben zusammen ein Jahn im Schlag zugeteilt, den diese unter sich nach Maßgabe ihrer Anteile wieder in einzelne Teile behufs der Abnutzung zu zerlegen haben. Um zu dieser reellen Teilung des Haues in Jähne und der Jähne in Unterabteilungen überzugehen, bedarf es, wenn ein Schlag des Haubergs aus 4 Stammjähnen besteht, der Abmessung und Abgrenzung des Haues in 4 gleiche Teile, welche indessen der Art gelegt zu werden pflegen, daß jeder Jahn dem andern mit Rücksicht auf Holzwuchs und Bodenbeschaffenheit gleichsteht. Nachdem die Genossen mit ihren Idealanteilen auf dem Papier in die 4 Jähne verteilt sind, wird durch das Los entschieden, welche der 4 Untergenossenschaften den körperlich abgegrenzten 1., 2., 3. oder 4. Jahn erhalten soll. Hierauf schreitet sodann jede dieser Untergenossenschaften in ihrem Jahn, und zwar wiederum mit Hilfe des Loses, nach Maßgabe der Idealanteile des einzelnen Genossen zum Kleinteilen, wobei kleinere Stücke durch gegenseitigen Austausch unter den Genossen konsolidiert oder auch für Rechnung sämtlicher Teilhaber verkauft zu werden pflegen.

Das ganze Geschäft wird, wie bei den Gehöferschaften der Eifel, ohne Zuziehung von Geometern von den Beteiligten selbst auf eine alle zufriedenstellende Weise ausgeführt und auch hier bewahrheitet sich, daß bei der Genossenschaft die Zahl der Beteiligten nicht den nachteiligen Erfolg hat, wie die Zersplitterung des Grund und Bodens in kleine Parzellen beim reell abgeteilten Sondereigentum.

Nach vorstehender Darstellung bilden also die Hauberge der Genossenschaften ein gleichzeitig dem Ackerbau dienendes bestimmt abgegrenztes Areal, das mehr als die Hälfte des Landes umfaßt. Ein Teil des ersteren, der jedesmalige Hau eines jeden Haubergs, wird jährlich zur Roggenbestellung herangezogen, während die übrigen Haue zum Zwecke der Holzzucht und Viehweide liegen bleiben. Mit dem jährlichen Wechsel der Haue tritt auch ein Wechsel des von jedem Teilnehmer zum Ackerbau benutzten Grund und Bodens ein, und nur durch Zufall wird derselbe Genosse, wenn nach 16 oder 20 Jahren derselbe Schlag wieder zur Sondernutzung gelangt, das vormals bestellte Land wiedererhalten. Trotz der bestehenden Sondernutzung seitens der einzelnen Beteiligten besteht kein körperlich ausgeschiedenes Sondereigentum am Hauberg. Das Ackerland durchwandert während des 16—20jährigen Umtriebes den ganzen Haubergsbezirk."

Ganz ähnlich haben wir uns den Betrieb in den Haubergen des Kreises Altenkirchen, die gleichfalls genossenschaftlich bewirtschaftet werden, zu denken, ebenso in den Jahnschaftsforsten des Kreises Olpe, wo uns organisierte „Jahnschaften" begegnen, zweifelsohne alles, wie die Gehöferschaften der Eifel, Reste uralter Markgemeinden.[14] Hinsichtlich der Hauberge ist diese Annahme dadurch bestätigt, daß noch heutigentags die Haubergs- mit den Gemarkungsgrenzen zusammenfallen,[15] wenn auch seit alters bereits Ausmärker als Genossen zugelassen werden (Achenbach S. 10), was wieder mit der eine gewisse Freizügigkeit bedingenden Hüttenindustrie zusammenhängen mag.

Das Landeskulturedikt vom 14. Sept. 1811 gab die Benutzung der Waldungen dem Belieben der Eigentümer frei. Den sich hieraus ergebenden Schädigungen suchten — mit im Interesse der mitbetroffenen Industrien — Einzelbestimmungen in den westlichen Landesteilen abzuhelfen, die die Förderung der Forstkultur in den kleineren, zu gemeinschaftlichem Eigentum besessenen Forstwirtschaften einzelner Landesteile bezweckten.[16] Diesen Bestrebungen verdankten die verschiedenen Haubergsordnungen ihre Entstehung.[17] Die gegenwärtige Rechtsordnung

---

[14] Bestritten; vgl. Delius S. 15: Die Haubergswirtschaft sei im Mittelalter infolge wirtschaftlicher Verhältnisse entstanden.

[15] Gegen diese Behauptung Achenbachs wendet sich Delius.

[16] Interessant ist die Bemerkung des Landwirtschaftsministers in der Sitzung des Abgeordnetenhauses vom 4. Mai 1875 (StenB. **3** 1697), daß der Haubergsgenossenschaftsbetrieb in den Kreisen Siegen, Altenkirchen und Olpe einen Ertrag von 2—3 Th. pro Morgen ergebe, gegen 20 Groschen bis 1 Taler in benachbarten Gebieten mit Privatbetrieb in Kleinparzellen.

[17] Wegen der älteren Ordnungen vgl. v. Rönne, Staatsrecht, 4. Aufl. **4** 389. — Gegenwärtig gelten im Kreis Siegen die HO vom 17. März 1879,

geht dahin, daß die Genossenschaft zweifellos juristische Persönlichkeit besitzt;[18] ihr Gebiet, die Hauberge, sind „ungeteiltes Gesamteigentum der Besitzer" (§ 2), Verpfändung und Belastung der Hauberge sind verboten (§ 6), der einzelne Genosse behält indessen freie Verfügung über seinen Anteil (§ 7), doch dürfen über das für jeden Hauberg bestehende Mindestmaß hinaus Teilungen nicht erfolgen.[19] Die Leitung der Geschäfte liegt dem Vorstand ob (§ 17), der in gewissen Beziehungen durch die Einrichtung eines begutachtenden Organs, des Schöffenrats, beschränkt ist, z. B. hinsichtlich des Erlasses von Polizeivorschriften,

im Kreis Altenkirchen vom 19. April 1890, im Kreis Olpe gilt die Ordnung für die Jahnschaftsforsten vom 3. Aug. 1897. In Nassau gilt die alte herzogl. Verordnung vom 5. Sept. 1805 für die Bewirtschaftung der Hauberge, die durch die Gemeinheitsteilungsordnung für den Regierungsbezirk Wiesbaden vom 5. April 1869 anerkannt ist. Im Dill- und Westerwaldkreis gilt für die ehemals nassauischen Teile die HO vom 4. Juni 1887. — Wo im folgenden nichts weiter bemerkt ist, beziehen sich die Zitate auf die HO des Kreises Siegen.

[18] Nach der alten HO von 1834 konnte ernsthaft die juristische Persönlichkeit der HG. in Zweifel gezogen werden (§ 8 Abs. 3: H.-Sozietät); vgl. Delius S. 82. Der Regierungsentwurf von 1878 sprach ihr dagegen direkt die Eigenschaft einer jur. Person zu und begründete dies damit, daß der HG. nicht nur gemeinsame Wirtschaft und korporative Organisation neben den Rechten des Grunderwerbs und hypothekarischen Eintragsfähigkeit seither schon zugekommen sei. Auch seien ja ihre Zwecke durch das Gesetz bestimmt bezeichnet und abgegrenzt. Der Entwurf will die korporative Organisation noch selbständiger gestalten; vgl. Herrenhaus 1877/78 Anl. S. 61 u. 62. Der Landwirtschaftsminister bezeichnete übereinstimmend mit diesen Bemerkungen über die Rechtslage nach der alten HO in der Sitzung des Abgeordnetenhauses vom 4. Mai 1875 „die HG." als Eigentümerin des Waldes. — Es soll im folgenden gezeigt werden, daß die HG. eine echte Korporation des öffentlichen Rechts ist, der also, trotzdem sie nur eine beschränkte private Rechts- und Handlungsfähigkeit besitzt, alle Rechte zukommen, die der Staat mit dem Begriff der juristischen Persönlichkeit, insbesondere auf öffentlichrechtlichem Gebiet verknüpft (vgl. oben S. 25 Note 19). Die Verwaltungspraxis bestreitet die juristische Persönlichkeit der HG. (Delius S. 88), sie sei ein reines Gemeinschaftsverhältnis.

[19] Die Jahnschaften des Kreises Olpe sind bedingungsweise teilbar (§§ 4 u. 5 des G. vom 3. Aug. 1897). Hinsichtlich dieser Jahnschaften weicht die Organisation überhaupt mehrfach ab, indem sie sich einer weit größeren Selbständigkeit erfreuen.

die die Bewirtschaftung betreffen (§ 32). Der „Vorsteher" hat eine eigene Strafbefugnis wegen Übertretung der Wirtschaftsordnung, zu deren Verwirklichung er ein Zwangsverfahren durchführen kann (§ 19), die Genossenschaft erhebt eine eigene Umlage nach Verhältnis der Anteile (§§ 8, 28), ihre Geschäfte stehen unter Aufsicht des Landrats, der insbesondere den Betriebs- und Hutungsplan genehmigt und jeden Genossenschaftsbeschluß suspendieren kann (§ 30), gegen dessen Anordnungen Beschwerde an die Bezirksregierung stattfindet (§ 31), nicht etwa Klage im Verwaltungsstreitverfahren, und der stets im Schöffenrat vertreten ist (§ 25). Die Genossenschaft stellt eigene Polizeibeamte an, sog. Schützen, die zugleich als Exekutivbeamte fungieren und die Kulturarbeiten auszuführen oder zu überwachen haben (§ 23). Auf die Dienstvergehen der Beamten der Genossenschaft finden die Strafvorschriften für Gemeindebeamte Anwendung gemäß des Gesetzes vom 21. Juli 1852 (§ 33).

Angesichts dieser Organisation unterliegt es keinem Zweifel, daß die Haubergsgenossenschaften Korporationen des öffentlichen Rechts sind, auch wenn das Gesetz von den „im gemeinsamen Eigentum der Genossen" stehenden dinglichen Substrat der Genossenschaft ausgeht. Die Stellung des Landrats[20] läßt deutlich die Auffassung erkennen, daß hier ein Stück staatlicher Verwaltung geregelt wird. Die Korporation besitzt eigene Zwangs- und Hoheitsrechte gegenüber ihren Mitgliedern, Streitigkeiten werden intern ausgetragen,[21] bei Streitigkeiten über die örtliche Abgrenzung der den Genossen bei der Nutzung zu überweisenden Grundfläche ist nach §§ 26—27 der Rechtsweg sogar überhaupt ausgeschlossen. Und diese Regelung hat nicht stattgefunden im Interesse der in der Genossenschaft zusammengefaßten Einzelrechte, sondern im Interesse der Nutzbarmachung der zersplitterten Einzelkräfte zugunsten der Volkswirtschaft des ganzen Gebiets. Läßt sich auch darüber streiten, ob bei den heutigen Existenzbedingungen der beteiligten Industrien und bei den

---

[20] Diese geht weit über eine bloße Aufsicht hinaus und spiegelt deutlich die Verpflichtung der Genossenschaft dem Staat gegenüber wider, die auf Erfüllung der genossenschaftlichen Aufgabe abzielt.

[21] Soweit sie nicht auf Grund von § 34 pos. 3 des Zuständigkeitsgesetzes vom 1. Aug. 1883 im Verwaltungsstreitverfahren zu erledigen sind.

heutigen Verkehrsverhältnissen die Erhaltung der Haubergsgenossenschaft innerlich gerechtfertigt ist, so ist doch nicht von der Hand zu weisen, daß wir hier nach geltendem Recht die typische Zwangsorganisation „im Interesse des gemeinen Wohls" vor uns haben, deren öffentlichrechtlicher Charakter nicht bestritten werden kann.[22]

3. Landschaften.[23]

In Anlehnung an den Plan des Berliner Kaufmanns Bühring[24] rief Friedrich II. durch KabO. vom 29. Aug. 1769 die Schlesische Landschaft ins Leben, um der durch die Kriegsjahre und die sich anschließende landwirtschaftliche Krise bedingten Kreditnot des schlesischen Adels zu steuern. Von den weiteren landschaftlichen Gründungen interessieren hier vor allem die vorlandrechtlichen, nämlich das Kur- und Neumärkische ritterschaftliche Kreditinstitut von 1777, die pommersche (1781), westpreußische (1787) und die ostpreußische Landschaft (1788). Diese fünf Landschaften werden auch als die „alten" Landschaften bezeichnet, im Gegensatz zu den später errichteten „neuen" Landschaften. Die Landschaft sollte als Kreditvermittler zwischen den kreditsuchenden Grundbesitz und die Kapitalisten treten, indem sie die Güter der in der Landschaft vereinigten Grundbesitzer abschätzt, einträgt und bis zu zwei

---

[22] Die HG. ist als öffentlichrechtlich anerkannt, wenn auch ohne Begründung in OVG **57** 169; als solche wird sie auch bezeichnet bei Gierke, Theorie S. 212 Note 2. — Es sei hier noch abschließend bemerkt, daß die in den alten HO erstmalig zum Niederschlag gelangten Gedanken eine Fortführung erfuhren in dem Waldkulturgesetz für den Kreis Wittgenstein vom 1. Juni 1854, und daß sie schließlich bei der Ausbildung von Waldgenossenschaften im Waldschutzgesetz vom 6. Juli 1875 vorbildlich waren.

[23] Literatur: Gierke, Genossenschaftsrecht 1 1068 ff.; Rabe, Darstellung des Wesens der Pfandbriefe, Halle u. Berlin 1818; Mauer, Das landschaftliche Kreditwesen Preußens, Straßburg 1907; Thayßen, Die Generalgarantie der ostpreußischen Landschaft, GruchotsBeitr. **53** 807 ff.; Franz, Die landschaftlichen Kreditinstitute in Preußen, Berlin 1902; Handwörterbuch für Staatswissenschaften, 3. Aufl., Art. „Landschaften"; v. Brünneck, Beiträge zur Geschichte und Dogmatik der Pfandbriefsysteme nach preuß. Recht, GruchotsBeitr. **28** u. **29**. — Die im Text folgenden Zitate sind, soweit nichts bemerkt, den landschaftlichen Reglements und Statuten entnommen.

[24] Der Plan ist abgedruckt im „Deutschen Ökonomist" 1894 S. 325.

Drittel des festgestellten Werts beleiht. Die Mittel zur Beleihung verschafft sie sich durch die Ausgabe von Pfandbriefen, d. h. auf den Inhaber lautenden Hypothekeninstrumenten, „von den verbundenen Ständen auf Rittergüter ausgefertigt und sowohl in Ansehung der Sicherheit des Kapitals als wegen der richtigen und prompten Abführung der Zinsen ihren Inhabern garantiert". Sie enthalten im Text den Namen des speziell verpfändeten Guts und sind einzeln nach Nummer und Betrag auf das beliehene Gut eingetragen.

Die juristische Konstruktion des dreiseitigen Verhältnisses: Landschaft — Darlehnsnehmer — Pfandbriefinhaber ist nicht ganz einfach und hat auch tatsächlich die eigenartigsten Konstruktionsversuche gezeitigt. So hat es verhältnismäßig lange gedauert, bis sich die bereits von Rabe 1818 aufgestellte Ansicht durchzusetzen vermochte, daß das Verhältnis zwischen Landschaft und Darlehnsnehmer ein einfaches Darlehnsgeschäft darstellt, wobei die dem Kreditnehmer ausgehändigten Pfandbriefe als die Valuta anzusehen sind. Die Landschaft ist für ihre Ansprüche aus diesem Darlehnsgeschäft — abgesehen von einer Reihe inzwischen beseitigter Privilegien, namentlich konkursrechtlicher Natur — dadurch dinglich gesichert, daß sie ein weitgehendes Aufsichtsrecht hat und im Falle nicht pünktlicher Zinszahlung oder der Devastation des Grundstücks ohne vorherige Ausklagung das Gut selbständig sequestrieren und erforderlichenfalls zur Zwangsversteigerung bringen kann, wobei der Zuschlag jedoch an die Bedingung geknüpft ist, daß mindestens ein Gebot in Höhe des landschaftlichen Darlehns abgegeben ist. Diese als gesetzliche Hypothek anzusprechende dingliche Sicherung wird nicht im Grundbuch eingetragen, was um deswillen nicht erforderlich ist, weil sich die landschaftlichen Reglements als Spezialgesetze darstellen und ihnen durch die Hypothekenordnung des ALR, die im übrigen gesetzliche nichteingetragene Hypotheken nicht mehr kennt, nicht derogiert ist.

Neben diesem einfachen Rechtsverhältnis stehen die Beziehungen zwischen Pfandbriefinhaber und Landschaft, die sich als Verpflichtung aus der Schuldverschreibung auf den Inhaber darstellen, vermöge deren die Landschaft verpflichtet ist, binnen 6 Monaten nach der auf Johanni oder Weihnachten zulässigen

Aufkündigung die im Pfandbrief genannte Summe zu zahlen, ebenso die dort zugesicherten Zinsen. Es handelt sich also um eine reale Schuldverpflichtung der Landschaft, für deren Erfüllung sowohl deren eigenes Vermögen haftet, als auch subsidiär sämtliche in die sog. Generalgarantie einbezogenen Güter. Es liegt keineswegs nur eine Ausfallbürgschaft vor. Auch nach Beseitigung der Kündbarkeit der Pfandbriefe ist die originäre Verpflichtung der Landschaft bestehen geblieben, die sich jetzt allerdings auf die Zahlung der versprochenen Zinsen und den Anspruch aus der Generalgarantie beschränkt. Immerhin ist die Landschaft nach wie vor dem Pfandbriefinhaber persönlich verpflichtet und haftet ihm auf die Erfüllung dieser persönlichen Verpflichtung mit ihrem eigenen Vermögen.

Für die Erfüllung der im Pfandbrief versprochenen Leistungen an Hauptgeld und Zinsen haftet dem Pfandbriefinhaber aber auch das im Pfandbrief bezeichnete Gut. Irgend eine persönliche Beziehung zwischen dessen Eigentümer und dem Inhaber des Pfandbriefs besteht nicht. Dieses dingliche Recht des Pfandbriefinhabers ist nicht an eine vorgängige Inanspruchnahme der Landschaft geknüpft, stellt sich also nicht, wie Westphal, Pfandrecht S. 178, behauptet, als Bürgschaft dar. Ebensowenig handelt es sich um eine Grundschuld, wie Dernburg und Maurer annehmen, noch um ein den Reallasten zuzurechnendes Rentenrecht (Stobbe), noch um ein Afterpfandrecht (v. Brünneck). Das Spezialpfandrecht des Pfandbriefinhabers ist vielmehr als Hypothek zu konstruieren, wie dies von Beseler, Koch, Gerber und Eichhorn geschehen ist. Und zwar stellt sie sich, da der Briefinhaber eine persönliche Forderung gegen den Eigentümer nicht hat, als Hypothek für die Forderung gegen die Landschaft als persönliche Schuldnerin von Kapital und Zinsen dar (Gierke, Deutsches Privatrecht 2 947). Es handelt sich also, wie auch Fœrster-Eccius (1 428) unter Berufung auf § 47 der GBO von 1872 bestätigen, um eine regelrechte Inhaberhypothek, die im übrigen dem preußischen Recht unbekannt ist. Diese Hypothek des Pfandbriefinhabers konkurriert mit der der Landschaft und geht ihr im Kollisionsfall vor.

Die konstruktiven Schwierigkeiten mögen nicht zum wenigsten dazu beigetragen haben, die alten Güterpfandbriefe aus dem

Verkehr zu ziehen, deren Ausfertigung zuerst in Pommern 1857 und zuletzt in Schlesien 1872 eingestellt wurde. Ihr Umlauf ist heute nur noch ein ganz geringer, für Ostpreußen belief er sich 1901 auf 210000 M. bei einem Gesamtumlauf von über 350 Millionen Mark Pfandbriefen.

Bei dem System der neuen Pfandbriefe ist die Individualbeziehung auf ein bestimmtes Gut weggefallen, ebenso bei den neuen Landschaften die Generalgarantie. Es bestehen hier keinerlei direkte Beziehungen mehr zwischen Pfandbriefinhaber und Grundeigentümer, der rechtliche Zusammenhang zwischen Pfandbrief und der jetzt der Landschaft förmlich zu bestellenden Hypothek ist nur noch ein indirekter und kommt äußerlich durch den Vermerk auf dem Pfandbrief zum Ausdruck: Ausgefertigt auf Grund einer Hypothekenforderung von gleichem Betrag. Die alten Landschaften haben indessen auch hier an der Generalgarantie festgehalten, während bei den neueren Landschaften der Bühringsche Plan verwirklicht ist, wonach der landschaftliche Kredit sich selbst tragen soll und keiner Stütze durch eine Generalgarantie bedürfe.

Der Inhalt dieser Generalgarantie geht dahin, daß sämtliche einbezogenen Güter solidarisch für einen etwaigen Ausfall des Pfandbriefbesitzers bei den zunächst Zahlungspflichtigen, nämlich der Landschaft bzw. dem Eigentümer des speziell verpfändeten Guts haften. Diese subsidiäre Verpflichtung beruht unmittelbar auf den landschaftlichen Reglements und ist durch die neuere Grundbuchgesetzgebung nicht berührt worden. Es steht also nichts im Wege, die Generalgarantie mit Dernburg und Gierke als gesetzliche Generalhypothek zu konstruieren, deren Eintragung im Einzelfall sogar von seiten der Landschaft verlangt wurde. Nun kennt bereits das ALR Generalhypotheken nicht mehr. Man hat daher nach einer anderen Konstruktion der Generalgarantie gesucht und geglaubt, eine solche in der Annahme, die Generalgarantie sei eine gemeine Last, gefunden zu haben, so Thayssen in GruchotsBeitr. Bd. 53 in Anlehnung an eine KabO vom 6. Dez. 1832. Diese Annahme hat zwar manches für sich. Indessen ist sie meines Erachtens nicht notwendig. Denn die Reglements der Landschaften, die die Generalgarantie verlangen, haben sämtlich noch die Hypothekenordnung von 1783 erlebt, der die Generalhypothek nichts Fremdes war. Sind aber, und darüber scheint kein Streit zu bestehen, die Reglements heute noch Sepzialgesetze der Landschaften, dann liegt es auf der Hand, daß eine solche historische Reminiszenz nicht zu einer Konstruktion führen muß, die den Begriff der Generalhypothek vermeidet. Überdies ist die Streitfrage um deswillen müßig, weil die Generalgarantie stets in der zweiten Abteilung des Grundbuchs einzutragen ist, wo der Platz der Lasten und Beschränkungen ist. Eine Eintragung ist aber für den Bestand der Generalgarantie nicht notwendig. Richtiger Ansicht nach (Rabe) beschränkt sich die Generalgarantie auf die Haftung mit dem Grundstück und nicht etwa ist (mit v. Brünneck) eine persönliche Haftung des Besitzers mit seinem sonstigen Vermögen anzunehmen.

Darüber, wer als Mitglied der Landschaft anzusehen ist, sprechen sich die Reglements und Statuten der Landschaften nicht direkt und unzweifelhaft aus, die lediglich von der dinglichen Verbindlichkeit der Güter sprechen. Irgend welche Förmlichkeiten für den Beitritt und das Ausscheiden der Verbundenen sind nicht vorgeschrieben. Man wird daher die Mitgliedschaft an Hand der dinglichen Real- oder Zweckverbindung festzustellen haben. Mitglieder der Landschaft sind alsdann die Besitzer der zum Kreditwerk verbundenen Güter, und zwar nur als Besitzer und so lange, als sie im Besitz der Güter bleiben, wie dies auch das Reichsgericht in RGZ **1** 370 hinsichtlich der alten Posener Landschaft anerkannt hat. Der Plan Bührings forderte eine freiwillige Mitgliedschaft — „so es ohne Zwang verlangen" — er ist aber nur zum Teil verwirklicht; die dahinzielende Behauptung bei v. Rönne (4. Aufl., **4** 374) ist in dieser Allgemeinheit unrichtig. Von einer solchen freiwilligen Mitgliedschaft kann man nur bei den „neuen" Landschaften, bei den alten Landschaften dagegen nur in der Mark sowie in Neuvorpommern, und auch hier nur in gewisser Hinsicht, sprechen. Hier gehören nur die Besitzer der mit Pfandbriefen belegten Güter zur Landschaft, nur diese garantieren mit ihren Gütern die ausgegebenen Pfandbriefe, so daß also der Eintritt in die Verbindung an die Tatsache der Bepfandbriefung des Guts geknüpft ist. Eine freiwillige Mitgliedschaft liegt alsdann nur in dem Falle vor, daß das Gut neu mit Pfandbriefen belegt wird, während bei dem Erwerb eines bereits „bepfandbrieften" Guts von unfreiwilliger Mitgliedschaft zu sprechen sein dürfte. Bei den anderen alten Landschaften dürfte Zwangsmitgliedschaft anzunehmen sein, insofern hier alle bepfandbriefungsfähigen Güter in die landschaftliche Garantie einbezogen sind.[25] Abgesehen von einem gewissen Wert oder Reinertrag des Guts[26] ist ursprünglich Voraussetzung der Bepfandbriefungsfähigkeit, daß es sich um ein sog. adeliges oder Rittergut handelt, entsprechend der Auffassung zur Zeit der Errichtung der alten Landschaften, wonach Bauern keinerlei Kredites bedurften. Durch die Verordnung vom 9. Okt. 1807 fiel die Beschränkung des Erwerbs von Rittergütern auf Adelige allgemein. Doch dauerte es bis nach 1848, bis eine Ausdehnung der landschaftlichen Kreditverbindung auf den Bauernstand durchgeführt wurde, teilweise unter ausdrücklichem Ausschluß des bäuerlichen Besitzes von der Inkorporierung (so z. B. Schlesien), welchem Ausschluß aber andererseits die Freiheit von der Generalgarantie entsprach, wodurch wieder die Ausgabe neuer Pfandbriefe bedingt wurde. Die Erweiterung der Bepfandbriefung auf bäuerliche Güter war weiterhin der Anlaß zur Gründung weiterer Kreditinstitute, eben der „Neuen Landschaften" oder „Neuen Kreditinstitute".

Eine besondere Stellung nimmt die bereits erwähnte alte Posener Landschaft ein. Sie sollte von vornherein keine dauernde Kreditverbindung sein, sondern bezweckte lediglich die Abwälzung und Tilgung alter Schulden. Den aufnahmefähigen Gutsbesitzern war für die Beitrittserklärung eine bestimmte Frist von fünf Jahren gestellt, nach Ablauf deren das Kredit-

[25] Bei der ostpreußischen Landschaft hat sich mit der Zeit ein gemischtes System herausgebildet. Zwangsmitgliedschaft besteht hier für die Besitzer der 1808 zu freiem Eigentum besessenen landwirtschaftlichen Güter im Wert von 500 Talern, wobei es zweifelhaft sein kann, ob dieser Wert damals bereits vorhanden gewesen sein muß. Alle anderen landwirtschaftlichen Güter im Wert von 1500 M. können freiwillig in den Kreditverband aufgenommen werden, wenn sie freiwillig der Generalgarantie unterworfen werden. Dasselbe gilt in gewissem Umfange auch für städtische Güter.

[26] Z. B. wird in der Mark ein Wert von 6000 Talern, in Schlesien ein Reinertrag von 300 Talern verlangt.

system für geschlossen erklärt wurde. Nach dieser Zeit wurde nur den bereits beigetretenen Besitzern erlaubt, ihre Pfandbriefschuld bis zur Hälfte des Wertes ihrer bepfandbrieften Güter zu erweitern. — Eine Ausnahme von der persönlichen Mitgliedschaft stellt der 1808 erfolgte Einschluß der Domänen und Forsten in die ostpreußische, und der Domänen in die schlesische Landschaft dar, der erfolgte, um den landschaftlichen Kredit zur Erschwingung von Kriegskontribution und Kriegsschulden heranziehen zu können.

Was die Rechtsnatur dieser Verbände anlangt, so sind sie zweifellos von jeher Korporationen gewesen, denen sowohl auf dem Gebiet des privaten wie des öffentlichen Rechts Rechtspersönlichkeit zukommt. Ersteres ist zwar nirgends expressis verbis ausgesprochen, doch ist die private Rechts- und Vermögensfähigkeit der Landschaft nicht in Zweifel zu ziehen, andernfalls sie ihren Zweck nicht gut erreichen könnte, weshalb sie auch durchgängig mit eigenen Vermögen (eigentümlichen Fonds) ausgestattet sind. Entsprechend der Auffassung des absoluten Polizeistaats erscheinen sie zunächst als korporativ organisierte Staatsanstalten, deren rechtliche Existenz und Erscheinungsform auf königlichem Privileg beruht, deren Verfassung durch königliche Genehmigung gesetzt und nur unter königlicher Genehmigung geändert werden kann. Ist es so im Grunde ein fremder Wille, auf dem die Existenz der Landschaft beruht und den sie zu verwirklichen berufen ist, so zeigt sich der anstaltliche Charakter weiterhin in der königlichen Bestätigung der höheren Beamten der Landschaft, und der der Gemeinnützigkeit des Instituts und den weitgehenden Privilegien entsprechenden Staatsaufsicht, die in erster Instanz von einem besonders bestellten königl. Kommissar (jetzt in der Regel der Oberpräsident) und in zweiter Instanz seit 1874 von dem Landwirtschaftsminister ausgeübt wird. Der schlesischen Landschaft ist ein besonderer Staatskommissar nicht beigeordnet. Dazu kommt die eigenartig dinglich bedingte Zugehörigkeit der Mitglieder zur Landschaft, die die Vermutung nahelegt, daß man an eine persönliche Mitgliedschaft überhaupt nicht, sondern nur an eine Realverbindung der Güter gedacht habe, wofür auch die Tatsache der Einbeziehung der Domänen in Ostpreußen und Schlesien spricht. Ganz im Sinne dieser Auffassung erklärt RGZ 1 371 den „Anteil am Vereinsvermögen der Landschaft" für ein „Zubehör des Guts". Die Organisation ist aber im übrigen tatsächlich rein genossenschaftlich; innerhalb der durch die Staatsaufsicht gezogenen Grenzen sind die Landschaften durchaus selbständig, sowohl was die Ausgestaltung des Statuts und die laufende Verwaltung sowie die Wahl und Anstellung von Beamten anlangt. Die Gesamtheit der Mitglieder, d. h. der Besitzer der zum Kreditwerk verbundenen Güter, ist der Ausgangspunkt der Organisation, vermöge deren die Kreditverhältnisse der zum überwiegenden Teile zwangsweise Verbundenen gebessert werden sollen. Aus ihrer mittelbaren oder unmittelbaren Wahl und Vollmacht schöpfen die leitenden Korporationsorgane ihre Befugnisse. An der Spitze jeder Gesamtlandschaft steht für die Leitung der allgemeinen Angelegenheiten ein von den Deputierten der verbundenen Grundbesitzer auf Zeit gewählter kollegialischer Vorstand nebst dem von ihm ernannten Unterpersonal — die aus einem Direktor, mehreren Räten oder Repräsentanten, einem Syndikus und einem Rendanten zusammengesetzte Generallandschafts- oder Hauptritterschaftsdirektion. Ihr tritt für Kontrolle, Decharge und Beschlußrevision ein gleichfalls gewählter, sich zweimal im Jahr versammelnder engerer Ausschuß zur Seite. Hauptorgan des Gesamtverbands aber ist der aus den Vorständen und gewählten Deputierten der engeren Kreise zusammengesetzte Generallandtag, welcher die oberste Kontrolle und die letzte Entscheidung in allen Gesamtangelegenheiten hat. Der Gesamtverband zerfällt vielfach weiter in autonome Unterverbände, an deren Spitze gewählte Provinziallandschaftsdirektionen (Fürstentumskollegien, Ritterschaftskollegien, Departementskollegien usw.) stehen, welche ebenfalls aus Direktor, Räten (Ältesten, Deputierten), Syndikus usw. zusammengesetzt sind. Diesen liegt unter Aufsicht und Oberinstanz der Generaldirektion die eigentliche Geschäftsführung ob, z. B. Kassenführung, Taxaufnahmen, Prüfungen, Pfandbriefausfertigung, Zinszahlung und -erhebung, Sequestration, Wirtschaftsbeaufsichtigung usw. In der Mark und Westpreußen handelt es sich dabei um eine bloße Verwaltungseinteilung, während in Schlesien und Pommern die Departements (Fürstentumslandschaften) eine korporative Verfassung haben und mit eigenem Vermögen ausgestattet sind. In Schlesien ist sogar der Hauptteil der Fonds Eigentum der Departements, und damit, daß diese eigentümlichen Fonds für die Sicherheit der Pfandbriefe haften, hängt es zusammen, daß in Schlesien die Festsetzung der Taxen und die Höhe des zu gewährenden Kredits den Fürstentumslandschaften zusteht, während die Generaldirektion nur zu einer Nachprüfung befugt ist. Endlich bestehen in den einzelnen Kreisen regelmäßige Versammlungen aller assoziierten Gutsbesitzer, sog. Kreistage, welche der Kreisälteste zweimal im Jahr für Wahlen und Beratungen beruft.

Die wichtigeren Privilegien der Landschaften ergeben sich aus ihrem Zweck und beziehen sich oder hängen zusammen mit der Bepfandbriefung. Aus der Zweckbestimmung und der korporativen Verfassung ergibt sich, daß jedes Mitglied ein (in Pommern, Ost- und Westpreußen ausdrücklich anerkanntes) mitgliedschaftliches Sonderrecht auf Bewilligung des satzungsmäßigen Kredits hat; die Landschaft kann ein Darlehnsgesuch nicht kurzerhand ablehnen. Es ist dies weder ein öffentliches noch ein privates, sondern ein mitgliedschaftliches Sonderrecht — bei allen Streitigkeiten aus Anlaß etwaiger Verweigerung dieses Rechts ist, wie bei allen Streitigkeiten zwischen der Landschaft und ihren Mitgliedern, der ordentliche Rechtsweg ausgeschlossen.

Auf die vorlandrechtlichen Landschaften wandte man später den Korporationsbegriff des ALR II 6 §§ 25 ff. an,[27] obwohl ihre Statuten und Reglements zweifellos und anerkanntermaßen ein Sonderrecht darstellen, vermöge dessen sich ihr Sozialrecht außerhalb und unabhängig von den landrechtlichen Vorschriften aufbaut. Hinsichtlich der neueren Landschaften kann man vielleicht zweifelhaft sein, ob sie den „Korporationen" des ALR zuzuweisen sind, doch ist auch hier das genossenschaftliche Sonderrecht nirgends bestritten. Jedenfalls darf heute die Landschaft unbedenklich als Korporation und nicht mehr als Anstalt angesprochen werden, denn sie bestimmt ihr Sozialrecht selbst und lebt nach eigenem Willen, wenn ihr auch mit Rücksicht

[27] Vgl. z. B. Rabe a. a. O. 1 4/5.

auf die ihr obliegenden gemeinnützigen Zwecke durch die weitgehende Staatsaufsicht gewisse Beschränkungen auferlegt sind.

Diese Staatsaufsicht deutet aber darauf hin, daß der Staat an dem Sozialleben der Landschaft ein ganz besonderes Interesse nimmt, entsprechend der Tatsache, daß er der Landschaft in dem selbständigen Sequestrationsrecht[28] ein Stück obrigkeitlicher Gewalt verliehen hat,[29] wie weiterhin die Beamten der Landschaft auf Grund einer KabO. von 1832 den Charakter mittelbarer Staatsbeamten haben und dem Disziplinargesetz von 1852 unterstehen, ja ihnen sind sogar anderweite staatliche Aufgaben anvertraut (z. B. die Ausstellung von Unschädlichkeitszeugnissen, die zum Richteramt befähigten Syndici haben für ihren Geschäftskreis die Befugnisse der Notare usw.). Es kommt so deutlich zum Ausdruck, daß der Staat in den Landschaften wichtige Teile seiner eigenen Organisation erblickt, daß das Sozialrecht der Landschaften mithin den gleichen Normen untersteht wie der Staat selbst, daß sie ihren ursprünglichen öffentlichrechtlichen Charakter heute noch besitzen (abweichend einzig Gg. Meyer).

§ 12.

Die Errichtung öffentlichrechtlicher Korporationen nach heutigem Recht.

Die seitherige Darstellung war dem Beweise gewidmet, daß das preußische Staatsrecht den Begriff einer Korporation des öffentlichen Rechts kennt. Auch in Preußen wird der Begriff stillschweigend von zahlreichen Gesetzen vorausgesetzt, so z. B. vom EGBGB. Bei der Beantwortung dieser Frage mag die Stichhaltigkeit meiner geschichtlichen Beweisführung für die Durchführung der Unterscheidung zweier Korporationsbegriffe dahingestellt bleiben, die in der jeweiligen Bedeutung der betreffenden

---

[28] Von besonderer Bedeutung ist namentlich für die neuen Landschaften, daß nach dem G. vom 3. Aug. 1897 unter Umständen der seitens der Landschaft gestellte Antrag auf Zwangsversteigerung den Schuldtitel ersetzen kann. — Erwähnt sei an dieser Stelle auch, daß den landschaftlichen Pfandbriefen „Mündelsicherheit“ zukommt.

[29] Hier ist auch die teilweise bestehende Zwangsmitgliedschaft anzuführen.

Korporationsart für den Staat liegt. Die Tatsache der Anerkennung gewisser Korporationen als solcher des öffentlichen Rechts wird nicht zu bestreiten sein, wenn auch nirgends gesetzlich festgelegt ist, worin deren Charakteristikum bestünde. Nach der hier vertretenen Auffassung besteht dieses Charakteristikum für Preußen wie überall in der Unterstellung des Sozialrechts der Korporation unter die gleichen Gesichtspunkte, die das Sozialrecht des Staats beherrschen. Die meist als Kriterium angegebenen Gesichtspunkte bilden bei der Feststellung, ob diese Unterstellung vorliegt, lediglich Anhaltspunkte.

1. Zu der Frage, ob das preußische Staatsrecht heute noch öffentlichrechtliche Korporationen ins Leben rufen, also das Sozialrecht einer juristischen Person einseitig bestimmen und dem BGB entziehen kann, ist zunächst zu rekapitulieren, daß der Begriff der öffentlichrechtlichen Korporation der Bestimmung durch das Landesrecht vorbehalten ist.[1] Das Landesrecht ist also in der Lage, die eine oder die andere Korporation als öffentlichrechtlich zu behandeln; es kann vorkommen, daß in verschiedenen Staaten, auch in den verschiedenen Staaten, die das Reich bilden, die Ansichten im Hinblick auf dieselbe Korporation auseinander gehen.[2] Es ist nicht abzusehen, weshalb das Landesrecht nicht in der Lage sein sollte, solche öffentlichrechtlichen Verbände neu ins Leben zu rufen, selbstverständlich unter Einhaltung der durch § 89 BGB gegebenen Beschränkung (RV Art. 2).[3] Danach würde vom Standpunkt des Reichsrechts aus nichts im Wege stehen, daß auch heute noch das preußische Staatsrecht eine Verbandsperson als öffentlich anerkennt, sie dem öffentlichen Recht unterstellt und sie so den Vorschriften des BGB über die Erlangung und den Inhalt der privaten Rechtsfähigkeit entzieht, indem es ihr Sozialrecht in der geschilderten Weise entwickelt.[4] Es bleibt somit die Frage, ob nach dem heutigen preußischen Staatsrecht noch die Begründung solcher Korporationen möglich ist, und schließlich, in welcher Weise diese Errichtung vor sich zu gehen hat, welche Instanzen für

---

[1] Vgl. oben S. 33. — [2] Vgl. oben S. 36.

[3] Vgl. oben S. 32 Note 14.

[4] Dies geschieht tatsächlich bis in die jüngste Zeit hinein, vgl. z. B. das Zweckverbandsgesetz vom 19. Juli 1911.

die Errichtung zuständig sind. Vorweg wird hier zu bemerken sein, daß das preußische Staatsrecht autonom bestimmt, wie diese Errichtung vor sich geht; es ist jederzeit in der Lage, die dahingehenden Bestimmungen zu ändern. Es besteht kein innerer Grund anzunehmen, daß das Landesrecht gezwungen sei, den Weg festzuhalten, den es bis zum Inkrafttreten des BGB vorschrieb.[5] Im übrigen wird die Antwort auf beide Fragen einheitlich zu geben sein.

Als Ergebnis der geschichtlichen Untersuchung ist festzustellen, daß, sofern nicht ein Sondergesetz als Rechtsgrund für die Entstehung aller Korporationen in Preußen in Frage kommt, dieser Rechtsgrund im ALR II 6 §§ 25 ff. zu finden ist. Dies gilt gleichermaßen für die Korporationen, die nach heutiger Auffassung als öffentlich- wie die als privatrechtlich zu bezeichnen sind. Die grundlegenden Bestimmungen des ALR sind geblieben, einzig die Auffassung über ihre Anwendung im Einzelfall hat sich geändert, indem nicht mehr wie ursprünglich schlechthin jede Korporation öffentlichrechtlich ist, auch wenn sie im Wege der

[5] Dieses Erfordernis scheint Hubrich im ArchBürgR. **33** 25 aufzustellen: „Aber daneben kann ein Verein . . . auch unter Erhebung zur Korporation des öffentlichen Rechts auf dem Wege, den das öffentliche Recht bis dahin für die Bildung einer solchen vorschrieb, jur. Person werden . . . Dagegen kam nach dem Wege, den das öffentliche Recht für die Gründung einer Korporation des öffentlichen Rechts wies, ev. eine entscheidende Mitwirkung der Staatsgewalt in Betracht, und ein Verein erlangte . . ." — Ich weiß nicht, wie eine solche Ansicht begründet werden soll. Wenn schon einmal das öffentliche Recht Landessache ist, wenn das Reichsrecht nicht in dieses Landesrecht eingreifen wollte, so ist doch selbstverständlich, daß dieses Landesrecht nicht in dem bis zum 1. Jan. 1900 geltenden Umfang erstarrt ist. Das Landesrecht hat absolute Bewegungsfreiheit und kann somit jederzeit Wandlung eintreten lassen. Wie mir scheint, ist die von Hubrich gewählte Ausdrucksweise auch gar nicht wörtlich gemeint. Offenbar steht sie unter dem Einfluß des auf Grund der Vorstudien bekannten Ergebnisses der fraglichen Untersuchung. Hier wird allerdings der frühere Weg der Erlangung der Korporationsrechte für die öffentlichrechtliche Korporation in gewissem Umfange als beibehalten nachgewiesen. Und kennt man dieses Ergebnis, dann wird verständlich, daß der Weg, den das öffentliche Recht „bis dahin vorschrieb", auch fürderhin dazu führen kann, daß ein Verein außerhalb der Vorschriften des BGB Rechtsfähigkeit erlangen kann. Am Eingange der Untersuchung aber ist der von Hubrich gewählte Ausdruck mindestens irreführend.

Privilegierung gemäß ALR II 6 § 25 errichtet wurde. Es entscheidet heute der Gesamtcharakter, Statut und Privileg sind zur Begriffsbestimmung heranzuziehen, um festzustellen, in welches Verhältnis der Staat die betreffende Korporation zu sich selbst gesetzt hat, welcher Art das das Gemeinwesen beherrschende Sozialrecht ist. An die Stelle des ALR als Entstehungsgrund für öffentlichrechtliche Korporationen ist bis heute kein anderer getreten, wenn auch das moderne Staatsleben es vielfach mit sich gebracht hat, daß für zahlreiche öffentlichrechtliche Korporationen Spezialgesetze erlassen wurden. Dieser Weg des Erlasses von Spezialgesetzen für ganze Korporationsgruppen, auf Grund deren dann im Einzelfall unter Einhaltung der aufgestellten Normativbestimmungen und Einholung der vorgeschriebenen Genehmigungen usw. die Errichtung der konkreten öffentlichrechtlichen Korporation vor sich geht, wird selbstverständlich jederzeit beschreitbar bleiben, ebenso kann stets eine öffentlichrechtliche Korporation im konkreten Fall im Wege der Gesetzgebung errichtet werden. Unrichtig ist es aber, wenn behauptet wird, für die Errichtung öffentlichrechtlicher Korporationen sei der Weg der Gesetzgebung überhaupt vorgeschrieben. Diese heute wohl als aufgegeben zu bezeichnende Ansicht[6] geht davon aus, daß die Verleihung der Korporationsrechte als solche ein Akt der Gesetzgebung sei, Korporationsrechte könnten nur durch lex specialis erworben werden. Eine nähere Begründung wird dieser Ansicht nicht gegeben. Sie wird bereits im Jahre 1875 vom Reichs-Oberhandelsgericht als veraltet bezeichnet.[7] Demgegenüber ist darauf hinzuweisen, daß die Verleihung von Korporationsrechten ein Akt der Exekutive ist,[8] der Verwaltung, und als solcher auf Grund des Art. 45 der

[6] Sie wird vertreten bei Koch, Note 10 zu ALR II 6 § 10, sowie bei v. Rönne, Staatsrecht, 3. Aufl. 1b 213, ohne daß indessen v. Rönne einen Akt der Gesetzgebung für nötig erachtete, vielmehr daran festhält (S. 212), daß die Regierung allein entscheidet (vgl. auch die unten Note 7 zitierte Entscheidung des ROHG). Dagegen, also für die hier vertretene Auffassung, vgl. statt aller die von Hubrich a. a. O. S. 39 Note 2 Zit., sowie die daselbst S. 40 mitgeteilten Kammerverhandlungen. Über die eigenartige Theorie, die Hubrich selbst aufstellt, vgl. unten Note 17.

[7] ROHG 17 83.

[8] Gierke, Theorie S. 116: „Ein allgemeiner Satz, wonach die Er-

Verfassungsurkunde ausschließlich dem König oder den von ihm damit ausdrücklich beauftragten Stellen zusteht. Die Fälle, in denen kraft Gesetzes eine Vereinigung ohne spezielle Verleihung als juristische Person gilt, durchbrechen diese Regel keineswegs, sie stellen sich lediglich als in neuerer Zeit häufig angewandte leges formales dar, deren Inhalt ein reiner Verwaltungsakt ist.[9] Auch für Religionsgesellschaften[10] ist die Verleihung der Korporationsrechte ein Gesetz in formellem Sinn. Hubrich erklärt zwar S. 41, es handle sich bei diesen um ein echtes, also materiellrechtliches Gesetz, „allerdings nur um ein einen einzelnen Tatbestand normierendes Individualgesetz".[11] Insoweit gibt aber Hubrich, zumal ein reiner Verwaltungsakt in Frage steht, gerade den Tatbestand des Gesetzes in formellem Sinne, und es bleibt nur zu untersuchen, ob für Religionsgesellschaften in Hinblick auf Art. 13 der Verfassungsurkunde die Rechtsnatur der Verleihung der Korporationsrechte als eines Verwaltungsakts geändert worden ist. Das vermag ich aber nicht einzusehen; die von Hubrich S. 40 mitgeteilten Stellen aus den Materialien schweigen sich über diese wichtigste Frage vollkommen aus und sagen nur, aus welchen Zweckmäßigkeitsgründen hier stets ein Gesetz verlangt werden soll.[12]

---

zeugung von Rechtssätzen nur durch die Organe der Gesetzgebung möglich wäre, ist dem deutschen Staatsrecht fremd." Anschütz, Kommentar zur Verfassungsurkunde bezeichnet 1 536 die Verleihung der Korporationsrechte als einen „Akt freien administrativen Ermessens".

[9] Rosin in GruchotsBeitr. 27 118.

[10] Verfassungsurkunde Art. 13.

[11] Gierke, Theorie S. 117: „Die Auffassung der staatlichen Approbation eines Vereins als einer lex specialis war nur im Zusammenhang mit dem allgemeinen Vereinsverbot haltbar."

[12] „. . . und es liege überhaupt nicht im öffentlichen Interesse, die Kognition über die Zulassung zu Korporationsrechten bei diesen wichtigsten Kategorien der Gesellschaften der Staatsregierung allein zu überlassen, sondern dieselbe allen drei gesetzgebenden Gewalten vorzubehalten" (Bericht des Abg. Geppert, StenB. der 2. Komm. von 1849 S. 1761). Noch deutlicher kommt diese Zweckmäßigkeitserwägung in dem von Hubrich mitgeteilten Bericht der 1. Komm. (StenB. 1849 S. 934) zum Ausdruck: „. . . wie es durchaus nicht die Absicht sein könne, daß diese Spezialgesetze sich mit Regelung der Kultusverhältnisse der betreffenden Religionsgesellschaft befassen sollten, vielmehr sie sich nur damit zu beschäftigen

2. Es fragt sich, welche Bedeutung gegenüber dem Satz, an die Stelle der Vorschriften in ALR II 6 §§ 25 ff. sei kein anderer Entstehungsgrund für öffentlichrechtliche Korporationen getreten, der Vorschrift des Art. 31 der Verfassungsurkunde zukommt, daß „die Bedingungen, unter denen Korporationsrechte erteilt oder verweigert werden, das Gesetz bestimmt". Man wollte so feststellen, daß Gesellschaften nicht ohne weiteres, sondern nur durch einen staatlichen Akt Korporationsrechte erlangen, und daß solche Akte von der Exekutivgewalt nicht nach Willkür, sondern nach Maßgabe eines Gesetzes vorgenommen werden sollten,[13] eines Gesetzes, das eben durch Aufstellung gewisser Normativbestimmungen der Verwaltungswillkür Schranken ziehen sollte.[14]

---

haben würden, ob der betreffenden Religionsgesellschaft die bürgerlichen Rechte einer moralischen Person und Korporation zu erteilen sind — was allen größeren und lebensfähigeren Gesellschaften zur Erwerbung von Grundstücken . . . nötig ist." Deutlicher kann man doch nicht gut zum Ausdruck bringen, daß die „Spezialgesetze" ausschließlich für diese eine Gattung von Korporationen an die Stelle der Genehmigung der Staatsregierung treten. Die rechtliche Natur der Verleihung der Korporationsrechte als eines Verwaltungsakts wird dadurch nicht im mindesten berührt, sondern im Gegenteil bestätigt. Hubrich zieht selbst aus der Natur der Verleihung als eines Verwaltungsaktes weittragende Schlüsse. Aber weshalb dieser Verwaltungsakt seine innere Natur ändern soll, bloß weil er auf Grund gesetzlicher Vorschrift stets in die Form eines Gesetzes zu kleiden ist, das sagt uns Hubrich nicht. Vielleicht erklärt sich das so, daß Hubrich die Privilegierung ursprünglich für einen Akt der Gesetzgebung hält; hier, für Religionsgesellschaften, wäre dann das in Art. 31 der Verfassungsurkunde verheißene Gesetz vorweggenommen. Aber wozu dann die Zweckmäßigkeitserwägungen, die hier stets ein Gesetz verlangen? Das stünde doch in Widerspruch damit, daß im übrigen der „Gesetzgebungsakt" ein solcher der Verwaltung „geworden" sein soll (vgl. unten Note 17).

[13] StenB. 1. Kammer 1849/50 2 775. — Eine ähnliche Zweckmäßigkeitserwägung findet sich bei Koch, Note 10 zu ALR II 6 § 10; merkwürdigerweise hält aber Koch trotzdem und trotz der ausdrücklichen Erklärung des Justizministers Simons gelegentlich der Beratung der Verfassungsurkunde (a. a. O.) daran fest, die Verleihung der Korporationsrechte sei ein Akt der Gesetzgebung.

[14] Man wird Schwartz, Note C zu Art. 31 der Verfassungsurkunde zustimmen können, daß sich dieses Gesetz nur auf diejenigen jur. Personen beziehen sollte, die weder durch allgemeine Rechtsregel als Korporation anerkannt sind, noch zu den Religions- und geistlichen Gesellschaften gehören. Es war also ein Gesetz in Aussicht genommen, das die Verleihung

Jedenfalls wollte man nicht die Erteilung der Korporationsrechte im Einzelfall von einem Gesetz abhängig machen, so wenig etwa bis zum Erlaß dieses in Aussicht genommenen Gesetzes die Verleihung suspendiert worden wäre.

Nun ist dieses Gesetz aber bis heute nicht erlassen worden, die Bestimmung steht ausschließlich auf dem Papier, so daß gemäß Art. 109 der Verfassungsurkunde die bis dahin in Geltung gewesenen Vorschriften weiterhin anzuwenden waren,[15] was bereits bei den Beratungen als Rechtszustand für die Zwischenzeit in Aussicht gestellt war (a. a. O.), und zwar unter ausdrücklicher Bezeichnung des ALR II 6 § 25 und „der späteren in bezug auf diesen Gegenstand ergangenen Verordnungen". War aber dieses Recht der Regierung vorbehalten, so war sie, oder vielmehr der König, der in vorkonstitutioneller Zeit die Regierung darstellt,[16] völlig frei; gemäß ALR II 6 § 26 richtet sich das Recht der Korporation in erster Linie nach dem Inhalt des Privilegs. Der König besitzt also vollkommene Freiheit bei der ganz in seinem Ermessen stehenden Errichtung und Gestaltung der Korporation, solange das Privileg keine Bestimmungen enthält, die mit der Verfassungsurkunde oder sonstigen verfassungsmäßig erlassenen Gesetzen in Widerspruch stehen. Insbesondere steht dem König jederzeit das Recht zu, dispositiv-subsidiäre Bestimmungen des ALR durch Privileg im Einzelfall abweichend von dem im

---

der Korporationsrechte an nicht besonders geregelte Gesellschaftsarten im Einzelfall vorsehen sollte.

[15] Etwas Ähnliches finden wir auf dem Gebiet des Schulwesens. Das in Art. 26 der Verfassungsurkunde verheißene Schul- und Unterrichtsgesetz ist noch nicht ergangen. Eine Einschränkung der Krone auf diesem Gebiete wird aber von niemand behauptet; vgl. z. B. StenB. des Abgeordnetenhauses 1912 S. 3719 ff. und namentlich die Erklärung des Kultusministers S. 3732: „Diese Bestimmungen des ALR (für Universitäten) sind noch heute in Geltung, insbesondere hat die preußische Verfassung nichts daran geändert. Auch sonst sind keine Gesetze ergangen, welche diesen Bestimmungen entgegenstehen."

[16] Hubrich a. a. O. S. 38 ff.; Anschütz, Kommentar zur Verfassungsurkunde **1** 535/36 und die hier zitierten Landtagsverhandlungen; Rosin in GruchotsBeitr. **27** 117; Schwartz, Note C zu Art. 31 der Verfassungsurkunde; v. Rönne, Staatsrecht, 3. Aufl. **1b** 212 Note 2 und die hier zit. Verhandlungen; OVG **7** 203 und die hier Zit.

ALR aufgestellten Schema zu gestalten.[17] Ich verkenne nicht die Bedenken, die gegen diese Auffassung erhoben werden können,

---

[17] Anderer Ansicht ist Hubrich S. 42 ff., indem er zu dem Satz zurückkehrt, daß das Privileg ein Akt der gesetzgebenden Gewalt sei. Mithin stelle die Verleihung der Korporationsrechte einen Akt derselben gesetzgebenden Gewalt dar. Dann wird aber auf Grund der Kammerverhandlungen der logische Schluß aus diesem Satze geweigert, weil „in der Tat in konstitutioneller Zeit die selbst vom König ausgehende Verleihung der Korporationsrechte lediglich Akte der vollziehenden Gewalt geworden sind und somit die Ansicht der überwiegenden Mehrzahl der Schriftsteller gerechtfertigt ist". Als ob ein Akt der Legislative in konstitutioneller Zeit jemals ein solcher der Exekutive ohne Staatsstreich oder ausdrückliche Verfassungsänderung werden könnte! War die Verleihung der Korporationsrechte Gesetzgebung vor dem Erlaß der Verfassungsurkunde, dann war sie es auch nachher. Die Verwaltungspraxis ändert doch nicht die verfassungsmäßigen Grundlagen des Staats. Und die Ansicht der „Mehrzahl der Schriftsteller" ist nicht durch Änderung des rechtlichen Gesichtspunktes „gerettet" worden, sondern diese Ansicht ist auf die Tatsache aufgebaut, daß die Verleihung der Korporationsrechte nach wie vor ein Akt der Exekutive ist. Hubrich stellt seine Behauptung, die Privilegierung sei „ursprünglich" ein Akt der Exekutive gewesen, ebenso in Form eines Axioms auf, wie er es den Vertretern der ihm entgegengesetzten Theorie vorwirft. Schließlich kommt er denn auch in große Verlegenheit: Weil der König nicht mehr einseitig die Legislative wahrnimmt, ist er nicht mehr befugt, einseitig die sonst für Korporationen geltenden Vorschriften in ALR II 6 abzuändern, sondern er ist an den in II 6 aufgestellten Rahmen gebunden. „Der Spezialakt des konstitutionellen Hohenzollernkönigs brachte nunmehr jeweilig auch nur den bereits in abstrakten Rechtsnormen vorliegenden Willen des ‚Gesetzgebers' des preußischen Staats zum konkreten Ausdruck und hatte daher lediglich den Rechtscharakter eines Aktes der vollziehenden und nicht mehr der gesetzgebenden Gewalt. Denn dabei entfiel es jetzt auch nicht dem Rahmen von II 6, wenn der die Verleihung aussprechende Spezialakt des Königs zugleich aussprach, daß die betreffende Korporation eine solche des öffentlichen Rechts sein soll. Eine derartig näher bestimmte Erteilung der Korporationsrechte blieb noch immer gedeckt durch den Inhalt der §§ 25, 26 II 6 verb. mit § 69 II 10. In vorkonstitutioneller Zeit war für den König in diesen Normen ein spezieller Vorbehalt enthalten, als Gesetzgeber die Zahl der öffentlichrechtlichen Korporationen auch über die im ALR selbst aufgeführten hinaus zu vermehren. Für die konstitutionelle Zeit hat der sonst nicht tangierte (Art. 109 der Verfassungsurkunde) Inhalt der §§ 25, 26 II 6 verbunden mit § 69 II 10 die Natur einer speziellen gesetzlichen Ermächtigung für den König angenommen, durch Verwaltungsakte selbst Korporationen des öffentlichen Rechts zu schaffen, sei es durch förmliche

insofern die von ALR II 6 §§ 25 ff. abweichende Normierung der Rechtsverhältnisse einer Korporation zweifellos die An-

---

darauf lautende Erklärung, sei es durch Qualifizierung der Beamten einer Korporation zu mittelbaren Staatsbeamten. Versagt ist es aber dabei dem konstitutionellen König, wenn er die Rechte einer Korporation des öffentlichen Rechts verleiht, zugleich den Rechtszustand der übrigen Untertanenschaft in einer gesetzlich nicht vorgesehenen Weise zu schmälern, er darf die betreffenden Korporationen an sich nicht mit Prärogativen ausstatten, die den übrigen einzelnen Untertanen wider die Gesetze Rechte entziehen oder sie zu gesetzlich nicht angeordneten Leistungen oder Unterlassungen verpflichtet würden. Die bloße Erklärung zu einer Korporation des öffentlichen Rechts oder der Korporationsbeamten zu mittelbaren Staatsbeamten involviert solches jedoch noch nicht... Hieraus erwächst zwar nach der Natur der Dinge für die Organe der Korporationen ein besonderes öffentliches, ihren Wirkungskreis wesentlich förderndes Ansehen, dagegen noch nicht eine Ausrüstung mit einem Stück der obrigkeitlichen Gewalt (imperium) des Staats." — Demnach bleibt dem König, will er eine solche mit obrigkeitlicher Gewalt ausgestattete Korporation ins Leben rufen, nichts übrig, als den Weg der Gesetzgebung zu beschreiten. Denn er ist ja an das gesetzliche Schema gebunden; dieses soll aber — nach Hubrich, der ja schon im ALR öffentliche und privatrechtliche Korporationen unterscheidet — nicht ausreichen, um eine öffentlichrechtliche Korporation ins Leben zu rufen. Und der König darf nur vom Schema abweichen, indem er die Korporation für öffentlichrechtlich erklärt oder ihre Beamten für mittelbare Staatsbeamte. Darüber hinaus würde sein Verleihungsakt ein solcher der Gesetzgebung sein! Das scheint mir ein circulus vitiosus zu sein. Wozu bedurfte es aber der langen Untersuchung Hubrichs, wenn dieses Resultat herauskommen sollte? Jedenfalls folgt nicht aus den wiedergegebenen Sätzen, daß heute noch das in Art. 31 der Verfassungsurkunde verheißene Gesetz erlassen werden kann, wie man nach der Einleitung des Hubrichschen Aufsatzes als Schlußergebnis erwartet, die gegen die diese Möglichkeit verneinende Ansicht bei Rönne-Zorn (vgl. unten S. 170 ff.) Stellung nimmt und die Prüfung dieser Frage verheißt. Preußen kann dieses verheißene Gesetz heute noch erlassen, weil das öffentliche Recht der Bundesstaaten durch das BGB nicht berührt worden ist, mithin das Landesrecht bestimmt, was unter öffentlichrechtlichen Korporationen zu verstehen ist und wie solche errichtet werden. Und Preußen hat ein solches Gesetz, das die Voraussetzungen der Errichtung öffentlichrechtlicher Korporationen bestimmte, nicht erlassen, also kann es dies jederzeit tun. Der Schwerpunkt der Untersuchung dieser Frage liegt in der Erörterung der Frage des Verhältnisses zwischen Reichs- und Landesrecht und allenfalls der Frage, ob Art. 31 der Verfassungsurkunde sich auch auf öffentlichrechtliche Korporationen erstrecken sollte. — Interessant ist auch, daß Hubrich an dieser Stelle als Kriterium der öffentlichrechtlichen Korporation die

ordnung von Rechtssätzen enthält, was aber nach herrschender Meinung gerade den Inhalt der gesetzgebenden Gewalt ausmacht. Das hat aber schließlich die Verleihung der Korporationsrechte mit jedem Verwaltungsakte gemeinsam und ist hier gar nichts Besonderes. Denn auch hier erfolgt diese Rechtssetzung nur im Rahmen der gesetzlichen Vorschriften in ALR II 6. Hier ist bestimmt, daß der König durch Privileg einer Gesellschaft Korporationsrechte verleihen kann und daß er bei Gestaltung des Sozialrechts der Korporation nicht an das gesetzliche Schema gebunden ist. Wenn der König also überhaupt noch Privilegien erlassen kann, ohne die Kammern befragen zu müssen, so kann er zweifellos auch von dem gesetzlichen Schema abweichen, das ja nur gilt, wenn das Privileg nichts anderes besagt. Privilegien aber kann der König insolange einseitig erlassen, als sie nicht etwa Ausnahmen von konstitutionell erlassenen Gesetzen darstellen, oder als die Verfassung ausdrücklich entgegensteht.[18] Würde also etwa das in Art. 31 der Verfassungsurkunde verheißene Gesetz erlassen sein und würde es bestimmen, die Errichtung einer Korporation erfolgt nur durch Gesetz, so könnte selbstredend der König nicht mehr diesem Gesetz zuwider durch Privileg eine Korporation ins Leben rufen. Der Fall liegt nun so, daß die Verfassungsurkunde in Art. 109 bis zum Erlaß des in Art. 31 vorgesehenen Gesetzes das ALR in Geltung läßt, soweit es nicht der Verfassungsurkunde zuwiderläuft. Und hier ist denn auf die ursprüngliche Bedeutung des Privilegs zurückzugehen, vermöge dessen die Korporationseigenschaft erworben wird. Diese geht dahin,[19] daß die Gesellschaft oder richtiger deren Statut seitens der Krone genehmigt wird; das ist das Privileg, dessen nähere Bestimmungen nach ALR II 6 § 27 die Verfassung der Korporation ausmachen. Es wird, nachdem der Gedanke aufgegeben ist, daß zwischen Staat und Individuen keine besonderen Rechtsgebilde stehen, außer den vom Staat selbst gesetzten, kein Ausnahmerecht mehr statuiert, es findet keine Rechtssetzung

---

Ausstattung mit einem Stück der obrigkeitlichen Gewalt des Staats aufstellt — während er sich eingangs ausdrücklich für die Gierkesche Definition erklärt.

[18] Arndt, Verfassungsurkunde, 7. Aufl. S. 257.

[19] Vgl. oben S. 54 ff.

mehr statt, sondern eine vom Gesetz selbst vorgeschriebene Bestätigung gewisser Voraussetzungen, die allerdings kraft Gesetzes die Rechtsfolge hat, daß die betreffende Gesellschaft nunmehr Korporation ist. Durch die Privilegierung wird die Korporation nicht erst geboren, sie ist schon vorher da, allerdings nur als Gesellschaft.[20] Mit ihrer Organisation untersteht sie, sofern sie nicht etwa „unerlaubt" oder „verboten" ist, zweifellos irgend einem verfassungsmäßig verbürgten Recht. Wäre nun der König genötigt, diese neu zu bestätigende Korporation in das gesetzliche Schema zu pressen, so würde er sie vielleicht gewisser Rechte berauben, müßte sie von Grund auf umgestaltet werden. Um das zu vermeiden, läßt das ALR dem Privileg Spielraum — dem Privileg, vermöge dessen die Gesellschaft, wenn sie im übrigen den an Korporationen zu stellenden Anforderungen genügt, als Korporation anzusprechen ist. Die Gesellschaft ist die gleiche wie vorher, nur ihr Rechtscharakter hat sich geändert. Diese Änderung ist aber nicht die Folge des königlichen Aktes der Bestätigung, sondern des ALR, das an die Tatsache dieser Bestätigung jene Rechtsfolgen knüpft. Das Privileg spricht also keinen neuen Rechtssatz aus, sondern stellt sich ausschließlich als ein auf Verwirklichung des ALR II 6 §§ 25 ff. abzielender Verwaltungsakt dar. Für Verwaltungsakte ist aber keine Zustimmung der Kammern erforderlich; ein Widerspruch mit der Verfassung liegt also nicht vor, das ALR kann somit insoweit als verfassungsmäßiges Recht angesprochen werden. Das ALR läßt aber in II 6 §§ 25 ff. dem König bei der Gestaltung der Korporationsverfassung freie Hand, so daß der König auf Grund dieses verfassungsmäßigen Gesetzes noch heute Statuten bestätigen und Privilegien erteilen kann, ohne die Kammern befragen zu müssen.[21]

---

[20] Rosin in GruchotsBeitr. **31** 756.

[21] Im Ergebnis übereinstimmend StenB. des Herrenhauses 1866 **2** 742 ff.; **3** 418 ff. — v. Rönne, Staatsrecht, 3. Aufl. **1b** 212: „Art. 31 der Verfassungsurkunde ergibt, daß es keineswegs die Absicht der Verfassung ist, der Regierung die Entschließung darüber zu entziehen, ob solchen Gesellschaften in den einzelnen Fällen Korporationsrechte zu bewilligen oder zu versagen, dergestalt, daß diese Frage jedesmal von einem Zusammenwirken der drei Zweige der gesetzgebenden Gewalt abhängig zu machen wäre, sondern daß vielmehr die Regierung allein hierüber zu befinden haben soll. Dagegen ist es die Absicht der Verfassung, daß im Wege der ordentlichen

3. Dieser Rechtszustand hatte gleichermaßen Geltung hinsichtlich der Entstehung privater wie öffentlichrechtlicher Korporationen,[22] wenn er auch hinsichtlich der letzteren recht unbefriedigend ist; besonders wenn man bedenkt, daß hier der Staat autoritativ auftritt, ein Stück Verwaltungsorganisation schafft, die Korporation mit Hoheits- und Zwangsrechten ausstattet usw. Es zeigt sich hier deutlich das Widerstreitende in unserem heutigen Staatsbegriff, der einerseits den Absolutismus nicht mehr kennt, aber gewisse Reste aus jener Zeit als lästiges Band mit sich schleppt.[23] Einerseits soll es dem König verwehrt sein, eigen-

---

Gesetzgebung die Prinzipien festgestellt werden sollen, nach denen sich die Regierung bei der Beurteilung und Entscheidung der einzelnen Fälle zu richten habe."

[22] Will man mit Anschütz, Kommentar zur Verfassungsurkunde I 535 annehmen, daß unter Korporationsrechten im Sinne des Art. 31 der Verfassungsurkunde nur die private Rechtsfähigkeit gemeint worden sei, daß hier also nur die gesetzliche Regelung der privatrechtlichen Korporationen in Aussicht genommen sei, so ist das Ergebnis ganz das gleiche. Denn einmal ist dieses Gesetz hinsichtlich des Erwerbs der privaten Rechtsfähigkeit nicht ergangen, so daß es auch insoweit bei den gleichermaßen für die heute als öffentlich- und privatrechtlich geschiedenen Korporationen geltenden Vorschriften des ALR geblieben ist. Sodann müßte in diesem Fall der Fortbestand der seitherigen Begründung öffentlichrechtlicher Korporationen vorausgesetzt werden, so daß es also, da über diese nicht weiter gesprochen worden wäre, ohne weiteres — auch im Falle des Erlasses des in Art. 31 der Verfassungsurkunde in Aussicht gestellten Gesetzes — bei den seitherigen Vorschriften verblieben wäre. Die Begründung einer öffentlichrechtlichen Korporation erfordert als Regierungsakt keinerlei Mitwirkung der gesetzgebenden Faktoren und ist als solcher stets ein Recht der Krone geblieben, die aber dieses Recht meist nachgeordneten Stellen delegiert hat. — Allerdings will es mir scheinen, als wäre eine Folge dieser Anschützschen Ansicht, daß die öffentlichrechtliche Korporation in beliebiger Weise ins Leben gerufen werden kann, daß die Vorschriften in ALR II 6 §§ 25 ff. nicht einzuhalten sind. Denn der Fortbestand des ALR wäre insoweit durch Art. 109 der Verfassungsurkunde nicht verbürgt; das ALR regelt nach Anschütz ja nur die Verhältnisse der privatrechtlichen Korporation, die öffentlichrechtliche wäre hier überhaupt nicht behandelt. Von einer Bestätigung des ALR könnte insoweit also nicht die Rede sein. Anschütz geht auf diese Fragen nicht ein, sondern unterstellt S. 538 einfach die Möglichkeit der Begründung öffentlichrechtlicher Korporationen durch das Landesrecht, ohne sich über deren Wesen auszulassen oder die Frage zu erörtern, auf welchem Wege deren Begründung zu erfolgen hätte.

[23] Vgl. oben S. 16 Note 3.

mächtig das Recht des Staats zu bestimmen, und in dem wichtigsten Teil, dem Aufbau der Organisation, behält er freie Hand.[24] Gewiß kann der König keine durch Gesetz berufene Behörde auf diesem Wege beseitigen, wohl aber kann er durch die Errichtung öffentlichrechtlicher Korporationen im Verordnungswege der Organisation die Wege weisen.[25] Auf der andern Seite kann der König, wenn er einmal in dieser Weise eingegriffen hat, die Korporation nicht mehr einseitig unterdrücken.[26] Hier ist er kraft gesetzlichen Zwanges (ALR II 6 §§ 189 ff.) an gewisse Bedingungen und die Einhaltung gewisser Formalitäten gebunden. Die Praxis trägt diesem Widerstreit dadurch Rechnung, daß sie bei der Bildung öffentlichrechtlicher Korporationen stets von einem Gesetz ausgeht, sei es nun, daß dieses Gesetz im Einzelfall erlassen wird,[27] oder daß für ganze Korporationsgruppen

---

[24] Das deckt sich mit der Tatsache, daß der König überhaupt die Organisationsgewalt besitzt (vgl. Schwartz, Note D zu Art. 47 der Verfassungsurkunde), als deren Ausfluß die Besetzung der Ämter dem König ausdrücklich vorbehalten ist. Er findet seine Schranke lediglich im Etatsrecht des Landtags. Er kann sich von dieser Schranke aber dadurch befreien, daß er eine öffentlichrechtliche Korporation ins Leben ruft, die vom Staat nicht dotiert wird. — Bornhak, Preuß. Staatsrecht, 2. Aufl. 1 486 vertritt die Auffassung, daß der König nicht in der Lage sei, in die Zuständigkeit gesetzlich organisierter Behörden einzugreifen, weil hierin eine Gesetzesänderung liege, z. B. keine Gerichten überwiesene Geschäfte einer im Verwaltungsweg zu schaffenden Behörde zu überweisen. Das ist zweifellos insoweit richtig, als der preußische König nicht durch einseitigen Akt reichsrechtlich geschaffene Behörden ausschalten kann. Inwieweit er aber solche Befugnisse gegenüber preußischen, auf Grund Landesgesetzes berufenen Behörden hat, ist zweifelhaft (vgl. Arndt, Kommentar Note 1 zu Art. 96 der Verfassungsurkunde). In jedem Falle aber dürfte keine Möglichkeit bestehen, in die Zuständigkeit von Behörden — soweit sie auf Gesetzen beruht — durch die Errichtung öffentlichrechtlicher Korporationen einzugreifen.

[25] So genügte denn eine Verordnung, um den hannöverschen Provinziallandschaften den Charakter öffentlichrechtlicher Korporationen zuzubilligen (vgl. oben S. 117).

[26] Von einem diskretionären Aufhebungsrecht (vgl. oben S. 64 Note 7) kann nach Erlaß der Verfassungsurkunde auf Grund des Art. 109 der Verfassungsurkunde nicht mehr die Rede sein.

[27] Ein Beispiel bietet die Errichtung der sich allerdings als Staatsanstalt darstellenden Preuß. Zentralgenossenschaftskasse durch G. vom 31. Juli 1895.

Normativbestimmungen erlassen werden, auf Grund deren dann im Einzelfall die konkrete Korporation von der jeweils berufenen Stelle genehmigt wird, wofür die zahlreichen öffentlichrechtlichen Genossenschaften zur Förderung der Landeskultur als Beispiel dienen mögen.

4. An diesem Rechtszustand hat auch das AGBGB vom 20. Sept. 1899 nichts geändert; es beschränkt sich darauf, anlehnend an die reichsrechtliche Regelung des Rechts der Privatkorporation einige Bestimmungen auf dem Gebiet der vorbehaltenen Materien zu treffen, während es im übrigen die grundlegenden Vorschriften des ALR, soweit sie sich auf öffentliches Recht beziehen, aufrecht erhält (Art. 87). Der gesamte Titel II 6 wird aufgehoben, soweit er sich auf die Verfassung rechtsfähiger Vereine bezieht, für Vereine, die nach dem Inkrafttreten des BGB Rechtsfähigkeit erlangen.[28] Die Begründung[29] spricht aus, daß hier von dem Vorbehalt des Art. 82 EGBGB Gebrauch gemacht wird, daß also für die juristischen Personen, die vor dem Inkrafttreten des BGB die Rechtsfähigkeit erlangt haben, in Abweichung von der durch Art. 163 EGBGB. gegebenen Regelung die Vorschriften der §§ 25—53, 85—89 BGB keine Anwendung finden sollen. Diese Vereine sollen ihre seitherige, den landrechtlichen Normen angepaßte Verfassung behalten; neu zu errichtende juristische Personen sollen dagegen in jeder Hinsicht den Vorschriften des BGB unterstehen.

Das AGBGB unterläßt es, Bestimmungen zu treffen, durch welche Stelle Vereinen mit wirtschaftlichen Zwecken (§ 22 BGB) in Zukunft Rechtsfähigkeit verliehen werden soll. Dies ist geschehen in § 1 der Verordnung vom 16. Nov. 1899, in der der König dieses Recht den zuständigen Ministerien delegiert. Wir finden hier durch die Praxis die Richtigkeit obiger Aufstellung bestätigt, daß auch der konstitutionelle König das Recht der Verleihung der Rechtsfähigkeit an Vereine behalten hat; andernfalls, wenn ihm die Verfassung dieses Recht genommen hätte, so hätte im AGBGB

---

[28] Da die Verleihung der Rechtsfähigkeit der einzige Weg war, auf dem in Preußen ein Verein Rechtsfähigkeit erlangen konnte, bedurfte es keiner Bestimmung, die sich auf ältere, sog. ideale Vereine im Sinne des § 21 BGB bezieht.

[29] Amtliche Ausgabe S. 225.

diese Bestimmung der Verfassung eine Änderung erfahren müssen. Gegen diese Regelung ist von keiner Seite Widerspruch erhoben worden.

Der Zornsche Satz,[30] daß das BGB den Gedanken des Art. 31 der Verfassungsurkunde in vollem Umfange zur Ausführung gebracht habe, ist, soweit es sich um privatrechtliche Korporationen handelt, inhaltlich zweifellos richtig.[31] Für diese liegt jetzt ein Gesetz vor, das erschöpfend bestimmt, unter welchen Voraussetzungen solche Vereine usw. die Rechtsfähigkeit erlangen können. Formell ist dagegen der Satz zu beanstanden, da Preußen durch seinen Beitritt zum Reich hinsichtlich der Gebiete, die das Reich selbst durch Gesetz regelt, auf eine Regelung seinerseits verzichtet hat. Durch das Reichsgesetz ist die Verwirklichung der preußischen Verfassung insoweit unmöglich gemacht. Direkt unrichtig ist dagegen die Ausdehnung dieses Zornschen Satzes auf öffentlichrechtliche Korporationen, insonderheit trifft es nicht zu, daß an sich nunmehr „die öffentlichrechtlichen und politischen Vereine dem BGB auf Grund ihrer Errichtung unterstehen und in das System des BGB zu überführen" seien, „wenn sie die Rechtsfähigkeit, die Rechte der juristischen Person haben wollen". Einen Beweis tritt Zorn für diese Behauptung nicht an.[32] Seine

---

[30] v. Rönne-Zorn, Staatsrecht, 5. Aufl. 2 296.

[31] Das will wohl auch Anschütz, Kommentar 1 537 sagen, „das BGB habe durch Art. 31 der Verfassungsurkunde gegebene Versprechen einer umfassenden Regelung des Erwerbs der Korporationsrechte eingelöst".

[32] Der Fehler Zorns besteht darin, daß er nach dem Vorbilde der älteren Auflage des v. Rönneschen Buchs hinsichtlich der öffentlichrechtlichen Korporationen die „vermögensrechtliche Seite, die lediglich dem Privatrecht angehört" trennen will. „Im öffentlichen Recht kann es sich nur darum handeln, ihre Entstehung und die Sicherung ihrer Existenz dem Staat gegenüber zu regeln, sowie die Art und Weise ihrer Vertretung im Rechtsverkehr und die Verfolgung ihrer öffentlichen Zwecke zu bestimmen" (2 196 Note 4). Eine solche Trennung wird innerlich aber durch nichts gerechtfertigt. Sie steht außerdem mit § 89 BGB in Widerspruch. Nach Zorn muß das BGB auf alle öffentlichrechtlichen Korporationen angewendet werden, deren privatrechtliche Seite hier ausschließlich geregelt ist. § 89 BGB und Art. 163 EGBGB wären dann höchst überflüssige Bestimmungen. Auch scheint Zorn zu übersehen, daß §§ 21—89 BGB öffentlichrechtliche Bestimmungen enthält (vgl. Schepp, Das öffentliche Recht des BGB), so daß man also nicht gut sagen kann, hier werde die

angeblichen Eideshelfer Endemann und Crome lassen ihn im Stich, wie bereits Hubrich a. a. O. S. 25 und 26 nachgewiesen hat. Hier genügt es zu wiederholen, daß das BGB in das öffentliche Recht der Bundesstaaten nicht eingegriffen hat, und daß das Landesrecht entscheidet, ob ein von ihm als öffentlichrechtlich anerkannter Verband im Rechtsverkehr als Rechtssubjekt zu gelten hat, woraus sich als selbstverständliche Folge ergibt, daß der Verband auch im Privatrechtsverkehr Rechtspersönlichkeit besitzt, soweit er eben im Privatrechtsverkehr auftritt.[33] Das AGBGB hat die Bestimmungen des ALR II 6, soweit sie sich auf öffentliches Recht beziehen, ausdrücklich aufrecht erhalten. Diese Vorschriften enthalten den Weg, auf dem eine öffentlichrechtliche Persönlichkeit zu errichten ist. Das in der Verfassungsurkunde Art. 31 verheißene Gesetz zur Ausführung dieser Bestimmungen ist noch nicht erlassen; folglich kann es noch jederzeit erlassen werden. Bis dahin muß als allgemeine Norm — von den in Spezialgesetzen enthaltenen Ausnahmen abgesehen — angenommen werden, daß der König allein und kraft eigenen Rechts über die Errichtung der öffentlichrechtlichen Korporation zu entscheiden hat. Das ist auch der Standpunkt der preußischen Regierung, wie sich aus der Erklärung des Kultusministers vom 27. März 1912[34] ergibt. Es stand die Errichtung einer Universität in Frankfurt a. M. in Frage. Die maßgebenden Vorschriften des ALR II 12 lauten:

> § 1. Schulen und Universitäten sind Veranstaltungen des Staats . . .
>
> § 2. Dergleichen Anstalten sollen nur mit Vorwissen des Staats errichtet werden.
>
> § 67. Universitäten haben alle Rechte privilegierter Korporationen.

---

privatrechtliche Seite der jur. Person geregelt. Hier wird nur bestimmt, unter welchen Voraussetzungen eine privatrechtliche Vereinigung Rechtsfähigkeit erlangt. Selbstverständlich ist es nicht ausgeschlossen, daß eine öffentlichrechtliche Korporation diesen Vorschriften unterstellt wird, vielleicht ist sogar denkbar, daß in den Formen des BGB eine öffentlichrechtliche jur. Person entstehe.

[33] Vgl. oben S. 24 ff.

[34] StenB. des Abgeordnetenhauses S. 3731.

§ 68. Die innere Verfassung derselben ... sind durch Privilegien und die vom Staat erlassenen Statuten einer jeden Universität bestimmt.

Hierzu erklärte der Kultusminister als die Ansicht des Königl. Staatsministeriums:

„Diese Bestimmungen des ALR sind noch heute in Geltung, insbesondere hat die preußische Verfassung nichts daran geändert. Auch sonst sind keine Gesetze ergangen, die diesen Bestimmungen entgegenstehen.

Was nun die Frage anlangt, wer für den Staat die in § 2 vorgesehene Genehmigung zur Errichtung der Universitäten erteilt und gemäß § 68 die Genehmigung der Statuten festsetzt, so herrscht keinerlei Meinungsverschiedenheit darüber, daß dies das Recht des Königs ist. Die Rechtswissenschaft ist darin einig und die Praxis entspricht dieser Auffassung. Insbesondere sind nicht nur in der vorkonstitutionellen Zeit die Universitäten Berlin 1810, Breslau 1811, Bonn 1818 durch königl. Verordnung ins Leben gerufen, sondern das gleiche gilt von Münster, das in nachkonstitutioneller Zeit entstanden ist. Dasselbe gilt auch für die Fälle, in denen es sich darum handelte ... bestehenden Universitäten neue Satzungen zu geben. Für Königsberg sind 1843, für Halle 1854, Greifswald 1865 und für Marburg 1885 die Satzungen vom König festgesetzt worden ...

Im alten Deutschen Reich war die Errichtung von Universitäten bekanntlich ein Reservat des Kaisers. Das kaiserliche Recht ist später auf die Landesherren übergegangen. Für seine Ausübung sind Beschränkungen in dem Sinne, daß der Weg der Gesetzgebung an die Stelle der königl. Verordnung zu treten hätte, nicht eingeführt worden. Insbesondere ist dies nicht durch die preußische Verfassung geschehen ... Ferner kann hier angezogen werden der Art. 31 der Verfassungsurkunde, der lautet: ‚...‘ in Verbindung mit Art. 109, wonach bis zum Erlaß dieses Gesetzes die bestehenden Bestimmungen in Kraft bleiben. Danach ist aber die Begründung einer juristischen Person des öffentlichen Rechts Sache der Verwaltung und nicht der Gesetzgebung.“

Aus diesen Ausführungen ergibt sich, daß nach den Bestimmungen des ALR die Errichtung einer Universität in Frankfurt a. M. eines königl. Privilegs bedürfen würde,[35] mit welcher Feststellung der Minister seine Ausführungen abschloß. Dieser Auffassung wurde in der Debatte von den Rednern aller Parteien nicht widersprochen (vgl. die Feststellung des Ministers S. 3777), vielfach wurde sie sogar ausdrücklich bestätigt, z. B. von dem Abgeordneten Dr. Bell (S. 3722): „Ich brauche Sie nur daran zu erinnern, daß durch königl. Privileg die Rechte einer Korporation verliehen werden."

War der Gegenstand der Debatte auch die Errichtung einer „Veranstaltung des Staats", hinsichtlich deren außer den Vorschriften in ALR II 6 noch andere Vorschriften des ALR in Betracht kommen, so muß doch dieser gerade in Hinblick auf Art. 31 und 109 der Verfassungsurkunde abgegebenen Erklärung des Ministers eine über den Begriff der Staatsanstalt und den konkreten Tatbestand hinausgehende Bedeutung beigelegt werden: Die Korporation als Staatsanstalt nach ALR war bis zum

---

[35] Interessant ist auch die Bemerkung des Ministers vom 28. März 1912 (S. 3776), die sich über die Reichweite der königlichen Genehmigung näher ausläßt: „Es wird, wenn es zur Gründung einer Universität kommt, ein Privileg des Königs erlassen werden, und es werden Statuten vom König erlassen werden — das wird die Grundlage der Universität sein — und darin werden sich die Bestimmungen zu befinden haben, die Sie wünschen und die die Sicherheit geben, daß die Universität auf derselben Grundlage wie die anderen aufgebaut werde, daß sie eine staatliche wird. Diese Universitätsstatuten werden natürlich für jeden zugänglich sein, sie werden einen Teil unseres öffentlichen Rechts bilden. Wenn Sie nun hier verlangen, daß Ihnen die näheren Bestimmungen zur Kenntnis vorgelegt werden, ehe sich die Krone schlüssig gemacht hat, so meine ich doch, daß damit dem Recht der Krone zu nahe getreten wird. Denn das können Sie eigentlich dann überall verlangen; wenn die Krone von ihrem Recht, das ihr auf irgend einem Gebiet vorbehalten ist, Gebrauch macht — und alle diese Dinge greifen doch in unser Staatsleben ein — auch dann könnten Sie den Anspruch stellen, daß Ihnen vorher die Absichten der Krone zur Kenntnisnahme im einzelnen mitgeteilt werden. Das, meine Herren, kann ich grundsätzlich nicht zulassen..." Diese Ansicht des Ministers dürfte nach der hier vertretenen Auffassung das Richtige treffen. Der König entscheidet allein über die Errichtung der öffentlichrechtlichen Korporation, ihm hat hier niemand hineinzureden.

31. Dezember 1899 die Rechtsform, in der allein ein Verein Rechtspersönlichkeit erlangen konnte, sofern er nicht die reichs- oder landesrechtlich gegebenen sonstigen Formen der rechtsfähigen Gesellschaften wählte. Für die öffentlichrechtliche Gesellschaft ist hieran nichts geändert worden, weder durch das AGBGB, noch in einem sonstigen Gesetz.

Kolibri 360 GmbH
Ferdinand-Jühlke-Straße 7
99095 Erfurt, Deutschland
produktsicherheit@kolibri360.de